报酬对员工创新绩效的作用机制研究

张山虎 著

BAOCHOU DUI YUANGONG
CHUANGXIN JIXIAO DE
ZUOYONG JIZHI YANJIU

知识产权出版社
全国百佳图书出版单位
—北京—

图书在版编目（CIP）数据

报酬对员工创新绩效的作用机制研究/张山虎著.—北京：知识产权出版社，2023.9

ISBN 978-7-5130-8784-1

Ⅰ.①报… Ⅱ.①张… Ⅲ.①企业管理-工资管理-研究-中国 Ⅳ.①F279.23

中国国家版本馆 CIP 数据核字（2023）第 100002 号

内容提要

本书的总体研究框架是报酬对员工创新绩效的作用机制，明确了总体报酬和工作特征的整合报酬模型，通过对中国情境下总体报酬模型的分析研究，结合工作特征理论模型的工作再设计，期望提升员工的内在动机——成就动机的水平，引导企业和员工积极主动提升人力资本投资的意愿和水平，综合作用于员工创新绩效的提升，推动企业高质量发展，构建和融入新发展格局，实现创新引领作用和主导作用。

本书可作为人力资源管理专业学生用书，也适用于人力资源管理从业者和相关执业人员。

责任编辑：张　珑　　　　　　　　　责任印制：孙婷婷

报酬对员工创新绩效的作用机制研究
BAOCHOU DUI YUANGONG CHUANGXIN JIXIAO DE ZUOYONG JIZHI YANJIU

张山虎　著

出版发行：	知识产权出版社有限责任公司	网　　址：	http://www.ipph.cn
电　　话：	010-82004826		http://www.laichushu.com
社　　址：	北京市海淀区气象路50号院	邮　　编：	100081
责编电话：	010-82000860 转 8763	责编邮箱：	laichushu@cnipr.com
发行电话：	010-82000860 转 8101	发行传真：	010-82000893
印　　刷：	北京中献拓方科技发展有限公司	经　　销：	新华书店、各大网上书店及相关专业书店
开　　本：	720mm×1000mm 1/16	印　　张：	16.5
版　　次：	2023 年 9 月第 1 版	印　　次：	2023 年 9 月第 1 次印刷
字　　数：	220 千字	定　　价：	79.80 元

ISBN 978-7-5130-8784-1

出版权专有　侵权必究

如有印装质量问题，本社负责调换。

前　言

"十四五"规划和2035年远景目标纲要提出坚持创新驱动发展，全面塑造发展新优势，坚持创新在我国现代化建设全局中的核心地位，把科技自立自强作为国家发展的战略支撑，面向世界科技前沿、面向经济主战场、面向国家重大需求、面向人民生命健康，深入实施科教兴国战略、人才强国战略、创新驱动发展战略，完善国家创新体系，加快建设科技强国。

创新是一个民族进步的灵魂，是我们在日益激烈的竞争中取胜的关键。改革开放以来，中国经济高速发展，其中，创新是建设现代经济体系的战略支撑，是经济发展的第一动力。为了强化国家战略科技力量，提升和保持企业的核心竞争力，促进经济的可持续发展，迫切需要激发人才创新活力、提升企业技术创新能力、完善科技创新体制机制，推动中国经济从外部推动转向内生驱动，即由"要素驱动"向"创新驱动"转变。

为了促进科技创新与实体经济深度融合，依靠创新推动实体经济高质量发展，支撑现代化经济体系建设，应当从体制改革、机制完善、政策扶持、人才培养、作风建设等方面形成鼓励和支持自主创新的良好文化和制度环境,实现科技创新和制度创新双轮驱动。本书以制度创新的管理创新为基础,以报酬管理创新为核心,研究提升员工创新绩效的体制机制。

前人对创新的研究主要是以科技人员、研发人员、高科技企业的员工等知识型劳动者为主体,主要从研发投入、创新氛围、管理者的风格、组织支持等要素出发进行研究,也有学者从薪酬或工作自主性等方面进行研究,但是这些研究没有系统化地探讨报酬对员工创新绩效影响的作用机制。本书以创造力和创新组成理论、人力资本理论和自我决定理论为基础,构建一个总体报酬、工作特征、人力资本投资和成就动机对员工创新绩效影响的有调节的中介模型,探讨影响员工创新绩效的因素与作用机制。

通过对26个省、自治区、直辖市进行调研,发放2000份问卷,回收1265份,其中无效问卷114份,有效问卷1151份。在文献分析法和问卷调查法的基础上,利用SPSS21.0和AMOS21.0等统计分析方法对所提的假设进行检验,尝试推动创新绩效的主体从形式主体向实践主体转变,员工创新绩效的研究从外生动力向内生动力转变。

本书从理论上探索了适应中国情境的总体报酬模型,尝试将创新性人力资本投资引入人力资本投资研究,构建总体报酬和工作特征对员工创新绩效影响的理论模型,揭示人力资本投资的中介作用与成就动机的调节作用,探析员工创新绩效的影响因素及其作用机制;在实践方面:为提升和保持企业的核心竞争力——创新,为企业的薪酬管理实践和工作设计和再设计提供指导,通过提高员工的成就动机,促使企业和员工进行人力资本投资,推动企业和员工实施创新驱动,为中国经济实现动力转化、结构优化、效益提升提供理论支撑。

目 录

第1章

001 | 绪 论
001 | 1.1 问题的提出
006 | 1.2 国内外研究述评
019 | 1.3 研究的理论意义和实践意义
022 | 1.4 研究内容与方法
025 | 1.5 实现的创新
026 | 1.6 本研究的基本框架

第2章

029 | 总体报酬和工作特征对员工创新绩效影响的理论模型
029 | 2.1 相关概念界定
034 | 2.2 理论基础
039 | 2.3 理论假设
049 | 2.4 理论模型构建

第 3 章

051		**研究设计**
051	3.1	问卷设计
053	3.2	变量测量
064	3.3	样本量的确定与数据收集
066	3.4	小结

第 4 章

067		**信度、效度检验与相关分析**
067	4.1	描述性统计分析
074	4.2	两独立样本 T 检验
074	4.3	效度和信度检验
083	4.4	相关分析
084	4.5	小结

第 5 章

087		**总体报酬和工作特征对员工创新绩效的影响分析**
087	5.1	总体报酬对员工创新绩效的影响
091	5.2	工作特征对员工创新绩效的影响
096	5.3	总体报酬和工作特征对员工创新绩效的影响
098	5.4	小结

第 6 章

101		**人力资本投资的中介效应分析**
102	6.1	总体报酬对人力资本投资的影响
106	6.2	工作特征对人力资本投资影响
110	6.3	总体报酬和工作特征对人力资本投资的影响
119	6.4	人力资本投资对员工创新绩效的影响

123	6.5 总体报酬、工作特征与人力资本投资对员工创新绩效的影响
130	6.6 中介效应的稳健性检验
132	6.7 小结

第7章

135	**成就动机的调节效应分析**
136	7.1 成就动机对总体报酬与员工创新绩效的调节效应分析
141	7.2 成就动机对工作特征与员工创新绩效的调节效应分析
144	7.3 有调节的中介效应检验
155	7.4 成就动机的调节效应分析
157	7.5 成就动机的调节效应效果
161	7.6 成就动机作用下的结构方程模型检验
165	7.7 小结

第8章

167	**多群组分析**
167	8.1 个人特征的多群组分析
175	8.2 企业特征的多群组分析
183	8.3 小结

第9章

185	**研究结论与展望**
185	9.1 研究结论与讨论
189	9.2 理论贡献和实践应用
194	9.3 研究展望

197	**参考文献**

附　录

213	附录 1	总体报酬、工作特征与员工创新绩效测试问卷
221	附录 2	总体报酬、工作特征与员工创新绩效正式问卷
229	附录 3	80 个题项描述统计量
232	附录 4	两独立样本 T 检验
243	附录 5	总体报酬——探索性因子分析
246	附录 6	人力资本投资——探索性因子分析
249	附录 7	成就动机——探索性因子分析
250	附录 8	创新绩效——解释的总方差和因子载荷
251	附录 9	工作特征——探索性因子分析
253	附录 10	不同教育水平下参数间差异的临界比值
254	附录 11	不同所有制企业参数间差异的临界比值
255	附录 12	不同行业地位参数间差异的临界比值

绪 论 第1章

"十四五"规划和 2035 年远景目标纲要指出坚持创新在现代化建设全局中的核心地位，深入实施科教兴国战略、人才强国战略、创新驱动发展战略，完善国家创新体系，加快建设科技强国。习近平强调，要充分认识创新是第一动力，提供高质量科技供给，坚持科技创新和制度创新双轮驱动，着力支撑现代化经济体系建设。

1.1 问题的提出

根据《全球竞争力报告（2019）》，中国的全球竞争力指数排名第28 位，中国的创新能力排名第 24 位，但是世界经济论坛大中国区首席代表大卫（David）认为："根据目前中国的竞争力指数，若想提振劳动生产率，中国必须坚持推进创新发展"。根据厉以宁（2015）的经济转型理论和钱颖一（2015）的经济发展动力匹配理论，中国要从中高等收入水平向高等收入水平迈进，必须确保经济发展动力与经济发展阶段、经济发展方式相匹配。

中国经济发展进入新常态。世界银行认为中国传统的发展模式难以维持中国经济的可持续发展。魏杰（2018）认为要实现中国经济的可持续发展，必须把经济增长方式由"要素驱动"向"创新驱动"转变。林毅夫（2018）指出，基于创新驱动持续推动技术和产业升级，才能实现高质量发展，促进中国由中等收入水平向高等收入水平跨越。相比美国等高等收入水平国家，樊纲（2018）认为中国在创新和教育（人力资本）等方面的差距是最根本的。"大众创业、万众创新"政策的推动和创新型国家建设把创新摆在国家全局发展的核心，进一步明确创新发展是方向，事关中国经济的可持续发展。

熊比特（Schumpeter，1934）在《经济发展理论》中开创性地提出了"创新"理论，认为创新是现代经济增长的最重要本质，根据欧美的创新历史提出大型企业和小型企业都是创新的主体。国家的竞争力一定程度上由企业的竞争力代表，同理，国家的创新一定程度上由企业的创新代表（中国的"新四大发明"），因此加快创新型国家建设和建设现代经济体系都要求中国不仅要重视大型企业、跨国公司的创新，而且要重视中小微企业的创新。中国供给侧结构性改革要让市场发挥资源配置的决定性作用，推动企业成为创新的主体，是符合中国经济新常态下由高速增长阶段向高质量发展阶段转变要求的。

格罗斯曼和赫尔普曼（Grossman & Helpman，1991）、阿吉翁和豪伊特（Aghion & Howitt，1992）的研究也证实了创新对经济发展的促进作用，创新发展有助于推动新常态下中国经济软着陆，成功实施供给侧结构性改革。陈春华（2016）提出，在互联网技术背景下，创新不再基于组织，而是基于个人，企业在"扁平化、平台化、网络化、无边界化"组织结构中，应该更加重视员工个体价值的创造，因为国家和企业的创新依赖于员工创新的实现。员工的创新不仅体现在专利、发明等创新性结果的产生，而且体现在有助于企业发展和工作改善的创新思维、创新意识和创新行为等综合性创新绩效。创新绩效的界定可以概括为过程论、

第1章 绪 论

结果论、过程与结果综合论三种主要观点。

从企业国际竞争力的八大因素❶的权重分布可以看出,创新能力(15%)排第1位,人力资源(14%)排第2位。雷丁(Redding,1996)和李小胜(2015)研究证明了创新和人力资本是推动美国与中国经济增长的源泉,创新最终依赖人力资本,人力资本作为技术创新的动力和源泉,已经成为决定一个企业能否生存和发展的关键,而且实证研究表明人力资本水平与企业绩效正相关。林兆木(2018)指出,中国追求的高质量发展推动企业发展由依靠人口数量红利向增加人力资本投资的人口质量红利转变,促使传统的体力型、低技能型的人力资源向知识型、创新型等智力型的高技能人力资本发展。随着人工智能和工业自动化等技术的发展,员工只有基于社会和企业需要的人力资本投资的创新才能实现高质量的体面就业。企业人力资本产权的一元性和人力资本投资主体的二元性,要求企业不仅重视员工在人力资本投资中的作用,而且通过提高人力资本运营效率激发员工进行人力资本投资,引导员工配合企业主动进行人力资本投资,学习企业需要的专业知识技能和创新技能。国家和企业的可持续发展需要加大对员工进行人力资本投资,马歇尔(Marshall,1997)等从员工职业开发和管理的角度探讨人力资本管理方法,因为企业的创新能力不仅取决于企业积累的人力资本数量和质量,而且取决于人力资本的激励和开发。

中国建设的现代经济体系和《大繁荣》一书中所述的现代经济,以及知识经济的说法,乃至张车伟(2017)所提的创新经济是相一致的,突出的标志就是创新,创新是现代经济体的活力之源(驱动力),来源于大众又服务于大众。阿马比尔(Amabile,1997)的创造力和创新构成模型的理论核心是组织创新来源于员工的创造力,工作环境因素通过影响员工的创造力进而影响组织创新。坎贝尔(Campbell,1960)在创造力的

---

❶八个要素分别是企业管理、企业经济实力、投融资能力、国际化水平、技术创新能力、人力资源、政府干预度、基础设施。

进化模型中提出创造力并不是只有杰出者才表现出来的神秘过程，只要给员工提供合适的工作条件，任何员工都具有创新性，因此创新不仅是企业家和科研精英的事情，而且是每一名员工的责任和义务。知识经济时代，员工创新是实施创新驱动促使企业转型发展的决定性因素，因此员工创新绩效是国家和企业生存、发展的关键因素。

前人对创新的研究主要是以"精英论"为指导思想，从客观的研发投入、创新氛围等要素出发研究国家和企业的创新绩效已经不能满足创新型国家建设对创新驱动的要求，因此如何促进员工开拓创新思维、增强创新意识、促进创新行为和提高创新结果，使员工从需要创新向致力于创新转变，解决员工创新能力不足、创新动力缺失、阻碍员工创新绩效提高的问题，已经成为理论界和实践界共同关注的重要课题。本书不仅重视传统的精英创新，更重视对大众创新的引导、支持和帮助；根据自我决定理论，既要发挥客观组织、环境因素的激励性，又要发挥主观的能动性，引入影响员工心理和行为最大的因素成就动机。

首先，报酬是影响员工创新绩效的一个关键变量，然而报酬对于员工创新绩效发挥怎样的作用，学界一直存在争议。"大众创业、万众创新"政策和以创新发展为驱动的创新型国家建设的推动，使得中国上下非常重视创新，创新成为企业和员工的工作要求和工作目标，因此研究报酬与员工创新绩效之间的关系非常具有理论和现实意义。虽然以前的很多研究发现，直接的货币报酬对绩效的影响已经降低，非货币性报酬对绩效的影响更值得我们去研究，但是不能说货币报酬不重要，如张瑞敏认为货币报酬（薪酬）是驱动员工实现组织目标的主要动力，因此有必要在重视货币报酬的基础上，研究货币报酬和非货币报酬有机结合的总体报酬（外在报酬）如何影响员工的创新绩效。

其次，员工创新绩效主要体现在工作上的创新绩效，工作是人类赖以生存的谋生手段，关于工作与员工创新绩效的研究，前人主要是从工作价值观、工作满意度、工作幸福感和工作动机等角度出发，而且从工

第1章 绪 论

作特征出发研究工作幸福感、组织公民行为等创新绩效的比较多，直接研究工作特征对员工创新绩效的比较少。根据自我决定理论，如何引导员工主动进行人力资本投资和提高创新绩效，一方面取决于员工本身的因素，尤其是员工的成长性需求、成就动机等；另一方面也受到员工所处的工作环境，如工作特征的影响。从亚当·斯密的劳动分工论、泰勒的科学管理的"管身"到赫兹伯格的双因素理论、哈克曼和奥尔德姆（Hackman & Oldham，1974，1975，1976）的工作特征模型，甚至未来工作重塑的"管心"的激励法，重点都是如何进行工作设计才能有效调动员工的积极性、主动性和创造性。工作特征的五因素模型分别从满足胜任、自主和关系三种基本心理需求，增强了员工的内在动机，实现了外在动机内在化，因此本研究从工作本身（内在报酬）对员工的激励，分析工作特征对员工创新绩效的影响。

再次，随着供给侧结构性改革的顺利推进，产业结构优化升级使得创新对劳动者的教育水平和技能水平的要求十分迫切，但是，中国传统创新是精英者的责任和义务，结合高风险、高成本和收益不确定性的创新特性导致员工创新动力缺失；由于要素禀赋优势，中国传统的经济发展模式并不必然促进企业和员工进行人力资本投资，有时甚至阻碍了劳动力资本化进程的顺利进行，使得人力资本投资不足或者人力资本投资效率低下，创新能力不足。人力资本投资有助于提升企业和员工的创新能力，是提高企业创新绩效的关键因素，程德俊和赵曙明（2006）、孙文杰和沈坤荣（2009）等实证研究揭示知识、能力和学习对创新具有正向影响，人力资本显著促进创新绩效的提高。但是吴淑娥、黄振雷和仲伟周（2013）认为企业的创新型人力资本促进企业创新，而效率型人力资本会抑制企业创新。陈云云等（2019）、张一弛等（2009）、李永周等（2011）尝试将人力资本进行分类，但没有通过实证检验不同人力资本对创新的作用。因此人力资本投资的作用机制还需要进一步的论据支持。

最后，总体报酬（外在报酬）和工作特征（内在报酬）影响员工创新绩效的过程受到哪些情景因素影响？

阿马比尔、康蒂和库恩（Amabile, Conti & Coon, 1996）将创新所产生、发展和实施的组织内外部环境定义为"创新情景"。以往创新绩效对创新情景因素的分析集中于领导者/管理者的风格、创新氛围及企业类型，忽略了员工的个体特征——成就动机。希亚姆（Hiam, 2002）研究发现成就动机对每一位员工都非常重要，成就动机水平会影响员工的绩效。周兆透（2008）研究表明大学教师的成就动机对其工作绩效具有显著的正向影响。孙跃和胡蓓（2009）、马君（2016）进一步证明了成就动机的调节作用。因此研究成就动机和创新绩效的关系非常有现实意义。虽然成就动机对绩效的作用得到证实，但是成就动机强度作为主观情景变量，考察其是否调节报酬（总体报酬和工作特征）对员工创新绩效的影响，特别是针对不同成就动机的员工，总体报酬和工作特征对员工创新绩效的影响是否存在差异的问题仍未得到揭示。

基于以上分析，报酬增加有助于增加人力资本投资，结合新增长理论创新依赖于人力资本，构建"报酬—人力资本—创新绩效"的研究路径；针对总体报酬、工作特征、人力资本投资、成就动机及创新绩效研究中的不足，本研究综合借鉴现有相关理论，结合人力资本投资和成就动机，构建基于报酬（总体报酬和工作特征）对员工创新绩效影响的理论模型。本研究采用SPSS21.0和AMOS21.0对样本数据进行分析，主要关注和实现以下目的：（1）构建总体报酬和工作特征对员工创新绩效影响的理论模型；（2）验证人力资本投资和成就动机在理论模型中的中介作用和调节作用，探讨并检验理论模型。

1.2　国内外研究述评

报酬的发展经历从日工资、周工资到月工资，从货币报酬到非货币报酬，从外在报酬到内在报酬的发展过程。

1.2.1 总体报酬与员工创新绩效的研究述评

随着组织环境和组织管理实践需求的变化，员工成为最重要的生产要素，为了激发员工工作的积极性、主动性和创造性，满足员工多样化需求、尊重员工、实现员工价值的总体报酬模型应运而生。

总体报酬模型的发展经历了三个阶段，从2000年的"三维度模型"、2006年的"五维度模型"，到2015年的"六维度模型"。总体报酬模型的发展变化主要是在非货币报酬维度的修订和变化。例如，工作体验在第二个发展阶段细分为平衡工作与生活、绩效与认可和职业机会与个人发展；在第三个阶段绩效与认可进一步细分为绩效和认可两个维度，其他两个维度分别表述为工作与生活的有效性和人才发展。随着维度变化，总体报酬的功能在传统的吸引、保留、激励的功能的基础上，增加了参与的功能，进一步体现了人才本位的回归和对员工个体价值创造的重视。

针对美国薪酬协会的总体报酬模型是否适应中国情境，有部分学者进行了研究。在第一阶段"三维度模型"提出的时候，员工的收入水平比较低，又适逢人力资源管理基本理论才初步引入中国，对第一阶段模型研究得比较少。例如，刘昕（2005）从薪酬福利到工作体验，洪健和林芳（2007）通过因子分析确定工资、福利、工作体验、文化环境四个维度对第一阶段模型进行了研究。总体报酬模型被国内学者大量研究是从曾湘泉、郝玉明和宋洪峰（2014）的《总报酬经济学》对总体报酬模型的系统引入和分析开始的。文跃然等（2015）、张再生等（2014）分别从理论分析和实证分析的角度，认为"五维度模型"适用中国情境，并且总体报酬模型在中国情境下的维度划分不同的研究结果不一致。例如，王红芳和杨俊青（2015）的研究认为用工作环境代替平衡工作与生活，杨菊兰和杨俊青（2015）从双因素理论出发，把五维度模型转变为工资水平、工作条件、工作与生活平衡和发展与职业机会四个维度，因此总体报酬模型的维度划分有待进一步通过实证检验。第三阶段的总体报酬模型还没有被系统地引入和分析研究。

总体报酬实现企业战略、人力资源战略和薪酬战略的一致性,提高了员工的工作满意度和组织承诺,有助于提高企业的绩效。中国企业能否及时从货币报酬思维向总体报酬思维转变,取决于企业对员工观念的改变(企业和员工是简单的雇佣关系还是共生关系),将会影响员工价值创造的发挥,影响企业的可持续发展。

总体报酬在传统货币报酬(薪酬、福利)的基础上,引入了非货币报酬,在提高传统货币报酬的前提下,实现货币报酬和非货币报酬的有机结合。薪酬和福利在总体报酬模型的三个阶段中都保持了独立的维度,并且不可或缺,阿马比尔(Amabile,1983),艾森伯格和阿尔梅利(Eisenberger & Armeli,1997)认为当薪酬激励(奖励)被看作是对一个人的能力、尝试从事创造性活动以及实际的创造性业绩所给予的认可时,奖励可以激励人们实施创新。王建华等(2015)、马文聪等(2013)分别从创新型公司高管和研发人员的薪酬激励对企业的创新和创新绩效具有显著的正向影响进行论述;顾建平和王相云(2014)研究结果是薪酬激励(绩效薪酬)对利用式创新行为具有显著的正向影响,对探索式创新呈倒U形曲线。良好的福利激励通过保障员工的权益,提高员工的工作满意度,进而促进知识型员工的创新绩效。

平衡工作与生活向工作与生活的有效性转变是观念的转变,前者是从被动消除压力的角度减轻对员工创新绩效的负面影响;后者是从主动激励的角度增强对员工创新绩效的正面影响。饶惠霞(2013)研究表明,研发人员的工作生活质量显著正向影响员工的创新绩效。

认可与职业发展是企业对员工胜任工作的信息性反馈,有助于员工更加积极主动地工作。如果企业和管理者重视创新,认可员工的创新,有助于激发员工的创新激情,促进员工创新绩效的提高。文跃然、周海涛和吴俊崎(2015)从理论上分析认可激励制度有助于创造良好的绩效,但并没有进行实证检验。赵文红和周密（2012）研究表明职业机会和个人发展有助于提升员工对企业的组织承诺，促进企业的创新绩效。任华亮、杨东涛和李群（2016）认为能力与成长工作价值观对创新绩效具有显著的正向影响。

以上分析和研究，主要是从知识型员工、研发人员或者创新型企业的高管出发，研究总体报酬的不同要素对员工创新绩效的影响，并且薪酬激励和认可激励对员工创新绩效的影响作用有待进一步验证；虽然前人文献支持了总体报酬模型有助于任务绩效的提高，但是对于总体报酬对员工创新绩效的研究很少，并且总体报酬模型对员工创新绩效的影响也没有得到实证的检验，因此提出总体报酬与员工创新绩效研究。

马尔托奇奥（Martocchio，2015）认为广义的报酬包括外在报酬（总体报酬）和内在报酬（工作特征），与薛琴（2007）、李焕荣和周建涛（2008）基于工作设计的工作本身是内在报酬的观点是一致的；另一种观点认为内在报酬包括工作本身、工作体验等。基于总体报酬和工作特征的研究，总体报酬包括了工作体验等要素，因此我们把外部报酬界定为总体报酬，内部报酬界定为工作本身即工作特征。

1.2.2 工作特征与员工创新绩效的研究述评

自亚当·斯密的劳动分工论和泰勒的科学管理，工作设计促使企业劳动效率的提高和社会财富的增加。进入知识经济时代，传统的机械工作设计方式不能满足工业技术的发展变化，严重影响了个体和组织的绩效；随着赫兹伯格双因素理论和工作特征理论的出现和发展，致力于工作扩大化和工作丰富化的工作设计研究，有助于提升组织和个人的绩效，建立和维持企业可持续的竞争优势。

本研究界定工作特征为与工作有关的客观因素和属性，即工作本身的各种特性。通过对现有工作特征模型的三个主要类型——工作压力、工作倦怠和内在激励——进行对比分析，选择基于内在激励的哈克曼和奥尔德姆（Hackman & Oldham，1975）的工作特征模型。

为了进一步明晰工作特征的内涵，从心理学、组织行为学和管理学三个角度进行分析，明确了基于内在动机理论和内在激励理论的内在报酬。阿马比尔（Amabile，1989）认为，当员工受到工作本身驱动时，员工最具有创新性，工作特征会影响员工的工作态度和工作动机，沙利、周和奥尔德姆（Shalley，Zhou & Oldham，2004）研究发现工作构成的方式（工作特征维度组合）对员工的内在动机和工作中创新绩效是非常重要的。

技能多样性是指完成工作需要员工具备多种技术和能力。哈克曼和奥尔德姆（Hackman & Oldham，1976）的传统概念主要指的是操作技能的多样性，制造业的工作岗位需要低学历员工拥有多种操作技能有助于提高员工的工作绩效。技能多样性不仅指操作技能的多样性，而且指工作能力的多样性，这有助于提高科研人员的工作投入，促使员工产生更多的创新想法和创新行为，显著正向影响员工的创新绩效。工作特征使员工体验到工作的意义，因此员工以积极的情绪和态度看待工作认为工作是有价值的，有助于促进创新思维，提高创新意识，增加对工作的创新投入，进而提高员工的创新绩效。

创新绩效目标和创新工作要求会促使员工主动开拓创新思维，增加创新行为，创造更多的创新结果，但是员工需要能提供自主性的工作环境。工作自主性体现了员工对工作的责任感。阿克斯特尔、霍尔曼和昂斯沃斯（Axtell，Holman & Unsworth，2000）研究表明，员工在工作中能够行使自主权且能够这样做的员工更具有创新绩效。按照胡进梅和沈勇（2014）的分类，工作自主性主要分为工作安排自主性、工作方法自主性和工作标准自主性，传统的工作自主性主要是安排自主性和方法自主性，有助于提高员工的内在动机，提高员工的工作绩效。詹森（Janssen，2000），法默等（Farmer & Kung-Mcintyre，2003）和德西等（Deci & Ryan，2008）的研究结果表明工作自主性正向影响创新绩效。标准自主性会使员工对自己的工作标准进行人为的降低；相反，对他人的工作标准进行人为的提高。员工的这种利己行为使得标准自主性对创新绩效具有负面影响。

反馈性是员工了解自己工作的实际结果。反馈是组织中最常用的激励策略和行为校正工具，反馈对个体创造性业绩有着有力的影响。如果反馈是基于信息性、对员工工作的肯定和支持，如主管领导对于员工关于学习、发展和绩效改进的反馈，则会提高员工的内在动机，提高员工的工作满意度和工作效率，促进员工的创新绩效；相反，如果反馈是非支持性、控制性的，将会降低员工的工作满意度和工作效率，阻碍和限制员工创新绩效。

如果工作特征的核心维度突出，员工就会表现出更高的工作满意度和更多的组织公民行为，更容易提高创新绩效。工作特征显著正向影响工作绩效，尤其是知识型员工、研发人员的工作特征显著正向促进员工的创新绩效。

通过上述的分析和研究，工作特征本身是一种内在激励，通过影响员工的心理状态，提高员工的工作满意度，促使员工表现更多的组织公民行为，有助于提高组织的工作绩效。工作特征对员工创新绩效的影响，从分维度角度看，工作自主性维度的研究结论不一致，工作完整性和重要性的研究比较少，并且没有直接研究工作特征对员工创新绩效的实证检验，因此本书研究了工作特征对员工创新绩效的影响。

1.2.3 总体报酬与人力资本投资的研究述评

"人力资本"最早由瓦尔拉斯在《纯粹经济学要义》（1874）中提出，把劳动力等同于人力资本，只是界定了人力资本的数量属性。舒尔茨（Schultz，1961）创立了人力资本理论，明确提出人力是一种资本，基于人的素质的投资是经济迅速增长的主要原因，系统地对人力资本进行论述不仅界定了其数量属性，而且界定了质量属性。人力资本不是先天具备的，需要后天投资才能形成，贝克尔（Becker，1972，1975，

1987，1997）认为通过增加人的资源，影响未来货币收入和精神收入的活动就是人力资本投资。阿罗（Arrow，1962）的"干中学"理论、罗默（Romer，1990）和卢卡斯（Lucas，1988）的人力资本内在化等理论丰富和发展了人力资本理论，并且Lucas模型避免了"没有人口增长就没有经济增长"的令人不愉快的结果。教育、培训、健康、迁移、"干中学"的五种人力资本投资形式已经得到大家的一致认可。

赫克曼（Heckman）在2003年基于中国的实践分析认为从世界标准来看，中国人力资本投资不足和人力资本投资的运营效率不高，人力资本投资不足是由于中国传统的经济发展方式和人力资本投资回报率比较低的缘故导致的，中国传统的基于要素投入的规模扩张的经济发展模式是偏向资本的利润导向的分配政策和经济体制，并不必然促进人力资本投资，当前的供给侧结构性改革就是改变传统的经济发展模式，促使经济转型和产业升级会带动人力资本投资；人力资本投资回报率比较低是由于中国过去一直是资本原始积累阶段，采取"工资总额增长速度应低于经济效益增长速度，平均工资增长速度应低于劳动生产率增长速度"的分配原则体现了资本分配优先于劳动分配的利润导向的经济体制，使得人力资本投资的投入产出比较低，这一定程度上阻碍了劳动者进行人力资本投资的积极性和主动性，工资分配政策从传统的"两低于"❶ 向"两同步"❷ 转变有助于企业和员工进行人力资本投资。人力资本投资运

---

❶"两低于"：1992年，国务院发布的《国有企业转换经营机制条例》提出"两低于"原则。其一工资总额增长速度应低于经济效益增长速度；其二平均工资增长速度应低于劳动生产率增长速度。试行"两低于"办法的条件和范围：其条件必须是企业法人代表明确，生产经营正常，经济效益稳步增长，各项基础管理规章制度健全，建立自我约束机制和监督机制，企业工资总额小于实现税利总额的企业。其范围是经政府批准试行股份制的企业，比照外商投资企业管理办法的企业。其他国有企业具备条件的，由企业提出报告经同级劳动部门和财政部门批准，也可以试行。企业实行"两低于"办法，一般在上年末确定，确定后不再执行其他办法。企业因实行"两低于"办法比过去实行"工效挂钩"办法而少提工资的只能按"两低于"办法结算。
❷"两同步"：2012年，党的十八大报告提出了"两个同步"，即居民收入增长和经济发展同步、劳动报酬增长和劳动生产率提高同步。

营效率不高主要原因是对员工的激励不足，给予员工的报酬没有实现对员工的激励功能。郭竞（2013）认为人力资本缺乏抑制了企业研发（R&D）产出的能力，政府需出台相关政策提高人力资本投资回报率，鼓励个人进行自我投资，提高中国人力资本存量。

企业如何在激烈竞争的不确定环境中求得生存和发展，关键取决于员工的人力资本水平和创新。通过建立人力资本报酬机制和工资报酬差别机制，给企业家和员工支付合理的报酬，是对人力资本投资最基本的激励，有助于提高投资者的积极性和主动性。范如国和李星（2011）的研究表明：农村居民收入对人力资本投资具有显著的正向影响。进入知识经济时代，员工是企业最关键的资源，员工和企业是共生关系，员工为了实现自己发展和职业晋升会增加人力资本投资，企业为员工提供长期的发展舞台，有助于提高员工对组织的认可和承诺，企业就有动力投资企业专用的人力资本。

通过国内外专家和学者的研究结果分析，总体报酬模型中的薪酬、绩效与认可、个人发展与职业机会都正向影响人力资本投资，福利和工作与生活平衡与人力资本的关系很少有人研究，鲜有人研究总体报酬与人力资本投资关系，因此本书要研究总体报酬对人力资本投资的影响。

1.2.4 工作特征与人力资本投资的研究述评

从古典人力资本理论的"数量论"到当代的人力资本理论"质量论"，都认可和重视人的价值，人是国民财富增长的源泉，人力资本是经济增长的决定性因素，并且人力资本影响人的社会地位、人的阶层和收入分配。人力资本不是先天具备的，需要后天投资才能形成，投资的五种途径已经得到大家的一致认可。

工作特征的技能多样性、任务完整性和任务重要性有助于满足员工的胜任需求，工作自主性直接满足了员工的自主性需求，反馈性有助于满足员工关系的需求，因此工作特征使员工具有一种内在激励，并且工作特征与工作绩效受到员工的知识、技能影响，因此企业和员工为了获得好的绩效就会推动员工进行人力资本投资。丁桂凤（2005）的研究证实了工作特征的五个维度有利于激发员工学习的动力。陈维涛、王永进和毛劲松（2014）的研究表明出口技术复杂度的提升有利于中国城镇和农村劳动者增加人力资本投资。基于工作扩大化和丰富化为目的的工作特征模型需要员工进行有效的人力资本投资，学习工作所需要的知识技能。

从上述研究可以看出，工作特征本身是一种内在激励，除了技能多样性对于人力资本投资的促进作用得到验证，其他维度的研究比较少，因此本书研究了工作特征对人力资本投资的影响。

1.2.5 人力资本投资与员工创新绩效的研究述评

随着供给侧结构性改革的顺利推进，对企业和社会的人力资本积累水平要求十分迫切，钱颖一提出不同经济发展阶段社会和企业需要不同的驱动力，结合林毅夫的"要素禀赋优势"理论，中国的人力资本从"要素驱动"转变为"创新驱动"，需求从人口数量红利向人口质量红利转变，必然进入青木昌彦教授所提出的人力资本驱动的经济发展阶段。从经济发展的历程看，人力资本经历一个从无到有（数量论），从外在到内在（质量论）的过程，已经成为技术创新和经济增长的动力和源泉。知识经济时代，由劳动力演化而来的人力资本已经成为这一时代的关键资源，劳动力向人力资本的演化不是自动地进行，而是随着生产力的不断发展，社会、企业和员工主动进行投资所形成的资本。

自熊比特提出创新以来，创新研究获得国内外学者的广泛研究，"大众创业、万众创新"的时代，创新是所有企业、部门和人员在任何时候都必须要考虑的工作，但是无论从受教育年限还是从技能来看，当前中国的人力资本水平尚不适应产业结构急剧变革的需要，不能有效解决"钱学森之问"和"华为迷航"对创新型人才的迫切需求。卢卡斯（Lucas，1988）认为人力资本具有外部性和报酬递增的特性，起内生性主导作用，人力资本通过直接技术创新和间接影响技术的消化吸收两种机制影响经济增长。赖德胜和纪雯雯（2015）认为经济长远增长率的决定性因素是人力资本，创新迸发是人力资本积累和人力资本配置联合作用的结果。

人力资本是企业创新的动力和源泉，但是中国传统的经济发展方式使得社会和企业忽视增加人力资本积累，导致企业从过去的寻找外部机遇和市场向内部效率和创新转变所需要的高素质人力资本积累不足，进一步验证了赫克曼（Heckman）关于中国企业人力资本投资不足的观点。蔡昉（2016）教授的研究启示：人力资本是长期可持续的增长动力，既是创新驱动的源泉也是创新驱动的归宿，只有通过教育和培训实现从低技能的劳动力向高技能劳动力的转变，中国经济才能保持必要合理的中高速增长。高素质的人力资本有利于新技术的开发、应用和传播，技术创新中，人力资本投资支出与企业的技术创新绩效正相关，即人力资本作为企业的核心资源促进了企业绩效的提升，进一步证明了人力资本对创新具有正向影响。虽然不同人力资本对创新的作用还没有通过实证检验，康恩和斯内尔（Kang & Snell，2009）认为专用性人力资本更适合利用性创新，通用性人力资本促进探索性创新。姚瑶和赵英军（2015）研究表明：人力资本的显化和激活对经济增长实现从要素驱动向创新驱动转换发挥着积极的作用。

前人对人力资本的研究主要从宏观角度研究人力资本对创新的影响，人力资本投资有助于创新，若要推动中国从"要素驱动"向"创新驱动"转变，需要从微观角度研究人力资本投资与员工创新绩效的关系。

1.2.6　成就动机与员工创新绩效的研究述评

创新绩效的研究主要是从领导者/管理者的风格、创新氛围、研发投入等客观因素进行分析，忽略了从员工的主观因素——成就动机进行分析。成就动机是人格中影响个体努力程度的心理动力因素,把成功和失败归因于能力、努力和个性等可控制的、稳定的内因,高成就动机的员工更倾向于努力学习和工作。希亚姆(Hiam,2002)的研究结果证明,在影响员工的所有动机中,成就动机位居首位,在员工的心理和行为中影响最大。

成就动机水平具有一定的稳定性,有助于研究成就动机对于工作绩效的影响,郭怡熠(2008)研究结果是成就动机对其工作绩效具有显著的正向影响;周兆透(2008)及王佳锐等(2015)以大学教师为研究对象,分析成就动机间接对其工作绩效具有显著的正向影响。

中国的学者谢晓非、周俊哲和王丽(2004)研究成就动机与工作难度选择、风险偏好选择,进一步验证了阿特金森(Atkinson)的成就动机理论。孙跃、马君等国内学者进一步证明了成就动机调节作用。例如,孙跃和胡蓓(2009)认为员工成就动机直接影响员工的工作绩效,并且验证了追求成功动机与避免失败动机在员工离职意愿决定过程中的调节效应;马君(2016)运用跨层次分析考察了成就动机在奖励对创造力影响过程中发挥着调节作用。

成就动机的研究主要在教育领域,在管理学和组织行为学领域研究的比较少,鲜有研究成就动机对人力资源管理实践和创新绩效的影响,因此本书研究成就动机对员工创新绩效的影响。

从上述几类研究来看,有关报酬对员工创新绩效的研究,无论是将报酬分维度进行研究还是当作一个整体概念进行分析研究,或是按照内在报酬(工作特征)和外在报酬(总体报酬)分别进行研究,都反映了报酬的概念和内涵。随着经济社会的发展,以及报酬理论的不断丰富发展,报酬的概念和内涵不断进行拓展和延伸,例如报酬从传统的日工资、周工资、到月工资,又到工资和福利的货币报酬,这些发展变化体现了员工的发展变化——员工从机器(生产资料)的附属物到人和机器是同样重要的生产资料;21世纪初期,报酬的发展从货币报酬到包括货币报酬和非货币报酬（工作体验）的总体报酬，甚至包括把工作特征当作内在报酬纳入报酬的范围，体现了人才本位价值的回归，人力资源是企业所有资源中最关键的、具有决定性的资源。

按照马斯洛的层次需求理论，我们不仅要注重生存和安全的货币报酬，而且要注重社会需要和获得尊重认可的非货币报酬，更要注重自我实现的工作本身的内在报酬。传统的报酬与创新绩效的研究往往只是从报酬的某一方面进行研究，如薪酬、福利、个人发展等方面，或者工作自主性、技能多样性等方面，出现只研究货币报酬，不研究非货币报酬，以及相反只研究非货币报酬不研究货币报酬；或者只研究外在报酬，不研究内在报酬，以及相反只研究内在报酬不研究外在报酬等情况，这些都是不完整的、不规范的。即便是总体报酬或者工作特征作为独立要素对员工创新绩效的研究也比较少，主要是从研发人员或者创新性企业出发进行分析研究，如何将包含总体报酬和工作特征的报酬作为一个整体研究对员工创新绩效影响的文献比较欠缺。

徐林在樊纲的基础上，认为未来中国经济增长的新动能可能更多地来自"创新形成"和"消费形成"两大领域，创新的形成可能有多重因素，但消费的形成主要是报酬决定，因此要增强未来经济增长的两大动能，从它们的共同影响因素报酬出发，探讨报酬如何影响员工的创新绩效。已有的对报酬和创新绩效的研究主要是从提高报酬的合理性和公平性出发，提高员工的工作满意度，促使员工对工作更加敬业，进而提高企业的创新绩效。然而是否存在更直接的、更重要的中介机制能够使报酬对员工创新绩效产生影响需要进一步探究。为了维持中国经济的可持续发展（中高速增长），魏杰认为中国经济增长方式由要素驱动向创新驱动转变，这与调动员工的聪明才智与人才是创新最关键的资源是一致的；已有研究也证明了报酬是显性的人力资本，人力资本是隐形的报酬，报酬的增加是对员工所拥有的人力资本的认可，并有助于人力资本投资，这已经被理论和实践证明。基于自我决定理论，企业对员工创新绩效的

报酬对员工创新绩效的作用机制研究 >>>

目标要求和报酬是员工创新绩效实现的动力,促使员工进行创新性人力资本投资,但是现有研究主要是针对高参与工作系统、高绩效人力资源管理实践如何通过人力资本提高企业的工作绩效,而报酬通过人力资本投资对员工创新绩效的作用机制还有待进一步研究。

总体报酬和工作特征对员工创新绩效的影响及其作用机制都是客观因素,其中的影响路径和作用机制是否受主观因素或者情景因素的影响有待进一步深入分析。

当前对于创新的研究大多数基于国家层面或者企业层面,利用国家或者上市公司的公开数据——客观的专利数据以及研发的投入等相关数据进行分析,有一定的科学性,但只能代表过去的结果,并且不能说明所有的创新,如企业没有专利就不能说明它们没有进行创新。里茨切尔、尼杰斯塔德和施特勒贝（Rietzschel, Nijstad, & Stroebe, 2006）发现小组评价和个人评价没什么差别,在创新测评方面,个人评价中自我评价与外部人评价之间的总体相关系数是 0.30,将自我测评视为帮助员工提高与创造力相关的技能的手段,会产生较高的创造性绩效。因此采用员工自评的创新调查数据可以比较全面地体现员工的创新意识、创新行为和创新结果。在当前中国大力推行"大众创业、万众创新",全国上下、各行各业都充满了浓厚的创新氛围,并且容易获得各种各样的研发投入支持,因此可以忽略客观的创新情景在报酬对员工创新绩效及其作用机制的影响。阿马比尔（Amabile, 1997）认为员工的内在任务动机对员工创新的影响是最基本的,希亚姆（Hiam, 2002）研究发现成就动机在影响员工的所有动机中最重要,对员工的心理和行为影响最大,所以采用员工的主观因素——成就动机分析和研究客观因素总体报酬和工作特征通过人力资本投资对员工创新绩效的影响。

针对报酬分配原则——从"两低于"向"两同步"实现"偏向资本的分配政策"向"偏向劳工的分配政策"转变和收入分配经济体制——从"利润导向的经济体制"向"工资导向的经济体制"转变分析研究报

酬增长机制和总体报酬和工作特征对于"消费形成"的问题，结合员工创新能力（专业知识技能和创新技能）不足和创新动力（创新意识、内在任务动机和合理的报酬增长机制）缺失导致的"创新形成"的问题，基于报酬对员工创新绩效作用机制研究的不足和欠缺之处，本书在前人研究的基础上，通过进一步研究完善和规范报酬对员工创新绩效的作用机制，期望在丰富理论和实践应用中有所贡献。

1.3 研究的理论意义和实践意义

1.3.1 理论意义

（1）探索建立适应中国情景的总体报酬模型

总体报酬模型的提出和发展都是基于美国的经济发展实际及管理实践，但是中国改革开放形成的经济发展实际和管理实践是具有中国特色的社会主义市场经济体制，结合了中国传统的文化观念和价值观念，美国提出的总体报酬模型可能不符合中国的实际情况，因此本书探索适应中国情景的总体报酬模型。基于"五维度模型"，国内学者对总体报酬模型适应中国情境的维度划分不一致，本研究尝试通过大样本数据实证检验中国情境下的总体报酬模型，进一步探索适应中国情境的总体报酬模型。

（2）构建相关理论模型

马尔托奇奥（Martocchio，2015）在《战略性薪酬管理》（第7版）中把总体报酬作为外在报酬，工作特征作为内在报酬，认为报酬包括总体报酬和工作特征，极大地丰富了报酬的内涵，扩展了报酬的外延。前人的研究结果是总体报酬、工作特征对任务绩效有积极作用，但是把总体报酬和创新绩效直接进行实证研究的比较少，研究总体报酬和工作特征对员工创新绩效影响更是缺乏，本研究试图构建总体报酬和工作特征对员工创新绩效影响的理论模型。

(3) 揭示人力资本投资的中介作用

新增长理论认为创新和人力资本是经济增长的决定性因素，李小胜（2015）实证研究支持了该理论在中国的适用性。报酬是对人力资本水平的一种认可，有助于促进员工进行人力资本投资，人力资本投资的增加会促进员工创新绩效的提高，雷帕克和斯内尔（Lepak & Snell, 1999）认为人力资本理论是人力资源管理影响企业绩效的重要理论基础，但是人力资本在人力资源管理影响企业绩效的过程中的作用机理迄今为止还没有得到深入的研究，并且尤尼特和斯内尔（Youndt & Snell, 2004），陈云云等（2009）的研究结论不一致。因此我们以人力资本投资实证研究总体报酬、工作特征对员工创新绩效的作用机制，探索获得一致的实证结论。

(4) 分析成就动机的调节作用

根据创造力和创新组成理论，员工的内在任务动机是影响创新的最基本因素；根据自我决定理论，员工的自我决定性是实现组织创新的基本影响因素，因为员工的自我决定性和内在任务动机都受员工成就动机的影响，因此本研究试图验证成就动机在客观因素总体报酬和工作特征通过人力资本投资作用下对员工创新绩效影响的调节作用。

1.3.2 实践意义

(1) 为提升企业的核心竞争力——创新，合理设计总体报酬和工作特征

当前中国的很多企业出现"薪酬倒挂"现象——新员工比老员工的工资高，体力劳动者比脑力劳动者工资高，说明企业的普通员工已经开始出现短缺，显示中国人口数量红利开始关闭，人员质量结构与企业和市场需求不适应；另一种情况是企业管理者认为，企业给员工增加工资了，为什么对员工没有激励作用，或者认为考虑非货币报酬就是要降低货币报酬。基于中国人口数量红利关闭和向人口质量红利转变不匹配，以及对报酬的错误看法，结合人力资源在生产资料中地位的变化（人才本位价值的回归）和人性假设理念的转变（经济人向社会人、自我实现

人),以及劳动力需求多样化(马斯洛的需求层次理论、赫兹伯格的双因素理论)的进一步认识,引出实现企业战略、人力资源战略和薪酬战略一致性的总体报酬,实现吸引、保留、激励和参与的功能。本研究探讨的总体报酬对员工创新绩效的作用机制,为企业的薪酬管理实践提供理论基础和支撑,有助于企业更好地通过总体报酬设计促进报酬的合理增长,引导企业由人口数量向人口质量顺利转变,推动创新驱动的现代经济体系建设。

当前,中小企业员工跳槽比较频繁是很多企业管理者比较苦恼的事情。他们经常问,企业的工资报酬也不少,为什么留不住员工?还有一些拥有令人羡慕薪资和福利的企业核心骨干也会跳槽,为什么?随着人才本位价值的回归,工作与员工的关系发生了巨大的变化,由工作是员工赖以生存的谋生手段、工作是员工实现组织目标的工具转变为工作是员工实现自我价值的媒介;从劳动分工、科学管理原理提高劳动效率,组织管理理论提高组织管理效率到人力资源管理提高员工个人效率,实现了基于工作的"管身"向"管心"的转变,在强调总体报酬模型的同时我们引入并验证了基于哈克曼和奥尔德姆(Hackman & Oldham, 1974, 1975, 1976)的工作特征模型的工作设计能够激发员工的内在报酬(内在动机、内在激励)对员工的强化作用,为提高员工创新绩效提供了基于内在报酬的理论支撑。

(2) 为实现企业的核心竞争力——创新,探索总体报酬和工作特征对员工创新绩效的激励路径,加强人力资本投资,提高员工成就动机

经济新常态下维持经济的中高速增长需要产业从低端向高端升级、经济增长动力从"要素驱动"向"创新驱动"转变都需要高水平的人力资本支撑,但是传统的经济发展方式并不必然促进人力资本投资,私人人力资本投资的低回报率也阻碍了员工进行投资的积极性和主动性,使得现有的人力资本水平和人力资本结构不能适应以供给侧结构性改革为主线的现代经济体系建设,即单靠传统的人力资源的供给增加和提高人员努力程度不能满足产业结构调整和企业转型升级的需求。经济发展方

式和经济增长动力的转换,促使企业和社会增加人力资本投资,本研究试图通过验证总体报酬模型和工作特征模型对员工进行人力资本投资的激励,解决劳动力供给质量不足和结构不匹配的局面,寻求新的人口质量红利,促进创新驱动实现企业转型和经济可持续发展。

为了更有效地推动供给侧结构性改革,实现经济发展动力从"要素驱动"向"创新驱动"的顺利转换,不仅要考虑外在的客观因素报酬,而且要考虑内在的主观因素成就动机进行分析研究。但是企业过去都是考虑和研究外在因素对员工的刺激和激发,没有把员工看作企业的共生体,较少从满足员工需求、实现员工发展的成就动机进行分析和研究。本研究验证了在不同成就动机水平下,报酬对员工创新绩效的作用机制存在显著差异,为企业激励员工提高成就动机提供理论依据。

1.4 研究内容与方法

1.4.1 研究内容

(1) 总体报酬对人力资本投资和员工创新绩效的影响研究

总体报酬模型的发展经历了三个阶段,不同发展阶段模型不尽相同,总体报酬模型在中国情境下是否需要修订和调整是本研究的首要任务,要通过实证研究和分析探索中国情景下的总体报酬模型。

前人对总体报酬的研究大多是比较零散的具体维度进行,较少从总体报酬的角度进行研究,本书在前人研究的基础上,结合实证检验的总体报酬模型,从总体和分维度两种方式分析总体报酬对人力资本投资、员工创新绩效的影响,以及作用机制研究。通过实证研究,确定不同维度的影响是否具有显著的差异,为未来的企业薪酬管理实践提供理论指导。

(2) 工作特征对人力资本投资和员工创新绩效的影响研究

工作特征采用成熟度比较高的量表,但需要经过信度和效度检验。

第1章 绪 论

前人已经利用部分人群（研发人员、知识型员工、企业高管）和部分领域（制造业）验证了对人力资本投资和员工创新绩效的影响，本研究结合实证检验的工作特征模型，以总体和分维度两种方式分析工作特征对人力资本投资、员工创新绩效的影响，以及工作特征通过人力资本投资对员工创新绩效的影响，尝试为基于工作设计促进创新驱动的工作实践提供理论基础和支撑。

（3）构建总体报酬和工作特征对员工创新绩效影响的理论模型

阿曼·阿尔钦认为"由报酬的合理性决定生产率，而不是由生产率决定报酬"。随着报酬理论的发展，报酬经历从货币报酬到总体报酬、从外在的总体报酬到内在的工作特征的发展过程，本研究在"报酬—人力资本投资—创新"的研究路径的基础上，运用总体报酬模型和工作特征模型、人力资本理论和自我决定理论，遵循创造力和创新组成理论提出的工作环境、知识技能和任务动机对创新绩效的影响，构建总体报酬和工作特征、人力资本投资、成就动机对员工创新绩效影响的理论模型。

（4）人力资本投资的中介作用研究

创新驱动、创新发展、创新型国家建设把创新作为解决中国经济新常态下进行供给侧结构性改革的动力源，前人的研究已经证明了创新依赖于人力资本投资，但是传统的人力资本投资并不能完全提供创新所需的知识技能，因此本研究在传统分类量表基础上增加了基于未来需要的人力资本投资（创新性）。

总体报酬和工作特征对创新绩效的影响已经分别得到部分证实，但是整合总体报酬和工作特征对员工创新绩效的研究比较缺乏，结合通过实证检验的人力资本投资，分析总体报酬和工作特征通过人力资本投资对员工创新绩效的影响，进一步分析和研究它们的作用大小，以及影响程度，通过结构方程模型检验，实证分析不同要素的影响程度及作用机制。

（5）成就动机的调节作用研究

成就动机理论已经被证明能够激励员工获得更好的绩效，但是通过什么样的激励机制来实现有待进一步验证，根据研究的步骤尝试分析成就动机在总体报酬和工作特征通过人力资本投资对员工创新绩效影响的调节作用,首先研究成就动机在总体报酬和工作特征这两条研究主线上是直接效应还是间接效应;其次,如果是间接效应,验证它们是单调节效应,还是双调节效应,并分析其作用路径;最后本研究将采用分群组进行对比的研究方法,探究其中的差异及其调节效应。

1.4.2 研究方法

(1) 文献分析法

通过回顾有关总体报酬模型、工作特征模型、人力资本投资、成就动机和创新绩效的国内外文献,分别确定五个变量的定义及相关变量的维度。通过对五个核心变量的前因变量与结果变量的文献梳理和研究分析,为构建理论模型提出相关假设。

(2) 问卷调研法

根据文献的梳理,借鉴已有的量表结合本研究进行修订,科学设计本研究的调查问卷。2016年7月初,对山西省太原市15~20家企业进行预调研和分析,修订完善问卷。2016年7月到10月进行全国范围内随机抽样,初步发放问卷1540份。通过借鉴成熟量表,科学设计调查问卷,有效控制调查过程,通过编码、定人定量、检验等程序保证数据的客观性,为理论模型的相关假设验证提供数据的保证。

(3) 统计分析法

主要采用SPSS21.0、AMOS21.0等统计分析软件对预测数据和正式数据进行处理。运用SPSS21.0对所有题项和总体报酬、工作特征、人力资本投资、成就动机和创新绩效等变量进行描述性统计分析、信度分析、探索性因子分析、相关分析和回归分析,运用AMOS21.0对变量的验证性因子分析。通过设计科学规范的统计分析程序,保证样本数据分析的客观性和可行性,对相关变量进行数据分析,论证理论模型的相关假设。

(4) 结构方程模型法

本研究构建的理论模型既有观察变量,也有潜变量,并且是双自变量模型,因此利用多元数据分析的结构方程模型方法对已经构建的理论模型进行估计和检验,主要用于验证性因子分析、路径及因果分析及多群组比较。

1.5 实现的创新

构建总体报酬、工作特征、人力资本投资、成就动机和员工创新绩效的理论模型,实现的创新主要有以下四个方面。

(1) 探索基于中国情境的总体报酬模型

总体报酬模型的提出是美国薪酬协会基于美国的经济发展和管理实践。改革开放以来,我们形成了具有中国特色的社会主义市场经济体制和机制,而总体报酬模型不一定符合中国的实际。本研究在前人的基础上,利用中国情境下的大样本数据对五维度模型进行实证分析检验,探索了基于中国情境的总体报酬模型:薪酬、福利、绩效与工作生活平衡、认可与职业发展,更加适应中国情境。

(2) 构建总体报酬和工作特征对员工创新绩效影响的研究模型

对于工作特征作为内在报酬对员工创新绩效的影响,前人主要是从理论上进行分析,很少进行实证分析,总体报酬作为外在报酬对员工任务绩效的影响得到了部分证实,但是几乎没有学者分析总体报酬对员工创新绩效的影响。本研究把总体报酬和工作特征结合起来研究内外在报酬对员工创新绩效的影响,通过构造多元回归方程和结构方程模型,确定总体报酬和工作特征对员工创新绩效的影响,尝试构建总体报酬和工作特征对员工创新绩效影响的理论模型。

(3) 揭示人力资本投资在总体报酬和工作特征对员工创新绩效影响方面的中介作用

根据钱颖一的经济发展阶段和经济发展动力匹配理论,中国已经进入青木昌彦所说的人力资本驱动经济发展的阶段❶，创新是建设现代经济体系的战略支撑，创新又依赖于人力资本的积累水平，因此加强人力资本投入是实施创新驱动、促进创新发展的根本要求，与新增长理论的观点相吻合。社会实践证明："组织会根据员工所有的技能水平高低，或者所拥有的技能多寡支付相应的工资。"因此工资成为显性的技能水平，即要想获得高工资，员工必须提高自己的技能水平或者增加企业所需的技能，也就是高工资会引导员工进行人力资本投资，提高自己的技能水平或者增加技能的数量。基于"报酬—技能"的对应关系，报酬会促进人力资本投资、人力资本投资会促进员工创新的分析，本研究引入人力资本投资，从理论上探讨报酬对绩效的作用机制：人力资本投资在总体报酬、工作特征对员工创新绩效影响方面的中介效应。

(4) 成就动机的调节作用

本书的理论模型在研究客观因素总体报酬和工作特征对员工创新绩效影响的作用机制时，不仅受创新情境的影响，而且受员工的主观因素影响。"双创"战略的推动和创新型国家建设的实施、各种创新制度和政策的引导条件下，企业形成了良好的创新氛围。根据自我决定理论，企业的客观因素总体报酬和工作特征对员工激励作用的发挥，受员工主观因素的影响，在员工主观因素中影响员工心理和行为最大的因素是成就动机，因此本书在创新目标的引导下，通过回归分析和结构方程模型验证了主观因素成就动机在总体报酬和工作特征方面对员工创新绩效影响的调节效应。

1.6 本研究的基本框架

本研究的基本框架如图1.1所示。

---

❶青木昌彦认为：一个经济体的现代化过程分为三个阶段：从农业为主的增长阶段，发展到以现代制造业、服务业为主的增长阶段，再过渡到基于人力资本的增长阶段。

第1章 绪 论

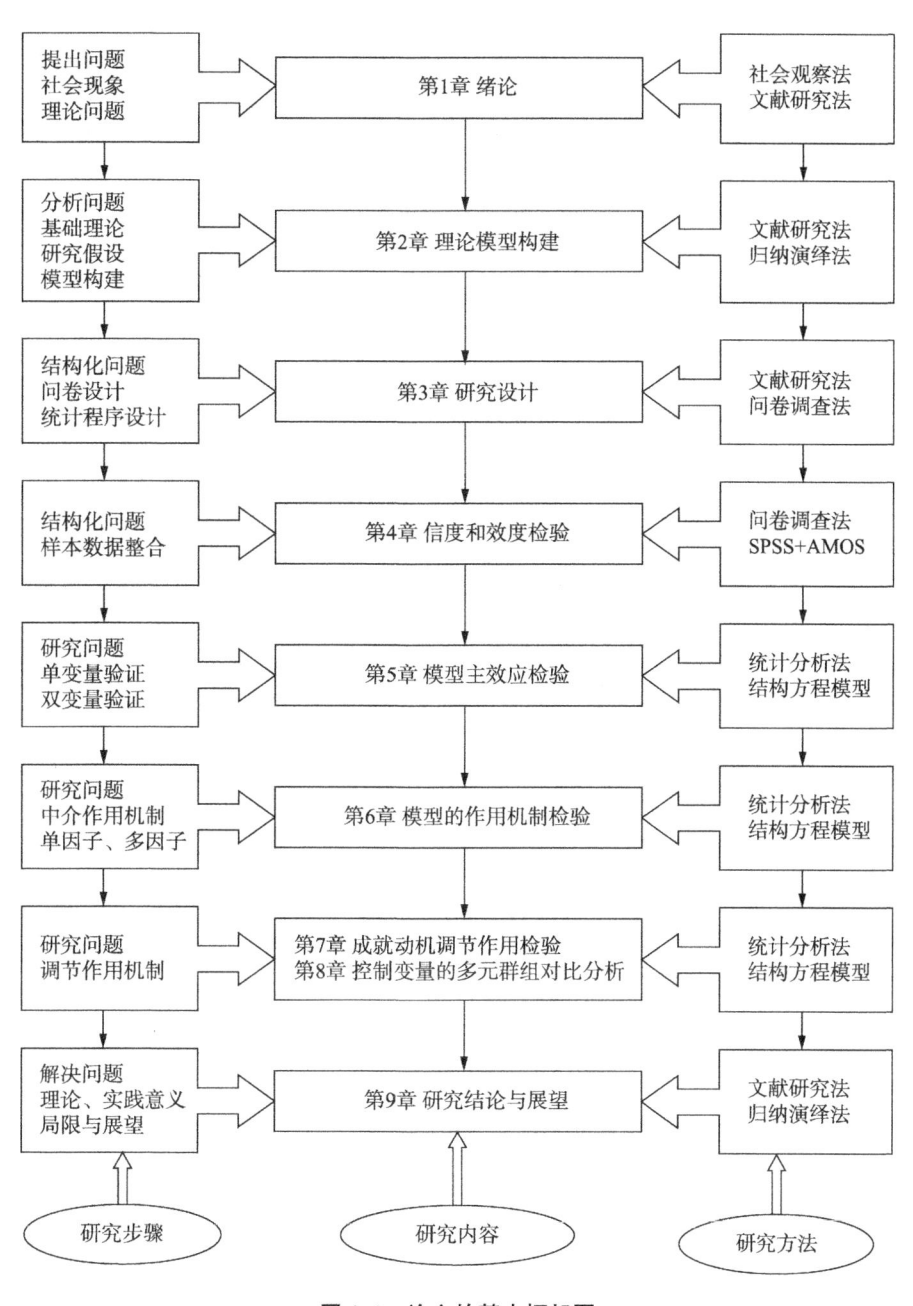

研究步骤	研究内容	研究方法
提出问题 社会现象 理论问题	第1章 绪论	社会观察法 文献研究法
分析问题 基础理论 研究假设 模型构建	第2章 理论模型构建	文献研究法 归纳演绎法
结构化问题 问卷设计 统计程序设计	第3章 研究设计	文献研究法 问卷调查法
结构化问题 样本数据整合	第4章 信度和效度检验	问卷调查法 SPSS+AMOS
研究问题 单变量验证 双变量验证	第5章 模型主效应检验	统计分析法 结构方程模型
研究问题 中介作用机制 单因子、多因子	第6章 模型的作用机制检验	统计分析法 结构方程模型
研究问题 调节作用机制	第7章 成就动机调节作用检验 第8章 控制变量的多元群组对比分析	统计分析法 结构方程模型
解决问题 理论、实践意义 局限与展望	第9章 研究结论与展望	文献研究法 归纳演绎法

图 1.1 论文的基本框架图

第2章 总体报酬和工作特征对员工创新绩效影响的理论模型

在研究述评的基础上,根据创造力和创新组成理论、人力资本理论和自我决定理论,分析研究相关变量,通过逻辑推理确定相关假设,根据假设构建理论模型。

2.1 相关概念界定

2.1.1 总体报酬

(1) 总体报酬定义

在薪酬理论发展和实践需求的基础上,美国薪酬协会在2000年首次提出"总体报酬"的概念,将薪酬拓展到报酬,创造性地将非货币报酬纳入总体框架中,提出了包含薪酬、福利和工作体验的总体报酬模型,实现对员工的吸引、保留和激励的功能。

2006年,美国薪酬协会修订和发展了传统的总体报酬模型,系统地考虑了组织战略、人力资源战略和薪酬战略的一致性,在薪酬、福利和工作体验三要素模型的基础上,将最初的总体报酬模型丰富和发展为薪酬、福利、平衡工作与生活、绩效与认可、个人发展与职业机会五大构成要素,达到对员工的吸引、激励和保留。

2015年,美国薪酬协会提出了包括薪酬、福利、工作与生活有效性、绩效、认可、人才发展六个要素的总体报酬模型,总体报酬功能也发展为吸引、激励、保留和参与。有效性取代传统的平衡是观念的改变,传统的平衡是减轻员工的工作压力,降低工作与生活的冲突,而有效性是提高员工工作和生活的质量,更有助于总体报酬功能的实现。之前的绩效与认可元素分解为绩效和认可两个要素,不同于传统的重视体现个人价值的绩效,对提高对员工精神层面的认可更加重视。

本书借鉴美国薪酬协会的总体报酬的概念,即总体报酬是用以吸引、激励、保留和鼓励员工参与的各种手段的整合,任何员工认为有价值的东西都有可能成为总体报酬的组成部分。

(2) 总体报酬的维度划分

本研究采用2006年度五维度总体报酬模型,是基于两个原因,一个是2006年的模型相对比较成熟,也有相应的量表可以借鉴;另一个原因是虽然2015年的模型有变化,但是主要的变化是要素组合和表述出现变化,并且可以用中国情境下的总体报酬模型验证2015年模型的变化。

总体报酬模型的要素分别如下。

①薪酬:包括固定薪酬和浮动薪酬两部分,固定薪酬通常是直接取决于组织的价值判断和薪酬结构的基本工资,不受绩效水平或工作结果的影响;浮动薪酬通常对应一定的风险性,它直接随绩效水平或结果产出的变化而变化。

②福利:是员工货币报酬的补充,一般包括社会保险、企业年金以及非工作时间报酬等几类。

③平衡工作与生活:是组织设计的一系列旨在消除员工工作与生活的冲突和压力,帮助员工获得成功的政策和制度规定。

第2章 总体报酬和工作特征对员工创新绩效影响的理论模型

④绩效与认可：从两个方面着手，绩效目标的实现是组织成功的关键，绩效管理是通过有效的引导机制实现组织绩效、部门绩效和个人绩效的一致性，进而实现组织的发展目标，对绩效结果的关注是总体报酬模型的一个重要特征。认可是承认员工的绩效贡献并对员工的努力工作给予特别关注，被人认可并承认自己的价值是员工一种内在的心理需要。

⑤个人发展与职业机会：个人发展是指组织为员工提供的有价值的培训和学习机会以提升他们的工作能力。职业机会是指组织重视人才的内部培养，规划员工的职业发展，并在组织内部为其提供工作轮换的机会和职位晋升的空间，确保优秀的员工能够在组织中发挥出最大的作用。

2.1.2 工作特征

(1) 工作特征定义

从劳动分工论、科学管理理论到双因素理论的发展，从工作轮换、工作扩大化到工作丰富化的发展，进一步验证了工作设计使得工作可以满足员工的心理和社会需求，有助于增加工作本身的激励能力，激发员工工作动机，提升员工的工作积极性和创造性。

工作特征是工作设计与再设计的重要理论基础，工作特征的研究主要是从工作压力、工作倦怠和内在激励两方面进行研究。第一类研究主要包括卡拉塞克（Karasek，1979）的要求—控制模型（DC模型）与德梅露蒂等（Demerouti，Bakker & Nachreiner et al.，2001）的工作要求—资源模型（JDR模型）。DC模型从研究工作压力源角度，在理论和操作层面区分工作环境中的工作要求和工作控制；JDR模型从员工职业倦怠出发把工作影响因素主要分为工作要求和工作资源。第二类研究以内在动机、内在激励为目的，主要是哈克曼和奥尔德姆的工作特征模型（JC模型）。该模型认为工作内容本身对员工是一种内在的激励，激励效果不仅取决于客观的工作特征，而且更取决于员工对工作特征的认知。

本书以内在激励为目的研究工作特征，工作特征界定与工作有关的因素或属性，即工作本身所具有的各种特性。工作特征使员工了解工作活动的实际结果，体验到工作的意义和对工作结果的责任，有助于提高员工成长需求的满足，产生较高的工作满意度、高度的内在工作激励和高质量的工作效率。

（2）工作特征的维度划分

本书以哈克曼和奥尔德姆提出的工作特征模型为自变量研究工作设计对员工创新绩效的影响。哈卡曼和奥尔德姆的工作特征模型的五个要素分别如下。

①技能多样性指的是工作的内容需要员工应用多种技能和能力的程度；

②任务整体性指的是工作任务为员工提供的全面完成一项任务的程度；

③任务重要性指的是工作结果对他人的工作与生活影响的程度；

④工作自主性指的是工作方式允许员工自由地和独立地安排工作进度和具体实施方式的程度；

⑤反馈指的是员工能从工作本身得到关于自己工作效果的信息反馈的程度。

2.1.3 人力资本投资

（1）人力资本投资定义

人力资本是指凝结在人身上的知识、技术、能力和健康的综合，主要包括教育、培训、保健、劳动者迁移以及干中学等多种形式。贝尔克（Becker，1987）将人力资本投资定义为通过对人力资源的一定投入，使人力资源数量和质量指标均有所改善，包括对劳动者的知识、技能、体力和思想道德水平等方面的各种投资，并且这种改善最终反映在劳动产出的增加上的一种投资行为。

本书界定的人力资本投资是指通过教育、培训、医疗保健、劳动者迁移以及干中学，凝结在人身上的知识、技能和健康的综合，能够增加人的资源并影响其未来货币收入和消费的投资。

（2）人力资本投资维度划分

理论界关于企业人力资本投资形式的讨论最早源于对在职培训形式的研究，贝尔克（Becker，1987）将培训分为一般培训和特殊培训，后人的研究把一般培训界定为通用性人力资本投资，特殊培训界定为专用性人力资本投资。罗默（Romer，1990）也提出了类似的划分，把知识分解为一般知识和专业知识，一般知识可以产生规模经济效益，专业知识可以产生要素的递增收益。本研究借鉴张一驰、刘鹏和尹劲桦（2009）通用性人力资本投资和专用性人力资本投资的分类进行研究。

通用性人力资本则是指由常识性、基础性、普遍实用性知识和技能构成的人力资本，可以在不同公司之间转移，对各个公司都能创造价值的知识和技能。

专用性人力资本是指由专业性、特殊性和行业部门或组织内部可用性知识和技能构成的人力资本，只对某一个特定的公司有价值的知识和技能，无法用于其他企业。

2.1.4 成就动机

（1）成就动机定义

本书把成就动机界定为一种主要的社会动机，是推动个人在达成目标的过程中所产生的一种内部推力，它影响着员工的潜能和努力程度，将直接或者间接影响创新绩效。

（2）成就动机维度划分

阿特金森（Atkinson）认为，成就动机其实包含追求成功和避免失败这两种动机，它们在强度上可能是不一样的，一个人不可能不考虑失败的后果去追求成功。因此个人的最终行为要取决于他对这两种动机的综合。如果追求成功的动机高于避免失败的动机，将努力去追求特定的目标。如果避免失败的动机强于追求成功的动机,将选择减少失败机会的目标。

2.1.5 员工创新绩效

绩效,是组织期望的结果,是组织为实现其目标而展现在不同层面上的结果。根据研究的范围,绩效分为个人绩效和组织绩效;根据研究的内容,乔治和周(George & Zhou,2001),韩翼、廖建桥和龙立荣(2007)在此基础上又提出了创新绩效以及学习绩效,本研究以创新绩效为被解释变量。芒福德(Mumford,2003)认为,创新绩效不仅指企业的创新产品或技术,还包括所有可能影响创新绩效的过程因素,因此创新绩效是结果论和过程论的结合。詹森(Janssen,2000),韩翼、廖建桥和龙立荣(2007)都认为员工的创新绩效包括创新意愿和创新思维、创新行为和创新结果。员工创新绩效指的是在个体水平上产生的新颖的、同时又是切实可行的,对组织而言具有价值的产品、过程、方法与思想。

2.2 理论基础

2.2.1 创造力和创新组成理论

阿马比尔(Amabile,1983,1988,1997)的创造力组成理论及创造力和创新构成模型指出,不管在什么领域中,创造力的产生都是由员工拥有的本领域相关的技能、创造性技能和内在的工作动机三个组成成分联合作用的结果,提供了工作环境、个体和团队创造力以及组织创新之间的联系。在模型中的工作环境有三个关键的特征:组织的激励、组织的资源以及管理活动,阿马比尔提出,三个特征的水平越高,组织的创新就越多。该理论的核心是员工的工作环境会通过影响员工的专业知识技能、创造性技能以及工作动机来影响员工的创造力。内在的工作动机对创造力的影响是最基本的,并且创造力被视为组织创新的主要来源。

传统的创新研究根据研究的范围,分为个体或团体的创造力、组织的创新,但是随着互联网技术的发展和组织理论的发展,关于创造力和创新的区分界线已经变得非常模糊,并且创新的定位已经从精英创新向大众创新转变;并且大多数专家学者都认为创造力是创新的前置阶段,即拥有创新的思维和想法,创新是创造力的实施应用阶段,而且韦斯特(West,2002)发现产生想法和实施想法之间有着显著的正相关关系,本研究在前人研究的基础上,借鉴詹森(Janssen,2000),韩翼、廖建桥和龙立荣(2007)把创新思维和创新想法及创新的行为和创新成果都称之为创新。

2.2.2 人力资本理论

从舒尔茨对人力资本理论的系统阐述开始,人力资本进入主流经济学的研究中。从古典人力资本理论对人的经济价值的分析中可以看出,人力资本的本质是一种储存在人身上的价值形态。人力资本和货币资本相同的是,两者都是具有价值增值性的价值形态,都可以通过投资的方式获得潜在的利润和经济的增长。

(1) 古典人力资本理论

马歇尔(Marshall,1890)在《经济学原理》中认可了佩蒂等人关于人的经济价值的思想,认为对人本身的投资是最有价值的投资。他和柏拉图(Plato)都认可教育和培训的价值,认为对人的教育与训练投资对于员工发展和经济增长具有重要作用。

亚当·斯密(Adam Smith)最早把人力和资本联系在一起,他指出需要人力资本投资的高技能职业比不需要人力资本投资的低技能职业具有更高的工资水平,在一定程度上论述了人力资本投资和收益的基本原理。

(2) 当代人力资本理论

舒尔茨明确提出了人力资本的概念。他指出人的知识、能力与技能是财富和经济增长的源泉，通过对人进行投资，可以促进经济的增长和财富的增加。对人力资本投资带来的收益率超过了对一切其他形态资本投资的收益率，人力资本远比土地等物质资本重要得多。他的分析证明了人力资本在经济增长中所起的决定性作用。

明瑟（Mincer）最早研究人力资本与个人收入分配关系，他在《人力资本投资与个人收入分配》中指出，美国个人收入差别与受教育水平之间存在着密切的关系，从人的后天智力差别及其变化入手，认为人们受教育水平的普遍提高是工人收入的增长与个人收入分配差别缩小的根本原因，是一种人力资本投资方式。他用收益函数深入研究了劳动者收入差别与接受教育和获得工作经验年限之间的关系问题。

贝克尔（Becker，1972）从人力资本形成的角度来定义，他认为通过增加人的资源影响未来货币收入和精神收入的活动，即增加人的生产与收入能力的一切活动就是人力资本投资，具体包括学校教育、在职培训、医疗保健、迁移，以及收集价格和收入的信息等多种形式。贝克尔的最大贡献在于他构建了人力资本理论的微观经济基础，把人力资本的观点发展为确定收入分配的一般理论。他认为培训包括一般培训和特殊培训。贝克尔（Becker，2004）指出："在新经济环境下，人力资本更显得宝贵。国家要取得进步，企业要取得成长，人力资本就是最可贵的资产。"未来50年内，人力资本将是任何经济实体中最重要的资本。

阿罗（Arrow，1962）提出了边干边学的"干中学"理论。他认为边干边学是一种人力资本投资形式，通过边干边学获得的人力资本是经验产品，它只发生于解决问题的相关生产活动中；重复大体相同问题的边干边学不能增加人力资本。

罗默（Romer，1990）、卢卡斯（Lucas，1988）在新古典生产函数中加入了人力资本因素，从而确立了人力资本在经济增长中的重要地位。罗默提出了"四要素"论，即把生产要素分为资本、非技术劳动、人力资本和新思想。罗默认为，专业化的人力资本不仅自身具有收益递增的

第 2 章 总体报酬和工作特征对员工创新绩效影响的理论模型

特点,而且会使资本和劳动等要素的收益递增,形成"收益递增"的增长模型。

卢卡斯在《经济发展的机制》中提出了以人力资本为核心的内生增长模型,将人力资本的研究内生化和具体化,他最重要的贡献在于将资本区分为有形资本和无形资本,并将劳动力划分为纯体力的原始劳动和劳动技能的人力资本,他认为劳动技能的人力资本通过正规和非正规的学校教育、生产中的边干边学进行积累,才是增长的源泉。卢卡斯根据人力资本形成的途径,将其分为内在效应和外在效应,进一步证明了人力资本增长率与人力资本投入产出率呈正比,与社会平均人力资本和私人人力资本在最终产品上的边际产出率呈正比,与时间贴现率呈反比。卢卡斯的模型避免了"没有人口增长就没有经济增长"的令人不愉快的结果。

从古典人力资本理论的"数量论"到现在人力资本理论"质量论",这些理论都认可和重视人的价值,人是国民财富增长的源泉,新增长理论认为美国经济增长的动力和源泉是创新和人力资本积累,创新最终依赖人力资本积累,因此罗默"四要素"分类法的人力资本新思想和卢卡斯的劳动技能人力资本是一致的,是经济增长的决定因素。他们获得一致的结论:收益报酬递增模型和外在效应避免了"没有人口增长就没有经济增长"的令人不愉快的结果。人力资本不是先天具备的,需要后天投资才能形成,投资的途径已经得到大家的一致认可,主要有教育、培训、医疗保健、干中学和迁移,并且主要是从经济学角度出发,鲜有人从管理学和组织行为学角度研究员工个体的人力资本投资。本研究期望从总体报酬和工作特征出发研究激励因子,通过重视人力资本投资提高员工创新绩效,最终实现创新和人力资本积累对经济增长的贡献。

2.2.3 自我决定理论

德西和里安(Deci & Ryan,1975,1980,1985)等人提出自我决定

理论。自我决定理论的核心是自主动机和受控动机的区别，秉承人本主义的理论基础，强调动机的内在性和自我决定性是人类行为的强大动力基础，认为动机的源泉是个体先天地实现自身潜力的需求。人类行为的自我决定程度被视作一个连续体，其基础是有机辩证元理论，认为社会环境可以通过支持自主、胜任、关系三种需要的满足来增强人类的内部动机、促进外部动机的内化、增强员工对组织的信任感、工作满意感、工作责任心以及工作绩效。

(1) 认知评价理论

认知评价理论认为环境因素主要通过两种基本的认知过程对内在动机产生影响：第一种是导致个体认知过程的因果关系路径发生改变；第二种是导致胜任知觉的改变。该理论的环境因素分为信息性、控制性与去动机性三种。与胜任需要和自主需要相比，关系需要是在远端促进内部动机，当个体处于具有安全感和归属感的环境，会出现更多的内部动机行为。

(2) 有机整合理论

有机整合理论指出个体的自我整合是一个从无自我决定到自我决定的连续体，在动机缺乏和内在动机之间，分别是受控的外在动机和逐渐增加自我决定程度的摄入动机、认知动机和整合动机。个体由无自我决定动机向自我决定动机发展的内化倾向是一种先天趋势，但是外部动机的内化和内部动机的维持并不必然发生，需要外部环境的滋养——满足自主需要、胜任需要和关系需要对于个体而言都是重要的，要求、报酬、价值肯定对于外部动机的内化相当关键。

自我决定理论的研究重点并不在于不同个体需求强度的结果，而是社会环境中人们满足需求的程度的结果。组织设计满足个体这三种需要的社会情境能让个体更长久地坚持某项活动，坚持积极的心理状态，产生更积极的行为结果。自我决定理论以人本主义为理论基础，强调自主动机与受控动机的区别，认为个体具有实现自我潜能的需求，引出满足

第 2 章 总体报酬和工作特征对员工创新绩效影响的理论模型

个体的自主、胜任和关系三种需要。本研究的总体报酬和工作特征及人力资本投资和成就动机都是从满足三种需要，增加信息性要素，减少控制性要素来实现内在动机的维持，外在动机内在化，提升员工的创新绩效。

2.3　理论假设

根据研究变量的概念释义和基本理论，研究和分析变量之间的逻辑关系，进一步论证理论模型构建的严谨性和规范性。本研究的创新绩效是员工创新绩效，在"大众创业、万众创新"的背景下，社会和企业的创新氛围比较宽松，给员工提供了良好的创新环境，但是员工的创新绩效更取决于员工的创新能力和创新动力，因此本研究下述的变量之间关系的研究都是基于如何提高员工的创新能力、提升员工的创新动力，进而提高员工创新绩效。

2.3.1　总体报酬与员工创新绩效关系假设

阿曼·阿尔钦认为"特定的报酬支付制度依赖于对特定生产率刺激的反应"的因果导向颠倒了，所以说不是由生产率决定报酬，而是由报酬的合理性决定生产率。根据创造力和创新组成理论，从组织的资源和组织激励以及管理活动出发，探讨从报酬角度实施有效激励，总体报酬是以满足员工多样化需求为目的，实现了企业战略、人力资源战略和薪酬战略的一致性，有助于提高企业和员工的绩效。

在当前经济发展方式转变、经济结构优化和产业结构调整升级的中国经济新常态下，企业处于高度不确定性的经营环境中，基于创新驱动的创新发展是企业获得生存和可持续发展的关键。企业创新发展战略的高创新要求与总体报酬的薪酬战略是一致的，有助于总体报酬等外部动机内部化，进一步促进员工提升创新绩效，因此探讨总体报酬与员工创新绩效就显得非常重要。

薪酬和福利是总体报酬的重要组成部分，主要指的是货币报酬，但是前人研究认为货币报酬对员工绩效的影响已经降低，开始重视引入非货币报酬对员工工作绩效的影响。马文聪、侯羽和朱桂龙（2013）研究表明：研发人员的薪酬激励显著正向影响企业的创新绩效。刘永胜（2009），张雅慧、万迪昉和付雷鸣（2015）研究发现：企业家和公司高管的薪酬激励（长期薪酬和股权）能够促进他们投入更多的努力和创新资源，有效地提高创新绩效。顾建平和王相云（2014）研究证实绩效薪酬对探索式创新行为呈倒 U 形二次曲线关系，对利用式创新行为有显著的正向影响。良好的福利激励能够提高员工的工作满意度，激励员工的工作热情，增加工作投入，显著正向影响知识型员工的创新绩效。

工作与生活平衡是任何员工期望的理想工作状态，即有效控制和消除工作与生活的冲突给员工带来的压力，保障员工的工作与生活相互支持，满足了自我决定理论的胜任需求和关系需求，员工能够更自主地安排工作与生活，有助于促进员工创新。饶惠霞（2013）全面验证了研发人员的工作生活质量与创新绩效的正相关关系。根据公开数据，截至 2017 年年底，中国中小微企业数占企业总数比重超过 99%，它们大多处于生存或者发展阶段，只有员工达到了企业制定的绩效目标，企业和员工才有机会控制和消除工作与生活的冲突，实现工作与生活的平衡。

认可和职业发展有助于员工的外在动机内在化。自我决定理论认为，认可是对员工胜任能力的表现。文跃然和周欢（2015）认为良好的认可激励制度有助于激发员工的积极性、主动性和创造性，把货币报酬与其他非货币形式的报酬（如对员工成绩的认可、员工的职业发展等）联合才能发挥更大的激励作用，促使员工创造出人意料的卓越绩效。职业发展是对员工人力资本积累的认可，更有助于推动员工积极进行人力资本投资，进一步提升员工的创新绩效。秦晓蕾、杨东涛和魏江茹（2007），孙锐（2014）研究发现，员工培训与企业绩效呈显著的正相关性，对组

第 2 章　总体报酬和工作特征对员工创新绩效影响的理论模型

织创新产生正向影响。任华亮等（2016）、赵文红和周密（2012）分别认为能力与成长工作价值观和研发团队的内部机会、培训与发展、决策参与这 3 项人力资源管理实践对创新绩效具有显著的正向影响。

洪健和林芳（2007）认为总体报酬满足员工多样化的需求，实现企业战略和薪酬战略的一致性，有助于提高企业的绩效。郭卫东（2010）阐释了总体报酬模型通过吸引、保留和激励员工，提高员工的工作满意感和组织承诺，最终实现组织的工作绩效。因此提出

假设 1：总体报酬对员工创新绩效具有正向影响；

假设 1a：薪酬对员工创新绩效具有正向影响；

假设 1b：福利对员工创新绩效具有正向影响；

假设 1c：绩效与工作生活平衡对员工创新绩效具有正向影响；

假设 1d：认可与职业发展对员工创新绩效具有正向影响。

2.3.2　工作特征与员工创新绩效关系假设

员工的行为不仅受外在报酬刺激，而且受内在报酬驱动，并且内在报酬的激励主要取决于企业的工作设计，现有研究已经开始从工作设计的视角来关注员工的激励问题。哈克曼和奥尔德姆（Hackman & Oldham, 1976）的工作特征模型认为工作内容本身对员工具有一种内在的激励，本研究以工作特征模型进行研究，技能多样性、任务完整性和任务重要性有助于满足员工的胜任需求，工作自主性直接满足了员工的自主性需求，反馈性有助于满足员工关系的需求，因此工作特征通过满足自主、胜任、关系三种基本心理需要促使工作特征的外在动机内在化，增强员工的内部动机，提高员工的创新绩效。奥尔德姆和库里克（Oldham, Kulik & Ambrose, et al., 1986），王富祥（2006）分别从银行员工和资料处理人员证实了工作特征显著正向影响工作绩效。

技能多样性、任务完整性和任务重要性体现了工作的意义，是对员工胜任需求的表现，进一步推动员工的工作自主性需求，通过反馈性提

高了员工的关系需求。诺弗等（Noefer, Stegmaier, Mdter et al., 2009）研究证实技能多样性对企业组织中员工新想法的产生和实施具有直接的正向影响。刘宏英、苏郁锋和吴能全（2015）研究认为员工对任务重要性的认知是员工的工作对他人产生正面影响的一种判断，任务重要性通过工作的意义和责任感等影响工作绩效。

工作自主性有助于提高员工的工作自主性需求，詹森（Janssen, 2000），德西和里安（Deci & Ryan, 2008），刘博逸和孙利平（2010）研究发现工作自主性可以激发员工的内在动机，员工更愿意尝试新想法，从而对创新绩效产生影响。胡进梅和沈勇（2014）的研究结果表明：工作自主性中的方法工作自主性和安排工作自主性两个维度正向影响创新绩效，标准工作自主性负向影响创新绩效。阿马比尔（Amabile, 1989），法默和龚·麦金太尔（Farmer & Kung-Mcintyre, 2003），王端旭和赵轶（2011）的研究结果是工作自主性、技能多样性均与员工创新绩效正相关。郭云和廖建桥（2014）研究表明上级的发展性反馈有助于促进员工的工作绩效。

张一弛、刘鹏和尹建桦（2005）认为工作特征的核心维度对员工的工作满意度和组织承诺等具有广泛的积极影响，王忠、熊立国和郭欢（2014）认为工作特征各维度均对个人创新绩效发挥显著正向影响；技能多样性、工作自主性分别正向调节员工创造力人格与个人创新绩效之间的关系。

创造力和创新组成理论认为内在的工作动机是影响创新的最基本因素，自我决定理论与哈克曼和奥尔德姆的工作特征理论都是基于工作设计增加内部工作动机的目的是一样的，作为内在报酬的工作特征有助于提升员工的内在动机，促使外在动机内在化，提高员工的创新绩效。因此提出

假设2：工作特征对员工创新绩效具有正向影响；

假设2a：技能多样性对员工创新绩效具有正向影响；

假设2b：任务完整性对员工创新绩效具有正向影响；

假设2c：任务重要性对员工创新绩效具有正向影响；

假设2d：工作自主性对员工创新绩效具有正向影响；

假设2e：反馈性对员工创新绩效具有正向影响。

根据构建的理论模型和假设1、假设2的论述，本研究认为总体报酬和工作特征正向影响员工的创新绩效。

提出假设8：总体报酬和工作特征正向影响员工创新绩效。

2.3.3　总体报酬与人力资本投资关系假设

中国经济实现"要素驱动—创新驱动"的转变路径，需要企业和员工以创新发展为指导，以创新驱动为动力，提升自己的创新绩效，但"钱学森之问"和"华为迷航"都揭示了创新性人才的缺乏。中国当前对人力资本投资的回报严重低于物质资本的回报，使得企业缺乏通用性人力资本投资的动能，专用性人力资本投资也受到抑制；缺乏企业的投资引导，导致员工没有动力进行人力资本投资，这将导致现有的人力资本水平和人力资本结构不能适应中国经济发展阶段转变和产业结构调整、企业转型升级的需要，成为深化供给侧结构性改革和推动中国经济可持续发展的瓶颈。

如何引导员工进行有效的人力资本投资，帮助员工进行人力资本积累，提升员工的创新能力？薪酬是引导员工实现组织目标（企业战略）的方向，满足员工多样化需求的总体报酬实现了企业战略和薪酬战略的一致性，促进基于人力资本投资的创新引导员工重视自己的创新能力，实现员工人力资本投资的帕累托最优。吴良平、曾国华和余来文（2014）认为应该提高劳动报酬、增加员工获得高收入的预期，能够提高员工投资的积极性和主动性，促进员工加大人力资本投资。农民工收入的增加不仅对农民工本身，而且对下一代的人力资本投资具有显著的正向影响，进一步验证了薪酬与人力资本投资的正相关关系。

福利是货币报酬中薪酬的补充，保障了员工合法权益，有助于员工进行人力资本投资。认可和平衡工作与生活都是基于员工拥有很强的知识、技能，实现了组织确定绩效的结果，员工为了获得认可和平衡工作与生活，会主动进行人力资本投资，丰富和完善自己的知识，增强自己的技能。职业机会和个人发展本身就是组织对员工知识技能增加，能够承担更大责任的一种激励措施和管理活动，反过来会促进员工进行人力资本投资，不断满足企业现在和未来对员工知识技能的需要。骆品亮和司春林（2001）认为职位提升机制能在一定程度上激励代理人的投资。陈维涛、王永进和毛劲松（2014）的研究发现劳动者依据投资收益大小决定是否进行人力资本投资。因此提出

假设3：总体报酬对员工的人力资本投资具有正向影响；

假设3a：薪酬对员工的人力资本投资具有正向影响；

假设3b：福利对员工的人力资本投资具有正向影响；

假设3c：绩效与工作生活平衡对员工的人力资本投资具有正向影响；

假设3d：认可与职业发展对员工的人力资本投资具有正向影响。

2.3.4 工作特征与人力资本投资关系假设

"大众创业、万众创新"政策的实施和中国工业制造2025的最终实现，需要企业和员工具有充足的创新能力和充沛的创新动力，最终要靠员工的人力资本质量和企业的人力资本积累水平。为了引导企业和员工进行人力资本投资，不仅要通过增加人力本投资的回报（总体报酬），而且要通过基于工作特征的工作设计引导员工变被动为主动，促进员工由低技能员工向高技能员工转变。

工作特征模型指出工作特征对员工绩效的影响受到员工的知识、技能的影响；创造力和创新组成理论认为工作环境通过影响员工的知识技能促进员工的创新。经过对创造力和创新组成理论以及工作特征模型进行分析研究，得出工作特征模型的内在激励受到员工的知识与技能的影

第 2 章　总体报酬和工作特征对员工创新绩效影响的理论模型

响。丁桂凤（2005）研究证实了工作特征有利于激发员工学习的动力，促进员工进行人力资本投资。

技能多样性要求员工完成企业的工作需要多种知识、技能，并且不同工作需要的知识、技能的复杂程度和难度是不一样的。员工工作所需要的技能种类的多少、技能水平的高低都需要员工进行学习和干中学获得，技能种类由少到多和技能水平由低到高都需要员工有意识地进行人力资本投资才能获得。晁彬云（2006）认为个人根据技能报酬溢价的变动作出人力资本投资决策。陈维涛、王永进和毛劲松（2014）的研究表明，出口技术复杂度的提升有利于中国城镇和农村劳动者人力资本投资的增加。任务完整性和任务重要性说明工作任务对企业和他人非常重要，并且是员工完全负责任，促使员工学习充足的知识和完备的技能，以确保工作任务的顺利完成，并且任务越重要，需要的知识技能的种类和水平越多越复杂，越需要员工去学习和锻炼。工作自主性和反馈性不仅要求员工学习工作任务的专业知识技能，而且要求员工学习各种人文知识，如管理技能、沟通技能等，因此更需要员工进行人力资本投资。因此提出

假设 4：工作特征对员工的人力资本投资具有正向影响；

假设 4a：技能多样性对员工的人力资本投资具有正向影响；

假设 4b：任务完整性对员工的人力资本投资具有正向影响；

假设 4c：任务重要性对员工的人力资本投资具有正向影响；

假设 4d：工作自主性对员工的人力资本投资具有正向影响；

假设 4e：反馈性对员工的人力资本投资具有正向影响。

根据构建的理论模型和假设 3、假设 4 的论述，本研究认为总体报酬和工作特征正向影响人力资本投资。

提出假设 9：总体报酬和工作特征同正向影响人力资本投资。

2.3.5　人力资本投资与员工创新绩效关系假设

新增长理论认为人力资本是技术创新和经济增长的动力和源泉，对

创新具有正向影响。中国应对和解决当前经济增长动力不足,由传统的"要素驱动"向未来的"创新驱动"转变,不仅取决于获得创新的渠道,而且更主要取决于中国的人力资本水平。杨勇和达庆利(2007)研究结果支持熊彼特假说——技术创新中人力资本投资支出与企业的技术创新绩效正相关。

随着供给侧结构性改革的顺利推进,对企业和社会的人力资本积累水平要求十分迫切,但是无论从受教育年限还是从技能来看,中国的人力资本水平尚不适应产业结构急剧变革的需要,而且对于引领世界未来发展的新兴产业和技术,传统的人力资本投资不能有效解决"钱学森之问"和"华为迷航"对创新性人才的迫切需求。本研究在前人基础上,提出创新性人力资本。阎世平和林灵(2013)认为企业应该进一步提升人力资本的数量和质量,高素质的人力资本有利于新技术的开发、应用和传播。吴良平、曾国华和余来文(2014)研究表明以人才集聚和加大人力资本投资,提升地区创新能力,以创新驱动发展战略来加快完善社会主义市场经济体制和转变经济发展方式。

人力资本对创新具有积极的影响已经得到证实,但是人力资本不同维度对员工创新绩效的作用还没有得到一致的结论,康和斯内尔(Kang & Snell,2009)认为专用性人力资本有助于创新,但赵金瑞否定了专用性人力资本与企业绩效的关系,提出管理经验和企业员工的教育水平与企业绩效正相关,企业绩效与通用性人力资本正相关。因此提出

假设5:人力资本投资对员工创新绩效具有正向影响;

假设5a:通用性人力资本投资对员工创新绩效具有正向影响;

假设5b:专用性人力资本投资对员工创新绩效具有正向影响;

假设5c:创新性人力资本投资对员工创新绩效具有正向影响。

2.3.6 人力资本投资的中介作用

从传统的"土地、劳动"两要素论,到"土地、劳动、资本"的三

第 2 章 总体报酬和工作特征对员工创新绩效影响的理论模型

要素论,甚至"资本、非技术劳动、人力资本和新思想"四要素论的发展来看,由劳动力演化而来的人力资本已经成为这一时代的关键资源。劳动力向人力资本的演化不是自动地进行,而是随着生产力的不断发展,社会、企业和员工主动进行投资所构成。创造力和创新组成理论核心理念是工作环境通过影响员工的知识技能影响企业的创新,员工的知识技能是社会、企业和员工共同进行人力资本投资获得,因此企业的管理活动、组织激励和资源都是通过影响知识技能的人力资本投资,促进员工和企业的创新绩效。刘丹丹和罗润东(2014)认为经济转型期劳资矛盾显现,社会保障作为重要的制度安排通过影响人力资本投资发挥对劳资关系的间接效应。阎世平和林灵(2013)认为高素质的人力资本有利于新技术的开发、应用和传播,使得研发投入的效应更加显著。

在企业层次上,贝尔克、胡塞里德和平库斯等人(Becker, Huselid, & Pinkus et al., 1997),尤尼特和斯内尔(Youndt & Snell, 2004)研究发现人力资本是高绩效人力资源管理系统和公司绩效之间的中介变量,但是关于人力资本的影响机制分歧较大,专家学者分别从人力资本、专用性人力资本、战略性人力资本角度验证了人力资本在高绩效人力资源管理实践、高参与高绩效工作系统与企业绩效和创新绩效方面起着部分中介作用,也有专家认为专用性人力资本完全中介高绩效人力资源管理实践对绩效的影响。本研究结合经济转型、产业升级,为供给侧结构性改革和工业 2025 提供创新型人才、激发创新行为和提高创新绩效角度探讨人力资本投资在总体报酬、工作特征和创新绩效之间的作用机制。因此提出

假设 6:人力资本投资在理论模型中起部分中介作用;

假设 6a:通用性人力资本投资在理论模型中起部分中介作用;

假设 6b:专用性人力资本投资在理论模型中起部分中介作用;

假设 6c:创新性人力资本投资在理论模型中起部分中介作用。

2.3.7 成就动机的调节作用

传统的研究创新绩效都是以企业的 R&D 的投入、领导者/管理者的风格、创新氛围等对形式主体的企业创新绩效的影响为主,忽略了实践主体员工角度出发——成就动机来分析。麦克里兰和鲁梅尔哈特（Mcclelland & Rumelhart, 1981）认为,成就动机水平会影响员工的绩效。维纳（Weiner, 2000）研究把成功和失败归因于可控制的、稳定的内因,即把成功归因于能力、努力和个性,他们倾向于更加努力地学习和工作。

前文所述,总体报酬、工作特征与员工创新绩效的作用机制已经得到详细论述,员工创新绩效的实现取决于员工的创新能力和创新动力,总体报酬和工作特征从外在报酬和内在报酬相结合角度激励员工提高创新能力和提升创新动力。创新能力通过人力资本投资来体现,创新动力不仅受员工对总体报酬和工作特征的报酬激励的认知,而且受基于动机和情感的暖认知的影响,因此本研究将认知、动机、情感整合在一个理论模型中研究。本研究以阿特金森的成就动机为主,结合麦克里兰和维纳的研究结果,从员工个体角度出发研究成就动机在总体报酬和工作特征方面对员工创新绩的影响。

哈克曼和奥尔德姆（Hackman & Oldman, 1975）研究发现员工的个人成长需求在工作特征和绩效之间发挥着重要的调节作用,即员工个人的成长需求越高,工作特征对关键心理状态的影响越强,对员工工作态度和行为的影响也就越强。成就动机与员工的个人成长需求在内在激励方面是一致的,追求自我成长和发展,达到更优秀的标准,实现更高目标。赵兰兰（2005）等的研究表明成就动机调节目标定向对兴趣的影响。孙跃和胡蓓（2009）研究个体成就动机对员工离职意愿的调节效应。本研究认为客观因素总体报酬、工作特征和主观因素成就动机共同影响员工人力资本投资和员工创新绩效。因此提出

第 2 章 总体报酬和工作特征对员工创新绩效影响的理论模型

假设 7：成就动机在总体报酬和工作特征通过人力资本投资影响员工创新绩效的过程中起着调节作用。

2.4 理论模型构建

本书认为总体报酬和工作特征对人力资本投资和员工创新绩效具有正向影响，人力资本投资在总体报酬和工作特征对员工创新绩效影响的过程中起中介作用，成就动机在总体报酬和工作特征对员工创新绩效的作用机制中发挥着调节作用。根据上述分析构建理论研究的结构方程模型，如图 2.1 所示。

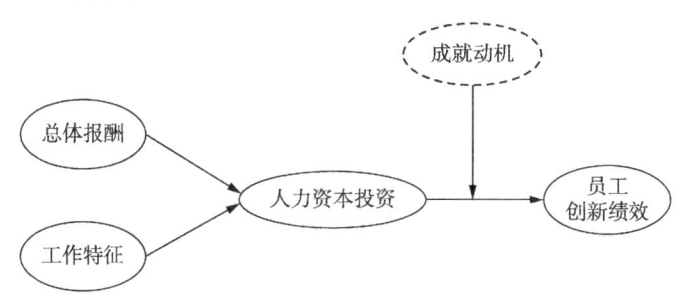

图 2.1 总体报酬、工作特征对员工创新绩效影响的理论模型

第3章 研究设计

除了上述的严密理论分析和规范的逻辑推演,本书还运用了科学的研究方法。由于本研究没有现成的二手数据可用,也不能用国家层面的客观数据进行转换,因此采用问卷调查法对样本进行实地调研,收集有效数据。

3.1 问卷设计

3.1.1 问卷设计过程

第2章构建的理论模型没有公开的数据库,因此通过抽样调查获得样本数据。王重鸣(1990)认为抽样调查的过程包括规定总体、抽取样本、统计推论,总体的确定和抽样(代表性)的合理与否是数据质量的关键。在问卷设计原则性和可靠性方面,李怀祖(2004)认为,首先阐明问题,明确问卷的主题以便被调查者可根据个人实际情况填写;其次采用合适的抽样技术选取调查对象。

在研究设计上，通过填表说明向应试者明确答案本身没有对错之分，尽可能使用通俗易懂的语言，各变量在不同程度使用反向用语等策略；在抽样设计上，预测试的抽样采取判断抽样，以保证样本的代表性；正式调研的抽样采取随机抽样，通过三种渠道在全国26个省、自治区、直辖市进行大范围的调研。

按照定性和定量相结合的方法，采用Likert5级量表（1=非常不符合，5=非常符合）设计研究问卷。本问卷的设计与量表开发的过程分为以下几个步骤：首先，对总体报酬等相关文献进行分析，借鉴经过理论和实证检验的信度和效度比较高的问卷设计测试问卷；其次，与专家讨论和交流问卷初稿，对变量维度和题项进行归类调整，对部分变量的题项进行修订；再次，从山西太原、长治、平遥选取部分企业进行测试，针对有疑问或者有歧义的题项进行修订，针对缺失值比较多的题项分析其保留的必要性和可行性；最后，针对统计分析结果，对问卷题项进行修订，对变量维度进行调整和归类，形成正式问卷。

3.1.2 问卷调查过程

为了消除同源方差，采用了多渠道、广覆盖的原则，通过合作企业和直接上门等三种方式从26个省、自治区、直辖市选取企业进行调研。

（1）样本企业标准

为了确保样本的代表性，对被选取的样本做了相应的规定：样本必须是独立的法人实体；样本必须具有具体的经营业务；样本必须是雇佣8人以上的小型企业。

（2）样本企业来源

为了保证样本的代表性和覆盖范围，样本的来源分为三个渠道：大型集团公司项目培训的企业；山西省太原、长治和平遥等地的企业；杰出校友在全国其他26个省、自治区、直辖市调研的企业。

(3) 问卷的发放和回收

选定样本之后我们开始发放问卷，调研从 2016 年 7 月到 10 月，合作企业调研得 460 份，回收 401 份，回收率 87%；杰出校友上门调研 1540 份，回收 864 份，回收率 56%，总回收率 63.25%，剔出有缺失项的 114 份，有效问卷 1151 份，占比 57.55%，符合问卷的回收要求。

3.2 变量测量

根据构建的理论模型和研究假设，确定问卷中需要测量的变量包括总体报酬、工作特征、人力资本投资、成就动机和创新绩效。量表的选取和借鉴：既有成熟的量表的变量——工作特征和成就动机，也有中国情境下需要修订的量表的变量——总体报酬和创新绩效，最后借鉴现有量表进行补充开发的量表——人力资本投资。为了便于中国企业员工有效填写问卷，各变量的测量题项在借鉴国内外成熟量表的基础上，结合中国文化和情景进行修订。

测评量表的确定主要是个体层面即员工的感知，并且测量员工的客观结果难以获得，因此我们用相对指标替代绝对指标。恩格和费尔德曼（Ng & Feldman，2012）对自评创新绩效与他评创新绩效的元分析表明，自评创新绩效在自变量与组织和工作相关的特征上，与他评创新绩效的效应值并无显著差异；而当自变量涉及自我特征时，只要有效控制共同方法偏差问题，则可保证自评创新绩效的有效性，因此我们采用自评创新绩效量表。调查问卷的所有测量指标均采用 Likert 5 级量表。

3.2.1 总体报酬测量

(1) 总体报酬的初始测量量表

关于总体报酬的操作化量表，本研究借鉴杨菊兰和杨俊青（2015）的总体报酬量表，具体见表 3.1。

表 3.1　总体报酬量表

维度		题项
薪酬（P）	P1	1. 薪酬逐年稳定上涨
	P2	2. 薪酬水平与本人技能匹配
	P3	3. 薪酬水平与同行业企业相比
	P4	4. 当月绩效奖金与工作绩效挂钩
	P5	5. 年终绩效奖金与工作绩效挂钩
	P6	6. 本人薪酬与企业利润挂钩
福利（B）	B1	7. 及时足额为员工缴纳五险一金
	B2	8. 为员工缴纳其他社会保险
	B3	9. 保证员工的工间休息时间
	B4	10. 保证员工的节假日休息时间
	B5	11. 住房福利
	B6	12. 节假日礼品、现金等的发放
平衡工作与生活（W）	W1	13. 不带薪假期的执行情况
	W2	14. 带薪假期的执行情况
	W3	15. 工作与家庭兼顾情况
	W4	16. 公司对您家庭的关照
	W5	17. 工作中您的身心健康情况
	W6	18. 公司给予您参与管理或提出建议的机会
绩效与认可（R）	R1	19. 工作绩效与个人目标的一致性
	R2	20. 考核标准易于达到
	R3	21. 公司目标与个人目标的一致性
	R4	22. 受到上司表扬或额外奖励的机会
	R5	23. 与上司或同事非正式交流的机会
职业机会与个人发展（D）	D1	24. 公司资助或支持的学习进修培训
	D2	25. 轮岗或在更高级别岗位上的实习机会
	D3	26. 公司组织的培训项目或课程
	D4	27. 晋升机会
	D5	28. 工作对个人能力提升的帮助
	D6	29. 公司提供清晰的未来晋升阶梯或路径

资料来源：美国薪酬协会（2012）与杨菊兰和杨俊青（2015）量表。

第3章 研究设计

通过预测试,原量表在进行信度、效度和区分度检验时,绩效与认可的 R1 题项的效度没有通过检验,进行删减,进行探索性因子分析,主成分分析和正交旋转后,原绩效与认可的四个题项中的 R2 和 R3 调整和归档属于平衡与工作生活维度,R4 和 R5 调整和归档属于个人发展与职业机会维度;虽然 B5 和 B6 被单独旋转成一个单独的主成分,但福利的维度存在,并且这两个题项属于福利维度,所以继续把它们归档为福利维度进行保留。

通过预测问卷的分析和验证,美国薪酬协会的五因子模型转变为适合中国国情的四因子模型:薪酬、福利、绩效与工作生活平衡和认可与职业发展,因此总体报酬模型在中国引进一定要进行适用性的修订。

(2) 修订总体报酬量表

经过测试问卷的分析和验证,原美国薪酬协会的五因子模型转变为适应中国情境的四因子模型,结合删减效度不足的第 19 题项(绩效与认可的 R1 题项)按照新的薪酬、福利、绩效与工作生活平衡和认可与职业发展的四因子维度模型把预测试量表修订为正式量表,具体见表 3.2。

表3.2 总体报酬修订量表

维度	编码	题项
薪酬(TR_1)	P1	1. 薪酬逐年稳定上涨
	P2	2. 薪酬水平与本人技能匹配
	P3	3. 薪酬水平与同行业企业相比
	P4	4. 当月绩效奖金与工作绩效挂钩
	P5	5. 年终绩效奖金与工作绩效挂钩
	P6	6. 本人薪酬与企业利润挂钩
福利(TR_2)	B1	7. 及时足额为员工缴纳五险一金
	B2	8. 为员工缴纳其他社会保险
	B3	9. 保证员工的工间休息时间
	B4	10. 保证员工的节假日休息时间
	B5	11. 住房福利
	B6	12. 节假日礼品、现金等的发放

续表

维度	编码	题项
绩效与工作生活平衡（TR$_3$）	PW1	13. 不带薪假期的执行情况
	PW2	14. 带薪假期的执行情况
	PW3	15. 工作与家庭兼顾情况
	PW4	16. 公司对您家庭的关照
	PW5	17. 工作中您的身心健康情况
	PW6	18. 公司给予您参与管理或提出建议的机会
	PW7	20. 考核标准易于达到
	PW8	21. 公司目标与个人目标的一致性
认可与职业发展（TR$_4$）	RD1	22. 受到上司表扬或额外奖励的机会
	RD2	23. 与上司或同事非正式交流的机会
	RD3	24. 公司资助或支持的学习进修培训
	RD4	25. 轮岗或在更高级别岗位上的实习机会
	RD5	26. 公司组织的培训项目或课程
	RD6	27. 晋升机会
	RD7	28. 工作对个人能力提升的帮助
	RD8	29. 公司提供清晰的未来晋升阶梯或路径

根据预测试量表分析结果绘制适合中国情境的四要素模型图，如图3.1所示。

图 3.1 中国情境下的总体报酬模型

3.2.2 工作特征测量

工作特征模型的 5 个核心维度的测量借鉴哈克曼和奥尔德姆（Hackman & Oldman, 1975), 伊德齐亚克和德拉斯高 (Idaszak & Drasgow, 1987) 改进的量表, 结合中国本土情景进行语句修订, 具体见表3.3。

表3.3 工作特征量表

维度	编码	题项
技能多样性 (JC$_1$)	JC1	1. 工作要求使用不同的技能和能力
	JC2	2. 工作要求我使用大量复杂的、高水平的技能
	JC3	3. 工作相当简单, 并且具有重复性
任务完整性 (JC$_2$)	JC4	4. 工作是一个完整的, 具有明确开始和结束的工作
	JC5	5. 任务由我开始, 并且由我完成
	JC6	6. 由于工作安排的原因, 我没有机会完整地做完一整件工作
任务重要性 (JC$_3$)	JC7	7. 工作的结果显著地影响到别人的生活或者福利
	JC8	8. 我的工作完成得好坏将会影响到很多人
	JC9	9. 工作本身在更大范围上来说, 并没有什么意义或重要性
工作自主性 (JC$_4$)	JC10	10. 工作允许自己决定如何完成它
	JC11	11. 工作给予我相当大的自由来独立决定如何完成它
	JC12	12. 工作没有给我提供任何机会让我自主地判断和完成自己的工作
反馈性 (JC$_5$)	JC13	13. 实际工作本身为你提供了有关自己工作效果的线索
	JC14	14. 通过完成任务本身, 我就可以有很多机会了解自己做得如何
	JC15	15. 就我自己的工作效果而言, 工作本身提供了非常少的线索

资料来源：本表资料来源于哈克曼和奥尔德姆 (Hackman & Oldman, 1974) 与伊德齐亚克和德拉斯高 (Idaszak & Drasgow, 1987) 改进的量表。

经过测试问卷的分析和验证, 工作特征五个维度的最后一个题项是反向用语, 因此更验证了量表本身的信度。虽然工作特征各维度的信度系数都通过了检验标准, 但是相比其他量表的信度系数 α 值, 工作特征各维度的信度系数 α 值偏低, 其主要原因可能是题项过少, 只有3项, 其他变量的维度题项大多在6项以上。值得注意的是, 再次使用工作特征量表的时候, 量表的题项可以增加到5~6个。

结合工作特征分量表的信度系数 α 值为 0.819，大于 0.7，整个问卷的信度系数 α 值为 0.911，大于 0.8 都符合专家学者的检验标准。因此验证了工作特征的分量表。

3.2.3 人力资本投资测量

(1) 人力资本投资初始量表

根据贝尔克（Becker，1975）研究结果，人力资本投资分为通用性人力资本投资和专用性人力资本投资。人力资本投资量表借鉴张一弛、刘鹏和尹劲桦（2005）量表，结合本研究进行了修订，在传统二分法基础上分别加了三个行业和企业未来需要的人力资本投资的题项，如我的人力资本能够匹配行业需要的通用性人力资本结构；我非常希望投资企业未来需要的专用性人力资本结构类型等题项。具体人力资本投资量表见表 3.4。

表 3.4 人力资本投资量表

维度	编码	题项
通用性人力资本投资（HCI_1）	HCI11	1. 我非常希望有机会继续学习和参加培训以提升自己的知识水平
	HCI12	2. 我非常希望有机会去其他公司工作，以积累多个行业通用的技能
	HCI13	3. 我非常希望考取多个行业都认可的资格证书
	HCI14	4. 我非常希望积累多个行业通用的知识，而不是本公司专用的知识
	HCI15	5. 我非常努力提高多个行业通用的技能，即使这些技能在本公司没有用处
	HCI16	6. 我非常喜欢阅读其他行业的相关报刊和书籍
	HCI17	7. 我的人力资本能匹配行业需要的通用性人力资本结构
	HCI18	8. 我能根据行业对通用性人力资本结构的需要，调整自己的人力资本投资类型
	HCI19	9. 我非常希望投资企业未来需要的通用的人力资本结构类型

第3章 研究设计

续表

维度	编码	题项
专用性人力资本投资（HCI$_2$）	HCI21	10. 我非常希望更多地了解本公司的历史、发展战略和组织文化
	HCI22	11. 我非常希望在本公司工作更长时间以掌握更多的本公司专用的知识和技能
	HCI23	12. 我非常愿意积累本公司专用的经验，即使这些经验在其他公司没有用处
	HCI24	13. 我非常希望获得更多的本公司专用的工作知识
	HCI25	14. 我非常努力提高本公司专用的技能，即使这些技能对我跳槽没有好处
	HCI26	15. 我非常喜欢阅读本公司的内部刊物
	HCI27	16. 我的人力资本能匹配企业需要的专用的人力资本结构
	HCI28	17. 我能根据企业对专用性人力资本结构的需要，调整自己的人力资本投资类型
	HCI29	18. 我非常希望投资企业未来需要的专用性人力资本结构类型

资料来源：根据对张一驰、刘鹏和尹劲桦（2005）的量表修订补充而得。

通过测试问卷对人力资本投资量表进行统计检验，通用性人力资本投资的第二题项HCI12没有通过信度检验，因此对HCI12题项进行删减，对测试的样本数据进行探索因子分析，通过主成分分析和正交旋转后，原来的二因子变为三因子，这说明修订补充的题项是另一个人力资本投资的维度，创新性人力资本投资❶。

（2）修订人力资本投资量表

根据测试分析的结果，删减了HCI12，人力资本投资的维度由两个维度变为三个维度。具体修订见表3.5。

---

❶创新性人力资本投资的名称需要商榷。

表 3.5　人力资本投资修订量表

维度	编码	题项
通用性人力资本投资（HCI_1）	HCI11	1. 我非常希望有机会继续学习和参加培训以提升自己的知识水平
	HCI12	3. 我非常希望考取多个行业都认可的资格证书
	HCI13	4. 我非常希望积累多个行业通用的知识，而不是本公司专用的知识
	HCI14	5. 我非常努力提高多个行业通用的技能，即使这些技能在本公司没有用处
专用性人力资本投资（HCI_2）	HCI21	10. 我非常希望更多地了解本公司的历史、发展战略和组织文化
	HCI22	11. 我非常希望在本公司工作更长时间以掌握更多的本公司专用的知识和技能
	HCI23	12. 我非常愿意积累本公司专用的经验，即使这些经验在其他公司没有用处
	HCI24	13. 我非常希望获得更多的本公司专用的工作知识
	HCI25	14. 我非常努力提高本公司专用的技能，即使这些技能对我跳槽没有好处
	HCI26	15. 我非常喜欢阅读本公司的内部刊物
创新性人力资本投资（HCI_3）	HCI31	6. 我非常喜欢阅读其他行业的相关报刊和书籍
	HCI32	7. 我的人力资本能匹配行业需要的通用性人力资本结构
	HCI33	8. 我能根据行业对通用性人力资本结构的需要，调整自己的人力资本投资类型
	HCI34	9. 我非常希望投资企业未来需要的通用的人力资本结构类型
	HCI35	16. 我的人力资本能匹配企业需要的专用的人力资本结构
	HCI36	17. 我能根据企业对专用性人力资本结构的需要，调整自己的人力资本投资类型
	HCI37	18. 我非常希望投资企业未来需要的专用性人力资本结构类型

人力资本投资的内在结构由两个维度丰富发展为三个维度，具体如图 3.2 所示。

创新性人力资本投资

人力资
本投资

通用性人力资本投资　　　专用性人力资本投资

图 3.2　人力资本投资结构图

3.2.4　成就动机测量

（1）成就动机量表

根据挪威心理学家吉斯米和尼加德（Gjesme & Nygard）于1970年编制修订、中国研究者叶仁敏和挪威学者海格特维特（Hegtvet）于1988年合作译制的中文版本，结合本研究进行修订。

成就动机的强度等于追求成功强度减去避免失败强度。具体成就动机量表见表3.6。

表 3.6　成就动机量表

维度	编码	题项
追求成就 (ACM_1)	ACM11	1. 我喜欢新奇的、有困难的任务，甚至不惜冒风险
	ACM12	3. 我在完成有困难的任务时，感到快乐
	ACM13	5. 我会被那些能了解自己有多大才智的工作所吸引
	ACM14	7. 面对能测量我能力的机会，我感到是一种鞭策和挑战
	ACM15	9. 我喜欢对我没有把握解决的问题坚持不懈地努力
	ACM16	11. 我喜欢尽了最大努力能完成的工作

续表

维度	编码	题项
避免失败（ACM₂）	ACM21	2. 当我遇到我不能立即弄懂的问题，我会焦虑不安
	ACM22	4. 我不希望做那些要发挥我能力的工作
	ACM23	6. 我对没有把握能胜任的工作感到忧虑
	ACM24	8. 一想到要去做那些新奇的、有困难的工作，我就感到不安
	ACM25	10. 在那些测量我能力的情境中，我感到不安
	ACM26	12. 在完成我认为是困难的任务时，我担心失败

资料来源：根据叶仁敏和海格特维特量表整理而得。

通过测试问卷对成就动机量表进行统计检验，避免失败的ACM22题项没有通过信度检验，应该予以删减，由于成就动机强度的计算是配对进行的，因此本书把追求成功的ACM12题项一并删减。

（2）修订成就动机量表

根据测试问卷的检验结果，我们对问卷的配对题项ACM22和ACM12进行了删减，具体修订见表3.7。

表3.7 成就动机修订量表

维度	编码	题项
追求成功（ACM₁）	ACM11	1. 我喜欢新奇的、有困难的任务，甚至不惜冒风险
	ACM12	5. 我会被那些能了解自己有多大才智的工作所吸引
	ACM13	7. 面对能测量我能力的机会，我感到是一种鞭策和挑战
	ACM14	9. 我喜欢对我没有把握解决的问题坚持不懈地努力
	ACM15	11. 我喜欢尽了最大努力能完成的工作
避免失败（ACM₂）	ACM21	2. 当我遇到我不能立即弄懂的问题，我会焦虑不安
	ACM22	6. 我对没有把握能胜任的工作感到忧虑
	ACM23	8. 一想到要去做那些新奇的、有困难的工作，我就感到不安
	ACM24	10. 在那些测量我能力的情境中，我感到不安
	ACM25	12. 在完成我认为是困难的任务时，我担心失败

3.2.5 创新绩效测量

创新绩效量表借鉴斯科特和布鲁斯（Scott & Bruce，1994），乔治和周（George & Zhou，2001），詹森（Janssen，2000），韩翼、廖建桥和龙立荣（2007）的测量题项，按照本研究情景进行修订。具体量表见表3.8。

表3.8 创新绩效量表

维度	编码	题项
创新绩效（CP）	CP1	1. 寻求新科技、新流程、新技术、新产品（服务）创意或者提出新方法
	CP2	2. 能从不同角度思考问题，产生创新性思想
	CP3	3. 因为创新性主义而获得上级表扬
	CP4	4. 用系统的方法介绍创新性的思想，向别人推广和传播创新思想，并寻求支持
	CP5	5. 主动支持具有创新性的思想
	CP6	6. 会把握机会，把创新思想运用到工作中
	CP7	7. 针对创新方案，制订具体的实施计划和步骤
	CP8	8. 善于培养和提升下属的创新能力
	CP9	9. 使企业的重要组织成员关注创新性思维
	CP10	10. 工作中能针对问题提出有创意的解决方法

创新绩效量表的测试问卷通过统计检验，保留原问卷不变。

3.2.6 控制变量

问卷设计的样本企业和员工特征的题项有17个，其中有两组对比题项在预测试的结果分析时，没有对比差异的存在，因此正式问卷关于样本企业和员工情况的题项改为15个。

本研究的控制变量在15个题项中选取户籍、工作年限、教育水平、工作职位性质、企业所有制类型、企业规模、企业的地位7项主要指标。首先，不同户籍和不同所有制类型的人对企业的归属感不一样，可能降低总体报酬的效应，人力资本投资的中介效应可能会降低；其次，不同教育水平和不同工作职位的人可能会对总体报酬和工作特征的看法不一致，导致总体报酬和工作特征的效应差异化；最后，从员工的工作年限、企业规模和企业地位分析，随着工作年限增加、企业规模增大、企业地位提高，员工对企业的认可和忠诚度会增加，会减弱总体报酬、工作特征和人力资本投资的影响效应。

上述各变量都通过了信度和效度检验（变量中没有通过检验的题项直接删减）。谢洪明等（2007）认为在模型中通过信度和效度检验的提项，可以用单一衡量指标取代多重衡量指标是可行的，而且也能确保测度的有效性和可靠性。

总体报酬 $TR = (TR_1+TR_2+TR_3+TR_4)/4$；工作特征 $JC = (JC_1+JC_2+JC_3)/3 \times JC_4 \times JC_5$；

人力资本投资 $HCI = (HCI_1+HCI_2+HCI_3)/3$；成就动机得值 $ACM = ACM_1 - ACM_2$；

创新绩效 CP 是所有题项的算术平均数。

3.3　样本量的确定与数据收集

3.3.1　样本量的确定

问卷调查几乎都是抽样调查，究竟样本量多大适合，学者的研究结论并不一致，为了有效检验各变量的建构效度，主要从两个方面确定样本的数量：一方面是从样本的绝对数量来判断，科姆雷和李（Comrey & Lee, 1992）认为样本数量为200是一个重要的下限，300左右是好的，500左右是非常好的，1000左右是相当理想的；另一方面是从样本的相对数量来判断，卡罗塞克等（Gorsuch & Spielberger，1983）认为测试样本数量最好为量表题项的 5 倍，如果样本数量是量表题项的 10 倍，则结果会更有稳定性。从 1151 份样本的绝对数量看，达到了理想的样本数量；本研究预测试问卷中，总体报酬量表题项最多，有 29 个，有效问卷回收 401 份，样本量与量表最多题项数之比是 13.8∶1。正式问卷中，总体报酬量表题项最多，有 28 个，有效回收问卷 864 份，样本量与量表最多题项数之比大于 30.8∶1，都大于稳定性的量表题项的 10 倍，因此本研究的样本量充分满足了因子分析的要求。

3.3.2 预测试数据收集

2016 年 7 月初，采用判断抽样发放预测试问卷。样本对象分布有上市公司、非上市公司；有国有企业和民营企业；有高科技企业和传统企业，保证测试样本的典型性和代表性。问卷共有 84 个题项，其中总体报酬有 29 个题项，工作特征有 15 个题项，人力资本投资有 18 个题项，成就动机有 12 个题项，创新绩效有 10 个题项。样本来自太原、平遥和长治的 20 家企业，共发放问卷 460 份，回收 401 份。根据无效问卷的判断标准，问卷的有效回收率为 81.7%。

3.3.3 正式测试数据收集

本书采用修订后的正式问卷，共有 80 个题项，其中总体报酬有 28 个题项，工作特征有 15 个题项，人力资本投资有 17 个题项，成就动机有 10 个题项，创新绩效有 10 个题项。2016 年 7 月中旬到 10 月，正式测试阶段采用随机抽样的方法从全国 26 个省、自治区、直辖市获取样本，共发放 1540 份问卷，回收 864 份。根据无效问卷的判断标准，问卷的有效回收率为 50.3%。

相比测试问卷，正式问卷只进行了题项的删减和变量维度的调整，没有增加新的题项，只要通过两独立样本 T 检验，可以把正式问卷的有效问卷和测试问卷的有效问卷进行整合，1151（即775+376），作为本研究的样本数据。

3.4　小结

为了保证问卷调查法的科学性和客观性，根据构建的结构方程模型中的变量，借鉴、修订和补充相关量表，采用Likert5级量表设计预测试问卷，通过与专家学者进行沟通和探讨，结合预测试的分析结果确定正式问卷。为了有效控制和消除同源方差，采用多渠道、广覆盖的原则，保证问卷调查的科学性和合理性。

第4章 信度、效度检验与相关分析

相比预测试问卷，正式测试问卷只是对问卷的具体题项进行了删减，没有增加变量和题项。不管是预测试问卷调研，还是正式测试问卷调研，都是通过上门发放和回收纸质问卷的方式进行，调研对象和群体具有广泛性和代表性，对两次问卷的样本数据进行分析，通过了两独立样本 T 检验，因此整合两次测试的有效问卷为研究的样本数据，即 1151 份样本数据。不管是样本的绝对数量，还是样本的相对数量，都满足理想的样本数量。为了确保研究的科学性和系统性，接下来对收集的样本数据进行描述性统计分析和信度、效度检验，确保样本数据符合后续的实证研究需要。

4.1 描述性统计分析

4.1.1 受访者个人基本情况

本次调查对象的性别和户籍地分布符合中国人口特征和城镇化率；

年龄、学历和工作年限都符合正态分布,年龄以 25~45 岁为主,占比 67.7%;学历以大专及以上为主,占比 83%,年限 1~7 年占比 65%,他们是创新的主力军,有创新的动力、人力资本投资的能力、总体报酬和工作特征的认知;从调查对象的工作职位可以看出,技术和管理为主,占比 65.3%,依次为管理、技术、生产和销售服务;从职位层次来看,中高层已经占比 46.13%,他们对总体报酬、工作特征、人力资本投资和创新的认识更加具有主动性。调查样本的基本特征见表 4.1。

表 4.1 调查样本的基本特征

基本特征		频率	百分比/%	基本特征		频率	百分比/%
性别	男	612	53.2	户籍	城市户口	648	56.3
	女	539	46.8		农村户口	503	43.7
年龄	25 岁以下	252	21.9	学历	高中及以下	196	17.0
	25~35 岁	480	41.7		大专或高职	360	31.3
	36~45 岁	299	26.0		本科	515	44.7
	46~55 岁	111	9.6		硕士	76	6.6
	56 岁及以上	9	0.8		博士	4	0.3
血型	A 型	268	23.28	工作年限	1 年以下	176	15.3
	B 型	402	34.93		1~3 年	359	31.2
	O 型	342	29.70		3~5 年	266	23.1
	AB 型	139	12.09		5~7 年	123	10.7
					7 年以上	227	19.7
婚姻	已婚	692	60.12	职位层次	基层	620	53.87
	未婚	425	36.92		中层	416	36.14
	其他	34	2.96		高层	115	9.99
职位性质	生产	225	19.50	工作专业	相符	506	43.96
	技术	372	32.3				
	管理	380	33.0		不相符	645	56.04
	销售服务	174	15.1				

根据表4.1的数据，我们把年龄、学历、工作年限、工作职位性质和职位层次分别做直方图，结果如图4.1、图4.2、图4.3、图4.4和图4.5所示。

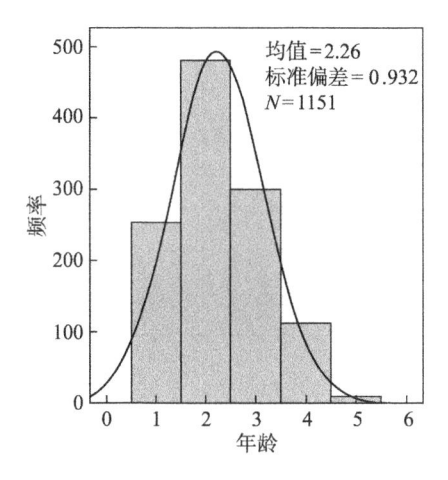

图4.1 年龄分布直方图

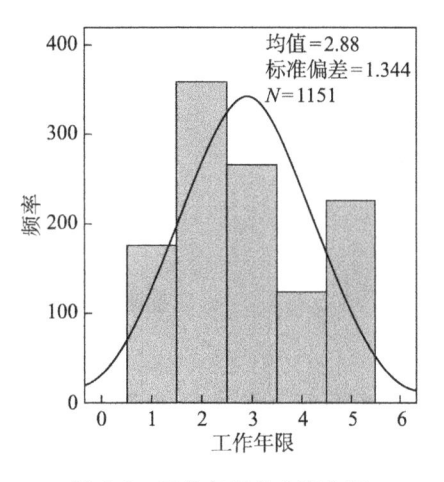

图4.2 工作年限分布直方图

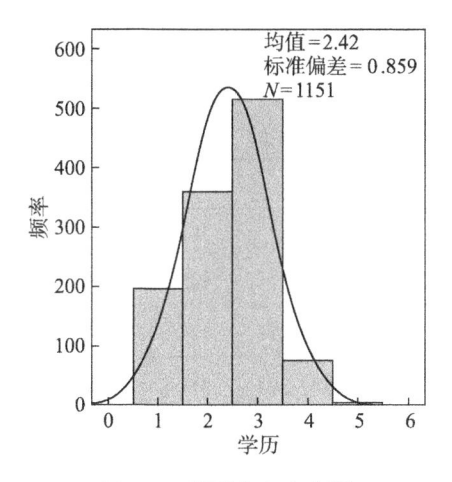

图4.3 学历分布直方图

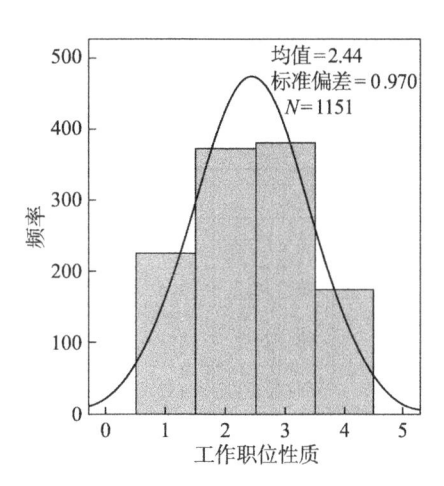

图4.4 工作职位性质分布直方图

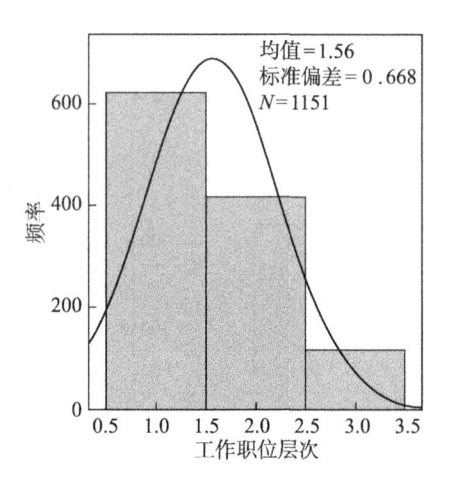

图 4.5　工作职位层次分布直方图

4.1.2　受访企业基本情况

为了保证分析结果的代表性和典型性，从产业类型、所有制类型、企业类型、企业规模和企业的行业地位进行了抽样，它们的频率和分布具体见表 4.2。

表 4.2　调查样本企业的基本特征

基本特征		频率	百分比（%）	基本特征		频率	百分比（%）
产业类型	第一产业	401	34.8	所有制类型	国有	382	33.2
	第二产业	399	34.7		民营	642	55.8
	第三产业	351	30.5		外商投资	127	11.0
企业类型	高科技企业	432	37.5	企业规模	100 人以下	311	27.0
	传统企业	719	62.5		101~300 人	253	22.0
行业地位	领先型	439	38.1		501~1000 人	123	10.7
	中等匹配型	634	55.1		1001 人以上	279	24.2
	拖后型	78	6.8				

第4章 信度、效度检验与相关分析

根据表4.2的数据，我们把所有制类型、产业类型、企业类型、企业规模和企业在行业中的地位分别做直方图，结果如图4.6、图4.7、图4.8、图4.9和图4.10所示。

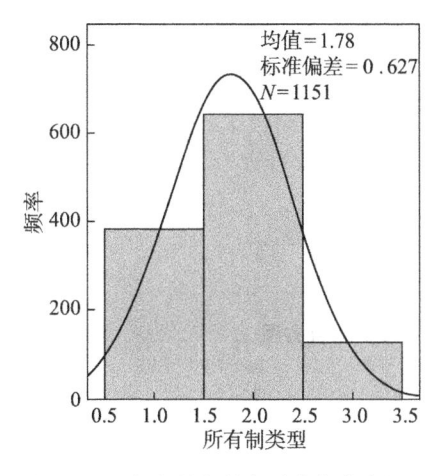

图 4.6　企业所有制类型分布直方图

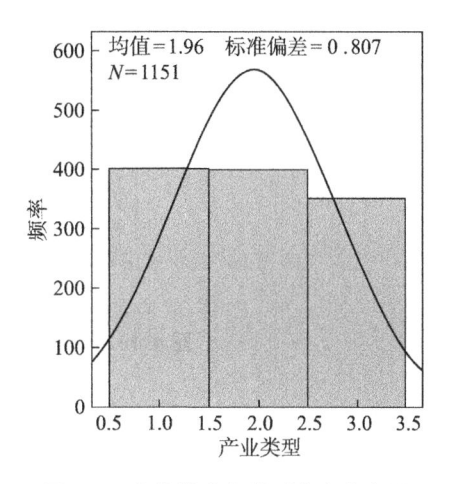

图 4.7　企业的产业类型分布直方图

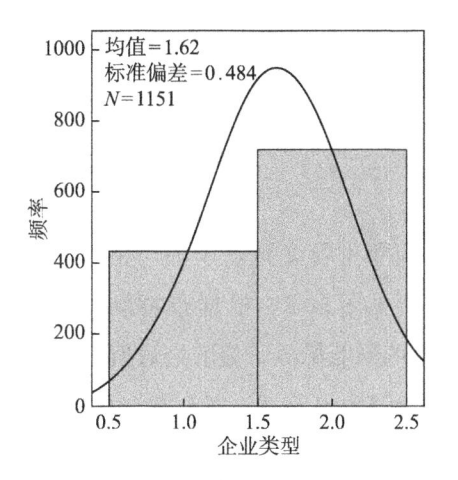

图 4.8　企业类型分布直方图

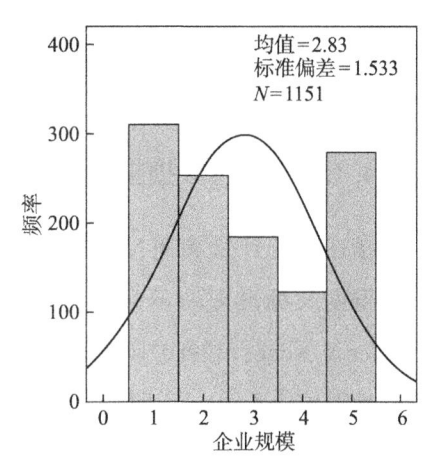

图 4.9　企业规模分布直方图

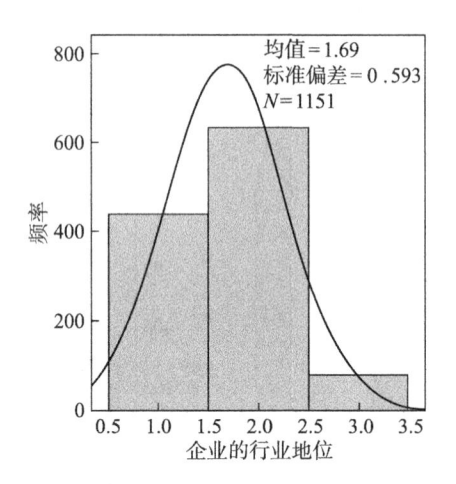

图 4.10　企业的行业地位分布直方图

从表 4.1 和表 4.2 可知，本书的样本对象涵盖了不同性别、年龄、学历、岗位的员工，样本企业也涵盖了不同规模、所有制类型、行业地位和产业类型，分布较为均衡，具有较好的代表性。样本企业在不同所有制类型、不同产业和不同区域，调研对象在不同岗位、不同年龄等方面减少了同源误差所产生的不利影响。

4.1.3　问卷数据描述

描述性统计量表通过 SPSS21.0 对问卷中各变量题项的均值及标准差、偏度及标准差和峰度进行分析，详见附录 3。根据布特勒和克兰（Butler & Kline，1998）对描述性统计量的判断标准：偏度绝对值小于 3，峰度绝对值小于 10，说明变量题项的数据基本上服从正态分布。从附录 3 可以看出，各测量题项的偏度绝对值和峰度绝对值都小于 1.2，服从正态分布，可以进行下一步分析检验。

基于研究的需要，各题项的数据要整合成变量才有助于进行具有实际意义的分析，所以对各变量进行描述性统计，具体结果见表 4.3。

表 4.3 变量描述统计量

变量	N	均值		标准差	偏度		峰度	
	统计量	统计量	标准误	统计量	统计量	标准误	统计量	标准误
TR_1	1151	3.141 4	0.022 51	0.763 77	-0.111	0.072	-0.205	0.144
TR_2	1151	3.323 2	0.024 81	0.841 83	-0.251	0.072	-0.063	0.144
TR_3	1151	3.235 6	0.021 38	0.725 36	-0.159	0.072	0.040	0.144
TR_4	1151	3.222 4	0.021 33	0.723 49	-0.062	0.072	0.068	0.144
TR	1151	3.2306	0.019 07	0.646 85	-0.078	0.072	0.198	0.144
JC_1	1151	3.123 7	0.020 91	0.709 40	-0.034	0.072	-0.038	0.144
JC_2	1151	3.195 8	0.022 28	0.755 97	-0.023	0.072	-0.038	0.144
JC_3	1151	3.049 2	0.023 88	0.810 25	-0.078	0.072	-0.058	0.144
JC_4	1151	3.077 9	0.023 42	0.794 68	0.050	0.072	-0.143	0.144
JC_5	1151	3.232 6	0.021 35	0.724 37	-0.040	0.072	0.138	0.144
JC	1151	33.698 0	0.577 86	19.604 59	1.408	0.072	2.779	0.144
HCI_1	1151	3.516 9	0.025 48	0.864 35	-0.071	0.072	-0.514	0.144
HCI_2	1151	3.517 8	0.022 51	0.763 80	-0.019	0.072	-0.350	0.144
HCI_3	1151	3.382 9	0.021 64	0.734 03	0.098	0.072	-0.188	0.144
HCI	1151	3.472 5	0.020 44	0.693 52	0.088	0.072	-0.310	0.144
ACM_1	1151	3.507 5	0.021 89	0.742 82	-0.114	0.072	-0.101	0.144
ACM_2	1151	3.173 9	0.023 02	0.780 91	-0.036	0.072	-0.089	0.144
ACM	1151	0.333 6	0.028 02	0.950 63	0.789	0.072	1.520	0.144
CP	1151	3.456 5	0.024 55	0.832 97	-0.070	0.072	-0.477	0.144
有效的 N	1151							

从表4.3的各变量的描述性统计量和附录3各题项描述性统计量可以看出，偏度小于1.5，峰度小于2.8，说明各变量都服从正态分布，符合实证研究对样本和变量的要求。

4.2 两独立样本 T 检验

前文所述,我们把预测试问卷和正式问卷整合成样本数据,但是具体两组样本是否能够整合取决于以下几个条件:一是问卷的题项没有减少,预测试问卷包含了所有正式问卷题项,本研究的问卷符合要求。二是对两组样本进行差异性 T 检验。从 4.2.3 节的描述性统计量表可以看出,样本数据服从正态分布,而且合作企业调研和上门调研是针对不同的调研范围、不同的调研对象,相互之间没有任何关联,相互独立。因此两组样本数据符合两独立样本 T 检验的前提条件。

根据附录 4 的 T 检验结果,按照显著性水平小于 0.05 的标准,除 P2、P3、B2、PW3、RD6、J10 和 HCI12 项有差异之外,其他 73 项主观指标在预调查和正式调查没有差异。在预调研的时候,为了测试问卷量表的典型性和代表性,通过判断抽样选了国有企业、上市公司、高新技术企业和金融公司的比例超过了正式调查的比例,才导致 P2、P3、B2、PW3、RD6 的评分高一些,J10 和 HCI12 的评分低一些,在偏离允许的差异范围,结合 4.2.3 节对变量题项和变量的描述性统计分析结果,该统计结果可以接受,可以利用整合数据进行下一步相关检验分析。

4.3 效度和信度检验

4.3.1 效度分析

效度是指量表能够准确测出所需测量事物的程度,包括内容效度、准则效度和结构效度。本研究的量表主要参考国内外成熟的量表,在咨询专家意见和预测试调查后修订而成,其内容效度具有一定的保证;同时,本次问卷调查是基于内在报酬的工作特征和基于外在报酬的总体报

第4章 信度、效度检验与相关分析

酬相结合的报酬与员工创新绩效的研究，属于探索性研究，很难找到相应的准则来进行检验；本研究借鉴国外成熟量表和对国内量表进行修订和补充，它们是否符合中国情景，需要对其结构效度进行检验。

结构效度检验通常利用探索性因子分析方法，首先进行 KMO 检验，如果 KMO 统计量大于 0.7 时可以继续因子分析；其次进行 Bartlett 球形检验，当检验的统计量显著时，可以做因子分析。

本研究用 SPSS21.0 对总体报酬、工作特征、人力资本投资、成就动机和创新绩效五个变量进行探索性因子分析来检验量表的构建效度，采用的判断准则如下：KMO 统计量大于 0.7；主成分因子共同解释总体的变异量大于 0.5；题项因子标准负荷大于 0.45；Bartlett 球形检验统计量显著。运用 SPSS21.0 统计分析软件进行效度分析，分析结果见表 4.4。

表 4.4 KMO 和 Bartlett 的检验表

二阶潜变量	一阶潜变量	题项数	标准负荷	标准差	KMO 和 Bartlett 的检验			
					KMO	Bartlett 的球形检验		
						近似卡方	df	Sig.
TR	TR_1	6	0.798	0.764	0.96	12958.316	378	0.000
	TR_2	6	0.708	0.842				
	TR_3	8	0.831	0.725				
	TR_4	8	0.831	0.723				
JC	JC_1	3	0.724	0.709	0.87	3609.216	105	0.000
	JC_2	3	0.677	0.756				
	JC_3	3	0.613	0.810				
	JC_4	3	0.659	0.795				
	JC_5	3	0.723	0.724				
HCI	HCI_1	4	0.763	0.743	0.95	7586.905	136	0.000
	HCI_2	6	0.881	0.781				
	HCI_3	7	0.808	0.864				

续表

二阶潜变量	一阶潜变量	题项数	标准负荷	标准差	KMO 和 Bartlett 的检验			
^	^	^	^	^	KMO	Bartlett 的球形检验		
^	^	^	^	^	^	近似卡方	df	Sig.
ACM	ACM$_1$	5	0.744	0.764	0.84	2829.321	55	0.000
^	ACM$_2$	5	0.318	0.734	^	^	^	^
CP		10	0.876	0.833	0.93	4413.216	45	0.000

从表4.4可以看出，各因子的KMO统计量均大于0.871，而且Bartlett球形检验统计量都在0.000的水平上显著，并且各变量的因子标准负荷都大于0.613，ACM$_2$的0.318是避免失败动机的反向题项，表明问卷的量表具有较高的效度。

对于总体报酬、人力资本投资、成就动机和创新绩效的探索性因子分析结果见附录5~附录8。各个量表特征根大于1的因子分别有4（最后的两个题项不能成为因子，和前面的福利题项是一体的，所以合并最后两个因子为一个因子，因此主成分的5个因子变为4个因子）、3、2、1，它们分别解释了55.05%、55.17%、50.49%、49.54%的变异量，几乎都大于50%的标准，而且除了总体报酬的第19题项的载荷值小于0.45，剩余65个题项的旋转因子载荷值全部大于0.45，因此各个变量的探索性因子分析结果比较理想。

对于工作特征，我们按照既定因子进行探索性因子分析，具体结果见附录9。特征根大于1的因子分别解释了49.54%、48.259%、53.055%、51.4832%、49.368%的变异量，而且旋转因子载荷值全部大于0.45，因此工作特征既定因子的探索性因子分析结果可以接受。

4.3.2 信度分析

信度是指对同一事物重复测量结果的一致性程度，它能够反映测量工具的一致性和稳定性，一般用Cronbach's α值来表示。Cronbach's α值越大，变量内部一致性越强。

本研究用SPSS21.0对总体报酬、工作特征、人力资本投资、成就动机和创新绩效五个变量进行信度分析，考察分量维度的Cronbach's α值，分量的Cronbach's α值，总问卷的Cronbach's α值，结合题项的CITC值和项目删除时的Cronbach's α值，共同考察量表的信度。本研究采用的判断准则：变量的维度测验的Cronbach's α值在0.35以上，分量表的Cronbach's α值在0.7以上，问卷整体的Cronbach's α值在0.8以上。

运用SPSS21.0统计分析软件对各个变量进行信度分析，总体报酬、工作特征、创新绩效、人力资本投资和成就动机五个变量的信度分析结果分别见表4.5、表4.6、表4.7、表4.8和表4.9。

表4.5 总体报酬量表的信度分析结果

维度	编码	CITC	项已删除的Cronbach's α值	各维度的Cronbach's α值	总体报酬的Cronbach's α值	问卷整体的Cronbach's α值
薪酬（TR_1）	P1	0.591	0.822	0.843	0.934	0.911
	P2	0.601	0.821			
	P3	0.656	0.811			
	P4	0.652	0.811			
	P5	0.674	0.806			
	P6	0.560	0.830			
福利（TR_2）	B1	0.549	0.758	0.791		
	B2	0.583	0.750			
	B3	0.583	0.750			
	B4	0.578	0.751			
	B5	0.504	0.769			
	B6	0.464	0.778			

续表

维度	编码	CITC	项已删除的 Cronbach's α 值	各维度的 Cronbach's α 值	总体报酬的 Cronbach's α 值	问卷整体的 Cronbach's α 值
绩效与工作生活平衡（TR_3）	PW1	0.492	0.824	0.834	0.934	0.911
	PW2	0.567	0.814			
	PW3	0.605	0.809			
	PW4	0.610	0.808			
	PW5	0.530	0.818			
	PW6	0.600	0.809			
	PW7	0.541	0.817			
	PW8	0.546	0.816			
认可与职业发展（TR_4）	RD1	0.559	0.840	0.854		
	RD2	0.509	0.846			
	RD3	0.640	0.830			
	RD4	0.613	0.834			
	RD5	0.602	0.835			
	RD6	0.606	0.835			
	RD7	0.593	0.836			
	RD8	0.629	0.832			

表 4.6 工作特征量表的信度分析结果

维度	编码	CITC	项已删除的 Cronbach's α 值	各维度的 Cronbach's α 值	工作特征的 Cronbach's α 值	问卷整体的 Cronbach's α 值
技能多样性（JC_1）	JC1	0.343	0.289	0.474	0.819	0.911
	JC2	0.360	0.263			
	JC3	0.193	0.551			

第4章 信度、效度检验与相关分析

续表

维度	编码	CITC	项已删除的 Cronbach's α 值	各维度的 Cronbach's α 值	工作特征的 Cronbach's α 值	问卷整体的 Cronbach's α 值
任务完整性（JC$_2$）	JC4	0.275	0.345	0.446	0.819	0.911
	JC5	0.371	0.171			
	JC6	0.184	0.511			
任务重要性（JC$_3$）	JC7	0.447	0.309	0.551		
	JC8	0.351	0.466			
	JC9	0.294	0.559			
工作自主性（JC$_4$）	JC10	0.394	0.291	0.509		
	JC11	0.398	0.281			
	JC12	0.197	0.613			
反馈性（JC$_5$）	JC13	0.373	0.223	0.467		
	JC14	0.321	0.310			
	JC15	0.186	0.551			

表4.7 创新绩效量表的信度分析结果

维度	编码	CITC	项已删除的 Cronbach's α 值	各维度的 Cronbach's α 值	问卷整体 Cronbach's α 值
创新绩效（CP）	CP1	0.579	0.879	0.887	0.911
	CP2	0.647	0.874		
	CP3	0.615	0.877		
	CP4	0.608	0.877		
	CP5	0.647	0.874		
	CP6	0.634	0.875		
	CP7	0.634	0.875		
	CP8	0.613	0.877		
	CP9	0.618	0.877		
	CP10	0.619	0.876		

表4.8 人力资本投资量表的信度分析结果

维度	编码	CITC	项已删除的 Cronbach's α 值	各维度的 Cronbach's α 值	人力资本投资 Cronbach's α 值	问卷整体 Cronbach's α 值
通用性人力资本投资（HCI_1）	HCI11	0.554	0.764	0.791	0.914	0.911
	HCI12	0.660	0.708			
	HCI13	0.619	0.730			
	HCI14	0.571	0.753			
专用性人力资本投资（HCI_2）	HCI21	0.569	0.797	0.822		
	HCI22	0.624	0.786			
	HCI23	0.599	0.791			
	HCI24	0.608	0.789			
	HCI25	0.577	0.796			
	HCI26	0.547	0.802			
创新性人力资本投资（HCI_3）	HCI31	0.528	0.820	0.834		
	HCI32	0.587	0.811			
	HCI33	0.611	0.807			
	HCI34	0.580	0.812			
	HCI35	0.589	0.810			
	HCI36	0.574	0.813			
	HCI37	0.610	0.807			

表4.9 成就动机量表的信度分析结果

维度	编码	CITC	项已删除的 Cronbach's α 值	各维度的 Cronbach's α 值	成就动机的 Cronbach's α 值	问卷整体 Cronbach's α 值
追求成功（ACM_1）	ACM11	0.453	0.726	0.748	0.742	0.911
	ACM12	0.529	0.698			
	ACM13	0.573	0.680			
	ACM14	0.505	0.706			
	ACM15	0.505	0.706			

续表

维度	编码	CITC	项已删除的 Cronbach's α 值	各维度的 Cronbach's α 值	成就动机的 Cronbach's α 值	问卷整体 Cronbach's α 值
避免失败 (ACM_2)	ACM21	0.454	0.715	0.741	0.742	0.911
	ACM22	0.535	0.684			
	ACM23	0.517	0.691			
	ACM24	0.518	0.691			
	ACM25	0.495	0.699			

从表 4.5~表 4.9 可以看出，问卷整体的 Cronbach's α 值是 0.911，大于 0.8，满足了对总量表的信度要求；各个分量表的 Cronbach's α 值均在 0.763 以上，大于 0.7，满足了分量表的信度要求，分量表各维度的 Cronbach's α 值均在 0.446 以上，除了两个题项以外（予以删除），各题项的项目删除时的 Cronbach's α 值都小于所在分量表的 Cronbach's α 值。

表 4.7 中原题项 ACM22 和表 5.8 中原题项 HCI12，由于项目删除时的 Cronbach's α 值都大于所在分量表的 Cronbach's α 值，应予以剔除，剔除信度不够的题项，原分量表的信度水平较高。表 4.6 中原题项 JC3、JC6、JC9、JC12 和 JC15，由于它们是反向语题项，因此由于项目删除时的 Cronbach's α 值都大于所在分量表的 Cronbach's α 值，应予以保留。

4.3.3 验证性因子分析

为了检验变量的区分效度，通过验证性因子分析检验总体报酬、工作特征、人力资本投资、成就动机和创新绩效这五个变量的区分效度，首先，比较变量的 AVE 值，一般是进行变量 AVE 值与标准值 0.5 的比较，如果不同的变量大于 0.5，说明它们是不同的潜变量，即不同的构念，根据表 4.10 的分析结果可以看出，所有潜变量及因子的 AVE 值都大于 0.5，说明它们是不同的潜变量。

表 4.10 验证性因素分析结果（1）

二阶潜变量	一阶潜变量	题项数	标准负荷	标准差	AVE	AVE 建议值
TR	TR_1	6	0.798	0.764	0.583	
	TR_2	6	0.708	0.842	0.708	
	TR_3	8	0.831	0.725	0.526	
	TR_4	8	0.831	0.723	0.523	
JC	JC_1	3	0.724	0.709	0.503	
	JC_2	3	0.677	0.756	0.571	
	JC_3	3	0.613	0.810	0.656	≥ 0.5
	JC_4	3	0.659	0.795	0.631	
	JC_5	3	0.723	0.724	0.524	
HCI	HCI_1	4	0.763	0.743	0.746	
	HCI_2	6	0.881	0.781	0.583	
	HCI_3	7	0.808	0.864	0.538	
ACM	ACM_1	5	0.744	0.764	0.609	
	ACM_2	5	0.318	0.734	0.551	
CP		10	0.876	0.833	0.544	

其次，将拟合指数与所有模型（基准模型和备选模型）进行比较。区分效度是建构效度（结构效度）的一种，表示来自不同构面题项所代表的潜在变量之间差异性。

验证性因子分析结果见表 4.11，五因子基准模型各项拟合指标都明显优于其他几个备选模型，虽然比较拟合指数没有达到推荐的标准，但是最接近推荐的标准，证明了这五个变量的确是五个不同的构念。

表 4.11 验证性因素分析结果（2）

模型	CMIN	DF	CMIN/DF	CFI	TLI	RMSEA
基准模型 M0 TR, JC, ACM, HCI, CP	12177.859	3149	3.867	0.758	0.751	0.05
备选模型 M1 TR, JC, ACM, HCI+CP	12374.343	3153	3.925	0.753	0.746	0.05

续表

模型	CMIN	DF	CMIN/DF	CFI	TLI	RMSEA
备选模型 M2 TR+JC，ACM，HCI，CP	12660.962	3153	4.016	0.746	0.739	0.051
备选模型 M3 TR，JC+ACM，HCI+CP	12830.997	3156	4.066	0.741	0.734	0.052
备选模型 M4 TR+JC，ACM+HCI，CP	12977.99	3156	4.112	0.737	0.73	0.052
备选模型 M5 TR+JC，ACM+HCI+CP	13554.954	3158	4.292	0.722	0.715	0.054
备选模型 M6 TR+JC+ACM，HCI+CP	14336.769	3158	4.54	0.701	0.693	0.055

4.4 相关分析

采用SPSS21.0统计分析软件对总体报酬、工作特征、人力资本投资、成就动机和创新绩效之间的相关性及它们的构成维度之间的相关性进行分，Person相关系数矩阵见表4.12、表4.13。

从表4.12可以看出，总体报酬与工作特征的相关系数是0.583，为中度相关；总体报酬与人力资本投资的相关系数是0.518，为中度相关；总体报酬与创新绩效的相关系数是0.441，为中度相关；总体报酬与成就动机的相关系数是0.097，为低度相关（弱相关）；工作特征与人力资本投资显著正相关，相关系数是0.457，为中度相关；工作特征与创新绩效的相关系数是0.368，为中度相关；工作特征与成就动机不相关；人力资本投资与成就动机的相关系数是0.321，为中度相关；人力资本投资与创新绩效的相关系数是0.709，为中度相关；成就动机与创新绩效显著的相关系数是0.343，为中度相关。

表4.12 变量的Person相关系数矩阵

变量	标准差	TR	JC	HCI	ACM	CP
TR	0.646 85	1				
JC	19.604 59	0.583***	1			
HCI	0.693 52	0.518***	0.457***	1		
ACM	0.950 63	0.097***	−0.011	0.321***	1	
CP	0.832 97	0.441***	0.368***	0.709***	0.343***	1

注：$N=1151$。

*** 在0.01水平（双侧）上显著相关。

从表4.13可以看出，总体报酬的四个因子和与工作特征的五个因子分别与人力资本投资三个因子、成就动机两个因子、创新绩效显著正相关；人力资本投资三个因子和创新绩效显著正相关。

4.5 小结

根据第3章设计的问卷调查过程按照时间节点，从2016年7月到10月进行发放和回收，总计发放2000份，收回1265份，有效问卷1151份。对问卷数据进行编码、按照不同的省份责成专人录入，而且对问卷录入的数据进行抽检，排除数据的录入错误，保证数据的客观性和样本数据的可复查性，为理论模型的验证提供了科学的依据。经过样本基本情况的描述性统计分析，选择科学合理的控制变量，通过对各题项的描述性统计分析，证明了各题项的正态分布。利用描述性统计分析的结果，经过两独立样本T检验，对两种渠道的数据进行有效的整合；按照变量的整合原则，由题项的样本数据转变为变量的样本数据，有助于进行有实际意义的统计分析处理。

第4章 信度、效度检验与相关分析

表 4.13 变量各维度的 Person 相关系数矩阵

	标准差	TR₁	TR₂	TR₃	TR₄	JC₁	JC₂	JC₃	JC₄	JC₅	HCI₁	HCI₂	HCI₃	ACM₁	ACM₂	CP
TR₁	0.763 77	1														
TR₂	0.841 83	0.593**	1													
TR₃	0.725 36	0.639**	0.594**	1												
TR₄	0.723 49	0.688**	0.545**	0.697**	1											
JC₁	0.709 40	0.476**	0.403**	0.488**	0.476**	1										
JC₂	0.755 97	0.383**	0.353**	0.397**	0.441**	0.514**	1									
JC₃	0.810 25	0.357**	0.244**	0.333**	0.338**	0.455**	0.424**	1								
JC₄	0.794 68	0.417**	0.315**	0.439**	0.411**	0.433**	0.427**	0.478**	1							
JC₅	0.724 37	0.445**	0.390**	0.475**	0.459**	0.478**	0.474**	0.451**	0.518**	1						
HCI₁	0.864 35	0.273**	0.317**	0.339**	0.313**	0.417**	0.310**	0.178**	0.165**	0.342**	1					
HCI₂	0.763 80	0.393**	0.427**	0.471**	0.455**	0.406**	0.390**	0.248**	0.289**	0.399**	0.643**	1				
HCI₃	0.734 03	0.404**	0.392**	0.450**	0.459**	0.438**	0.389**	0.296**	0.347**	0.421**	0.622**	0.733**	1			
ACM₁	0.742 82	0.361**	0.385**	0.460**	0.390**	0.459**	0.365**	0.265**	0.306**	0.467**	0.633**	0.639**	0.569**	1		
ACM₂	0.780 91	0.283**	0.234**	0.295**	0.309**	0.343**	0.341**	0.370**	0.325**	0.393**	0.205**	0.248**	0.276**	0.222**	1	
CP	0.832 97	0.346**	0.356**	0.403**	0.393**	0.464**	0.346**	0.214**	0.218**	0.359**	0.620**	0.635**	0.620**	0.614**	0.166**	1

注：$N=1151$。
** 表示在 0.01 水平（双侧）上显著相关。

第5章 总体报酬和工作特征对员工创新绩效的影响分析

根据构建的理论模型对相关变量进行分析，所有变量符合正态分布。通过两独立样本 T 检验的分布结果，可以利用整合数据进行统计分析，分析结果保证了实证分析的有效性和可靠性。

本研究构建的理论模型以报酬和员工创新绩效的关系研究为主线，以广义的报酬理念来分析报酬和员工创新绩效的关系，马尔托奇奥（Martocchio，2015）认为广义的报酬包括外在报酬（总体报酬）和内在报酬（工作特征）。本研究按照总体报酬对员工创新绩效的影响、工作特征对员工创新绩效的影响、总体报酬和工作特征对员工创新绩效的影响进行分析理论模型的主效应。

5.1 总体报酬对员工创新绩效的影响

总体报酬对员工创新绩效的影响主要按以下三个步骤进行，以详细分析总体报酬及四个因子与员工创新绩效的关系，明确不同因子的差异化影响，详细步骤如下所示。

第一步，总体报酬作为整合变量对员工创新绩效的影响；

第二步，总体报酬分四个因子对员工创新绩效的影响，分析比较不同因子的差异化影响；

第三步，基于第二步不能通过假设的因子，进一步分析它与员工创新绩效的关系。

根据总体报酬对员工创新绩效的分析步骤进行分步回归，具体结果汇总见表5.1。

从表5.1可以看出，M_2的F值为44.909，P值为0.000，小于0.05，回归效果显著；调整R^2为0.234，表明总体报酬解释了员工创新绩效23.4%的变异；回归系数为0.536，显著性检验的T值为15.355，P值为0.000，R^2从0.082变为0.239，表明总体报酬对员工创新绩效有显著正向影响，验证了假设1。

同理，M_3的F值为33.853，P值为0.000，小于0.05，回归效果显著；调整R^2为0.239，表明总体报酬四因子总体解释了员工创新绩效23.9%的变异。薪酬TR_1的回归系数为0.047，显著性检验的T值为1.087，P值大于0.05；福利TR_2的回归系数为0.082，显著性检验的T值为2.345，P值为0.000；绩效与工作生活平衡TR_3的回归系数为0.227，显著性检验的T值为5.011，P值为0.000；认可与职业发展TR_4的回归系数为0.191，显著性检验的T值为4.117，P值为0.000；R^2从0.082变为0.239，表明总体报酬整体上对员工创新绩效有显著正向影响，除了薪酬，福利、绩效与工作生活平衡和认可与职业发展显著正向影响员工创新绩效，验证了假设1b、1c、1d，假设1a没有被验证。从四个因子对员工创新绩效的影响程度，进一步验证了货币报酬的效应开始衰弱，非货币性报酬的效应开始增强，并且起主要的作用。

第5章 总体报酬和工作特征对员工创新绩效的影响分析

表 5.1 总体报酬对员工创新绩效回归分析结果

变量	M_1 B	M_1 T	M_2 B	M_2 T	M_3 B	M_3 T	M_4 B	M_4 T
常数项	3.047*** (0.193)	15.768	1.276*** (0.210)	6.063	1.248*** (0.210)	5.942	2.127*** (0.321)	6.633
C_1	-0.110** (0.051)	-2.15	-0.054 (0.047)	-1.1413	-0.055 (0.047)	-1.177	-0.053 (0.047)	-1.131
C_2	0.093*** (0.019)	4.941	0.095*** (0.017)	5.5	0.097*** (0.017)	5.65	0.10*** (0.017)	5.828
C_3	0.027 (0.029)	0.947	-0.019 (0.027)	-0.721	-0.022 (0.027)	-0.848	-0.014 (0.026)	-0.523
C_4	0.071*** (0.025)	2.877	0.035 (0.023)	1.566	0.035 (0.023)	1.558	0.037 (0.023)	1.628
C_5	0.139*** (0.039)	3.611	0.092*** (0.035)	2.6	0.088** (0.035)	2.482	0.083** (0.035)	2.363
C_6	0.039** (0.017)	2.3	0.048*** (0.015)	3.163	0.050*** (0.015)	3.247	0.048*** (0.015)	3.094
C_7	-0.177*** (0.042)	-4.182	-0.053 (0.039)	-1.335	-0.055 (0.039)	-1.413	-0.050 (0.039)	-1.273
TR			0.536*** (0.035)	15.355				
TR_1					0.047 (0.043)	1.087	-0.569*** (0.175)	-3.241
TR_2					0.082** (0.035)	2.345	0.086** (0.035)	2.456
TR_3					0.227*** (0.045)	5.011	0.224*** (0.045)	4.958
TR_4					0.191*** (0.046)	4.117	0.185*** (0.046)	3.99
TR_{12}							0.100*** (0.028)	3.614
调整 R^2	0.077		0.234		0.239		0.247	
R^2 更改	0.157		0.164				0.173	

续表

变量	M_1		M_2		M_3		M_4	
	B	T	B	T	B	T	B	T
F	14.637***		44.909***		33.853***		32.449***	

注：(1) 括号内数字为各变量的标准误差；
(2) $N=1151$。
*** 表示在 0.01 水平（双侧）上显著相关；** 表示在 0.05 水平（双侧）上显著相关；* 表示在 0.1 水平（双侧）上显著相关。

表 5.1 中 M_3 的结果显示薪酬与员工创新绩效不具有线性关系,但是薪酬因子和员工创新绩效因子是中度相关,因此引入薪酬的二次方项,具体结果见表 5.1。在总体报酬与员工创新绩效的多元回归模型基础上引入薪酬的二次方项 TR_1^2,R^2 从 0.246 增加到 0.255,总体报酬四个因子和 TR_1^2 都与员工创新绩效显著相关,TR_1^2 的回归系数为 0.100,TR_1 的回归系数由不显著变显著,为 -0.569,因此薪酬因子与员工创新绩效不是线性关系,而是二次曲线关系,即薪酬因子与员工创新绩效呈 U 形曲线。

传统的关于薪酬与任务绩效的分析较多,在经济性人性假设的引导下,薪酬与任务绩效显著正相关;但是在社会人和复杂人,甚至自我实现人假设的引导下,薪酬与任务绩效的关系可能不仅仅是线性关系,而有可能是倒 U 形曲线,因为薪酬的经济性激励作用存在递减效应,如员工个体劳动力供给曲线是向后弯曲的。创新具有高投入、高风险和收益不确定性等特征,使得企业对创新的动力不足,对员工的创新引导和创新宣传存在滞后效应;传统的创新精英论也使得员工畏惧创新,对创新的不自信以及企业对创新失败的宽容程度都影响员工的创新积极性,因此企业对员工的创新目标要求可能达不到组织的期望,即企业通过增加员工的薪酬水平并不能马上刺激员工的创新意愿,只有在企业对创新的宣传引导促使员工增加创新自信,薪酬水平提高到一定程度,增加创新的期望值以及获得的可能性,才会促进员工提高创新绩效,所以薪酬因子与员工创新绩效呈 U 形曲线关系。

5.2 工作特征对员工创新绩效的影响

工作特征对于员工创新绩效的分析研究也分三个步骤进行,首先,以工作特征对员工创新绩效进行一元回归分析,结果汇总见表 5.2。

表5.2 工作特征对员工创新绩效的一元回归分析结果

变量	M_1 B	M_1 T	M_2 B	M_2 T
常数项	3.047*** (0.193)	15.768	2.475*** (0.185)	13.367
C_1	−0.110** (0.051)	−2.15	−0.004 512	−1.955
C_2	0.093*** (0.019)	4.941	0.106*** (0.018)	6.025
C_3	0.027 (0.029)	0.947	0.018 (0.027)	0.68
C_4	0.071*** (0.025)	2.877	0.049** (0.023)	2.098
C_5	0.139*** (0.039)	3.611	0.100*** (0.036)	2.783
C_6	0.039** (0.017)	2.3	0.048*** (0.016)	3.079
C_7	−0.177*** (0.042)	−4.182	−0.106*** (0.040)	−2.657
JC			0.015*** (0.001)	13.236
R^2	0.082		0.204	
调整 R^2	0.077		0.199	
R^2 更改			0.122	
F	14.637***		36.658***	

注：(1) 括号内数字为各变量的标准误差；
(2) $N=1151$。
*** 表示在0.01水平（双侧）上显著相关；** 表示在0.05水平（双侧）上显著相关；* 表示在0.1水平（双侧）上显著相关。

从表5.2可以看出，M_2 的F值为36.658，P值为0.000，小于0.05，回归效果显著；调整 R^2 为0.199，表明总体报酬解释了员工创新绩效19.9%的变异；回归系数为0.015，显著性检验的T值为13.236，P值为0.000，R^2 从0.082变为0.204，表明工作特征对员工创新绩效有显著正向影响，验证了假设2。

其次，以工作特征的五个因子对员工创新绩效进行多元回归分析，结果汇总见表5.3。

第5章 总体报酬和工作特征对员工创新绩效的影响分析

表5.3 工作特征五因子对员工创新绩效的多元回归分析结果

变量	M_1 B	M_1 T	M_2 B	M_2 T	M_3 B	M_3 T	M_4 B	M_4 T
常数项	3.047*** (0.193)	15.768	1.058*** (0.207)	5.105	1.423*** (0.294)	4.845	1.196*** (0.302)	3.959
C_1	-0.110** (0.051)	-2.150	-0.079* (0.045)	-1.760	-0.079* (0.045)	-1.766	-0.080* (0.045)	-1.782
C_2	0.093*** (0.019)	4.941	0.090*** (0.017)	5.393	0.091*** (0.017)	5.488	0.090*** (0.017)	5.398
C_3	0.027 (0.029)	0.947	0.012 (0.025)	0.456	0.011 (0.025)	0.446	0.012 (0.025)	0.490
C_4	0.071*** (0.025)	2.877	0.040* (0.022)	1.817	0.041* (0.022)	1.869	0.041* (0.022)	1.858
C_5	0.139*** (0.039)	3.611	0.091*** (0.034)	2.680	0.094*** (0.034)	2.771	0.091*** (0.034)	2.685
C_6	0.039** (0.017)	2.300	0.040*** (0.015)	2.696	0.039*** (0.015)	2.637	0.040*** (0.015)	2.693
C_7	-0.177*** (0.042)	-4.182	-0.082** (0.037)	-2.194	-0.081** (0.037)	-2.154	-0.081** (0.038)	-2.147
JC_1			0.400*** (0.037)	10.754	0.396*** (0.037)	10.630	0.399*** (0.037)	10.713
JC_2			0.110*** (0.034)	3.204	0.107*** (0.034)	3.097	0.109*** (0.034)	3.174
JC_3			-0.035 (0.032)	-1.104	-0.275* (0.141)	-1.956	-0.036 (0.032)	-1.138
JC_4			-0.054 (0.033)	-1.641	-0.055* (0.033)	-1.658	-0.148 (0.153)	-0.970
JC_5			0.206*** (0.037)	5.578	0.198*** (0.037)	5.325	0.206*** (0.037)	5.565
JC_3^2					0.041* (0.023)	1.752		
JC_4^2							0.015 (0.024)	0.631
R^2	0.082		0.299		0.301		0.299	

093

续表

变量	M_1 B	M_1 T	M_2 B	M_2 T	M_3 B	M_3 T	M_4 B	M_4 T
调整 R^2	0.077		0.292		0.293		0.291	
R^2 更改			0.217		0.218		0.217	
F	14.637***		40.475***		37.666***		37.373***	

注：(1) 括号内数字为各变量的标准误差；
(2) N=1151。
*** 表示在 0.01 水平（双侧）上显著相关；** 表示在 0.05 水平（双侧）上显著相关；* 表示在 0.1 水平（双侧）上显著相关。

第5章 总体报酬和工作特征对员工创新绩效的影响分析

从表 5.3 可以看出,M_2 的 F 值为 40.475,P 值为 0.000,小于 0.05,回归效果显著;调整 R^2 为 0.292,表明工作特征五因子总体解释了员工创新绩效 29.2% 的变异。技能多样性 JC_1 的回归系数为 0.400,显著性检验的 T 值为 10.754,P 值为 0.000;任务完整性 JC_2 的回归系数为 0.110,显著性检验的 T 值为 3.204,P 值为 0.000;任务重要性 JC_3 的回归系数为 -0.035,显著性检验的 T 值为 -1.104,P 值大于 0.05;工作自主性 JC_4 的回归系数为 -0.054,显著性检验的 T 值为 -1.641,P 值大于 0.05;反馈性 JC_5 的回归系数为 0.206,显著性检验的 T 值为 5.578,P 值为 0.000;R^2 从 0.082 变为 0.299,结果表明除了任务重要性和工作自主性对员工创新绩效的影响不显著外,其他三个维度对员工创新绩效有显著正向影响,验证了假设 2a、2b、2e,假设 2c 和 2d 没有通过检验。

从五个因子对员工创新绩效的影响程度看,工作自主性、任务重要性、任务完整性、工作反馈性和技能多样性的影响程度逐步增强,工作自主性和任务重要性与员工创新绩效没有显著的线性关系与以前的专家学者的结论不一致。

表 5.3 中 M_2 的结果显示任务重要性和工作自主性与员工创新绩效不具有线性关系,但是任务重要性和工作自主性与员工创新绩效是中度相关,因此分别引入任务重要性和工作自主性的二次方项,具体结果见表 5.3。在工作特征五因子与员工创新绩效的多元回归模型基础上引入任务重要性的二次方项 JC_3^2,R^2 从 0.299 增加到 0.301,工作特征五个因子和 JC_3^2 都与员工创新绩效显著相关,JC_3^2 的回归系数为 0.041,JC_3 的回归系数由不显著变显著,为 -0.275,JC_4 的回归系数也由不显著变显著,为 -0.055,因此任务重要性与员工创新绩效是二次曲线关系,即任务重要性与员工创新绩效呈 U 形曲线。由于工作任务非常重要,员工为了保证任务的顺利完成,惧怕完不成任务而有可能更多的是采取传统的经验的方式方法,而不会主动去采取创新性的思维和方法,只有在任务重要到传统方式方法不能完成的情况下,员工才会采用创新性的方式和方法,

所以任务重要性与员工创新绩效呈 U 形曲线关系。

在工作特征五因子与员工创新绩效的多元回归模型基础上引入工作自主性的二次方项 JC_4^2,R^2 没有变化,JC_4^2 与员工创新绩效不显著,JC_4 和 JC_3 与员工创新绩效持续不显著,因此工作自主性和员工创新绩效没有直接关系。由内在动机和内在化的外在动机结合而成的自主动机,在有趣味的复杂任务和有纪律的一般任务中较有优势;然而,当一份工作只涉及常规任务时,自主动机并没有表现出明显的优势。因此可能是大多数员工所做的是常规工作任务,导致自主性动机与员工创新绩效不存在直接关系。

5.3　总体报酬和工作特征对员工创新绩效的影响

上述研究已经验证了总体报酬与员工创新绩效显著正相关,工作特征与员工创新绩效显著正相关,接下来研究以总体报酬(F1)和工作特征(F2)为自变量(外生变量),员工创新绩效(F4)为因变量(内生变量)构建的初始结构结构方程模型,结果见图 5.1 和表 5.4。

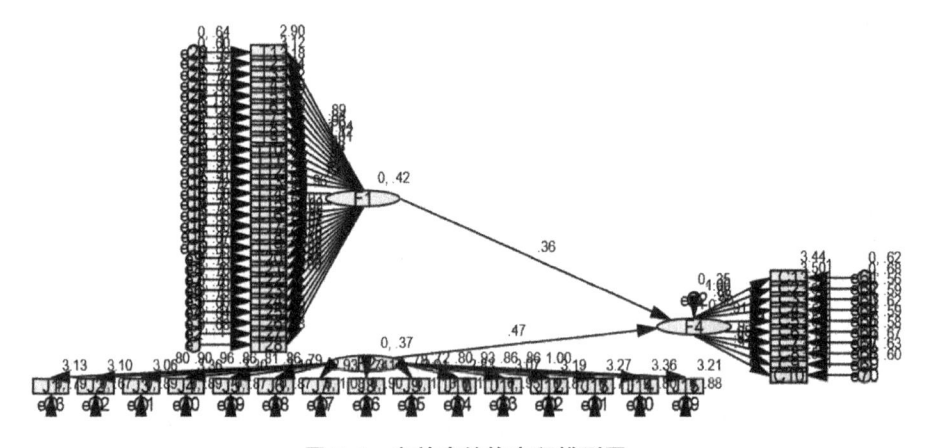

图 5.1　主效应结构方程模型图

第5章 总体报酬和工作特征对员工创新绩效的影响分析

本研究用AMOS21.0软件对主效应结构方程模型进行检验,检验的结果见表5.4。

表5.4 主效应初始模型参数估计表

			Estimate	S.E.	C.R.	P	Label
F4	<---	F1	0.363	0.045	7.999	***	par_51
F4	<---	F2	0.468	0.055	8.559	***	par_52

注:$N=1151$。

*** 在0.01水平(双侧)上显著相关。

基于本研究是双自变量模型,初始结构方程模型可能遗漏掉总体报酬和工作特征之间的重要联结路径,所以构建主效应结构方程模型修正图,结果见图5.2和表5.5。

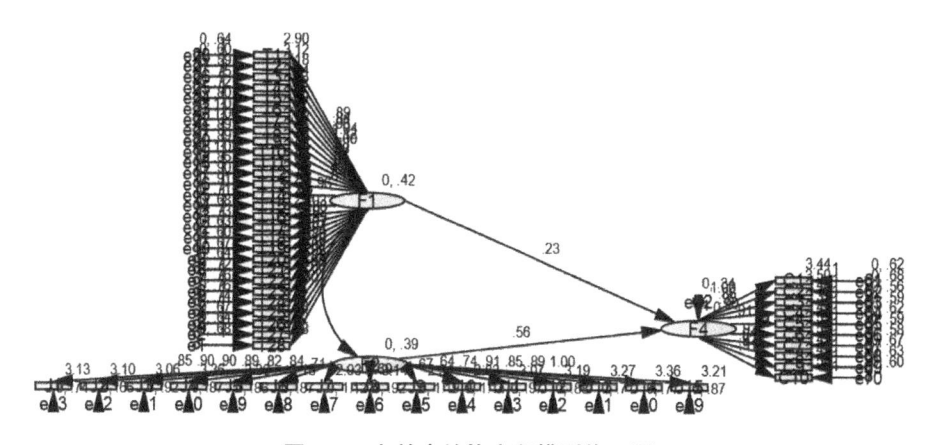

图5.2 主效应结构方程模型修正图

本研究用AMOS21.0软件对主效应结构方程修正模型进行检验,检验的结果见表5.5、表5.6。

表 5.5 主效应修正模型参数估计表

			Estimate	S. E.	C. R.	P	Label
F4	<---	F1	0.226	0.057	3.966	***	par_ 51
F4	<---	F2	0.565	0.069	8.167	***	par_ 52

注：$N=1151$。

*** 在 0.01 水平（双侧）上显著相关。

表 5.6 模型新增路径检验结果表

			Estimate	S. E.	C. R.	P	Label
F2	<-->	F1	0.301	0.024	12.420	***	par_ 53

注：$N=1151$。

*** 在 0.01 水平（双侧）上显著相关。

通过对比主效应结构方程模型和修正模型，表 5.6 的结果支持了修正模型，验证了主效应初始模型遗漏了关键的联结，而且修正模型与实际数据的拟合程度比初始模型要好。

从表 5.5 可以看出，总体报酬和工作特征对员工创新绩效有显著正向影响，进一步验证了假设 1 和假设 2，并且验证了假设 8。相比总体报酬，工作特征对员工创新绩效的解释作用大，因此组织在重视外在报酬的同时，更要重视内在报酬工作特征的有效设计，把总体报酬和工作特征相结合，建立企业促进创新的制度和政策，方能达到组织所期望的目标。

5.4 小结

综上所述，从总体报酬四因子对员工创新绩效进行多元回归，进一步验证了假设 1b、1c 和 1d，假设 1a 没有得到验证，经过进一步验证，薪酬与员工创新绩效呈 U 形的二次曲线。假设 1a 没有得到验证可能是基于以下两个原因：一是企业对创新绩效的引导和宣传不够，员工对创新的不自信和企业对创新失败的容忍程度不了解，使得薪酬对员工创新绩

第5章 总体报酬和工作特征对员工创新绩效的影响分析

效存在滞后效应,而且激励因子已经从传统的薪酬转变为非货币报酬;另一个是现有薪酬没有达到员工对创新薪酬的预期,创新是高成本、高风险、收益不确定的特征,只有增加到一定程度,薪酬增加有助于提高员工创新绩效的假设才能得到验证,进一步验证了总体报酬的高薪酬福利的科学性。

从工作特征五因子对员工创新绩效多元回归进一步验证了假设2a、2b和2e,假设2c和2d没有得到验证,经过进一步验证,工作特征的任务重要性维度与员工创新绩效呈U形的二次曲线,工作特征的工作自主性维度与员工创新绩效没有直接关系。

无论是总体报酬和工作特征分开单自变量,还是整合总体报酬和工作特征的双自变量都正向影响员工创新绩效,验证了假设1、假设2和假设8。从主效应的结构方程修正模型可以看出,内在报酬工作特征对员工创新绩效的解释作用大于外在报酬总体报酬,指导企业在增加薪酬福利重视总体报酬的同时,更加重视基于工作特征的工作设计。

第6章 人力资本投资的中介效应分析

根据相关系数矩阵，总体报酬和工作特征与人力资本投资中度相关，人力资本投资与创新绩效中度相关，结合构建的理论模型，人力资本投资可以尝试作为中介变量；成就动机与总体报酬弱相关，与工作特征不相关，因此不适合中介变量。

为检验人力资本投资的中介效应，本研究借鉴温忠麟和叶宝娟（2014）提出的四个条件：第一，因变量对自变量进行回归分析，回归系数达到显著水平；第二，中介变量对自变量进行回归分析，回归系数达到显著水平；第三，因变量对中介变量进行回归分析，回归系数达到显著水平；第四，因变量同时对自变量和中介变量进行回归，其中介变量回归系数达到显著水平，自变量回归系数减少且达到显著水平时，说明中介变量起部分中介作用；而当自变量回归系数降低至不显著水平时，则表明为完全中介作用。根据上述分析条件构建以下四个回归方程：

$$CP = \alpha + \beta_1 TR + \beta_2 JC + \varepsilon \qquad (6.1)$$

$$HCI = \alpha + \beta_3 TR + \beta_4 JC + \varepsilon \qquad (6.2)$$

$$CP = \alpha + \beta_5 HCI + \varepsilon \qquad (6.3)$$

$$CP = \alpha + \beta_6 TR + \beta_7 JC + \beta_8 HCI + \varepsilon \qquad (6.4)$$

上述回归方程中，α代表常数项；β代表回归系数；CP代表员工创新绩效；TR代表总体报酬（包括报酬TR_1，福利TR_2，绩效与工作生活平衡TR_3，认可与职业发展TR_4）；JC代表工作特征（包括技能多样性JC_1，任务完整性JC_2，任务重要性JC_3，工作自主性JC_4，反馈性JC_5）；HCI代表人力资本投资（包括通用性人力资本投资HCI_1，专用性人力资本投资HCI_2，创新性人力资本投资HCI_3）；ε代表残差项。由于我们使用的是最小二乘法进行回归估计，需要检验中介效应的稳健性，现有研究的做法是采用Sobel检验法和Bootstrap法，验证人力资本投资的中介效应。当Sobel检验法中的Z值大于1.96，表示中介效应显著；当Bootstrap法的置信区间不包含0值，中介效应就显著不等于0，通过两种检验进一步验证中介效应的稳健性。

根据中介效应检验程序，第5章进行了总体报酬和工作特征共同对员工创新绩效回归分析，已经证明了总体报酬和工作特征显著正向影响员工创新绩效。

6.1 总体报酬对人力资本投资的影响

以总体报酬对人力资本投资进行回归分析，结果汇总见表6.1。

从表6.1可以看出，M_2的F值为64.151，P值为0.000，小于0.05，回归效果显著；调整R^2为0.305，表明总体报酬解释了员工创新绩效30.5%的变异；回归系数为0.528，显著性检验的T值为19.050，P值为0.000，R^2从0.091变为0.31，表明总体报酬对人力资本投资有显著正向影响，验证了假设3。

第6章 人力资本投资的中介效应分析

表6.1 总体报酬对人力资本投资的回归分析结果

变量	M_1 B	M_1 T	M_2 B	M_2 T	M_3 B	M_3 T	M_4 B	M_4 T
常数项	3.380*** (0.160)	21.109	1.638*** (0.167)	9.817	1.611*** (0.166)	9.699	2.278*** (0.254)	8.973
C_1	-0.151*** (0.043)	-3.546	-0.095** (0.037)	-2.553	-0.096** (0.037)	-2.585	-0.094** (0.037)	-2.547
C_2	0.049*** (0.016)	3.152	0.051*** (0.014)	3.709	0.052*** (0.014)	3.836	0.054*** (0.014)	3.997
C_3	0.017 (0.024)	0.722	-0.028 (0.021)	-1.353	-0.032 (0.021)	-1.546	-0.026 (0.021)	-1.234
C_4	0.059*** (0.021)	2.865	0.024 (0.018)	1.315	0.024 (0.018)	1.349	0.025 (0.018)	1.415
C_5	0.090*** (0.032)	2.822	0.043 (0.028)	1.552	0.042 (0.028)	1.497	0.038 (0.028)	1.377
C_6	0.042*** (0.014)	3	0.051*** (0.012)	4.233	0.052*** (0.012)	4.253	0.050*** (0.012)	4.109
C_7	-0.176*** (0.035)	-5.03	-0.001 674	-1.73	-0.001 736	-1.819	-0.001 612	-1.685
TR			0.528*** (0.028)	19.05				
TR_1					0.032 (0.034)	0.941	-0.434*** (0.139)	-3.128
TR_2					0.101*** (0.028)	3.639	0.104*** (0.028)	3.75
TR_3					0.219*** (0.036)	6.096	0.216*** (0.036)	6.049
TR_4					0.186*** (0.037)	5.046	0.180*** (0.037)	4.926
TR_1^2							0.076*** (0.022)	3.461
R^2	0.091		0.31		0.319		0.326	
调整 R^2	0.085		0.305		0.313		0.319	

103

报酬对员工创新绩效的作用机制研究

续表

变量	M_1		M_2		M_3		M_4	
	B	T	B	T	B	T	B	T
R^2 更改			0.219		0.228		0.235	
F	16.309***		64.151***		48.573***		45.952***	

注：（1）括号内数字为各变量的标准误差；
（2）$N=1151$。
*** 表示在 0.01 水平（双侧）上显著相关；** 表示在 0.05 水平（双侧）上显著相关；* 表示在 0.1 水平（双侧）上显著相关。

第6章 人力资本投资的中介效应分析

以总体报酬的四个因子对人力资本投资进行多元回归分析,结果汇总如表6.1所示。M_3 的 F 值为48.573,P 值为0.000,小于0.05的显著水平,回归效果显著;调整 R^2 为0.313,表明总体报酬解释了员工创新绩效31.3%的变异;薪酬 TR_1 的回归系数为0.032,显著性检验的 T 值为0.941,P 值大于0.05;福利 TR_2 的回归系数为0.101,显著性检验的 T 值为3.639,P 值为0.000;绩效与工作生活平衡 TR_3 的回归系数为0.219,显著性检验的 T 值为6.096,P 值为0.000;认可与职业发展 TR_4 的回归系数为0.186,显著性检验的 T 值为5.046,P 值为0.000;R^2 从0.091变为0.319,表明除了薪酬对人力资本投资的影响不显著外,总体报酬整体上对人力资本投资有显著正向影响,验证了假设3b、3c和3d,假设3a没有得到验证。从四个因子对员工创新绩效的影响程度进一步验证了货币报酬的效应开始减弱,非货币性报酬的效应开始增强,并且起主要的作用。

表6.1中 M_3 的结果显示薪酬与员工创新绩效不具有线性关系,但是薪酬因子和员工创新绩效因子是中度相关,在总体报酬与人力资本投资的多元回归模型基础上引入薪酬的二次方项 TR_1^2,R^2 从0.319增加到0.326,总体报酬四个因子和 TR_1^2 都与人力资本投资显著相关,TR_1^2 的回归系数为0.076,TR_1 的回归系数由不显著变显著,为-0.434,因此薪酬因子与员工创新绩效是二次曲线关系,即薪酬因子与人力资本投资呈U形曲线。

中国传统的经济发展方式是偏向利润的资本导向型,导致员工的人力资本投资回报率比较低,不能有效激励员工进行人力资本投资。随着中国经济发展方式的转变和劳动分配原则的转变,企业和员工有动力进行人力资本投资,人力资本投资不仅仅是员工的事情,而且是国家、企业和员工共同的诉求,因为人力资本投资收益的不确定性,需要国家、社会和企业的引导,员工的薪酬增加到一定程度有余钱进行人力资本投资,才能激励员工进行人力资本投资,所以员工的人力资本投资具有一定的滞后性和高薪酬要求。

6.2 工作特征对人力资本投资影响

以工作特征对人力资本投资进行一元回归分析,结果汇总见表6.2。

表6.2 工作特征对人力资本投资的一元线性回归分析结果

变量	M_1 B	M_1 T	M_2 B	M_2 T
常数项	3.380*** (0.160)	21.109	2.786*** (0.147)	19.009
C_1	−0.151*** (0.043)	−3.546	−0.133*** (0.038)	−3.522
C_2	0.049*** (0.016)	3.152	0.063*** (0.014)	4.493
C_3	0.017 (0.024)	0.722	0.008 (0.021)	0.37
C_4	0.059*** (0.021)	2.865	0.035* (0.018)	1.923
C_5	0.090*** (0.032)	2.822	0.050* (0.029)	1.744
C_6	0.042*** (0.014)	3	0.052*** (0.012)	4.171
C_7	−0.176*** (0.035)	−5.03	−0.102*** (0.031)	−3.251
JC			0.016*** (0.001)	17.36
R^2	0.091		0.281	
调整R^2	0.085		0.276	
R^2更改			0.19	
F	16.309***		55.690***	

注:(1)括号内数字为各变量的标准误差;
(2)$N=1151$。
*** 表示在0.01水平(双侧)上显著相关; ** 表示在0.05水平(双侧)上显著相关;
* 表示在0.1水平(双侧)上显著相关。

从表6.2可以看出,M_2的F值为55.690,P值为0.000,小于0.05,回归效果显著;调整R^2为0.276,表明总体报酬解释了员工创新绩效27.6%的变异;回归系数为0.016,显著性检验的T值为17.36,P值为0.000,R^2从0.091变为0.281,表明工作特征对人力资本投资有显著正向影响,验证了假设4。

以工作特征的五个因子为自变量,人力资本投资为因变量进行多元回归分析,结果汇总见表6.3。

第6章 人力资本投资的中介效应分析

表6.3 工作特征五因子对人力资本投资的多元回归分析结果

变量	M_1 B	M_1 T	M_2 B	M_2 T	M_3 B	M_3 T	M_4 B	M_4 T
常数项	3.380*** (0.160)	21.109	1.434*** (0.166)	8.637	2.056*** (0.234)	8.780	1.803*** (0.242)	7.461
C_1	-0.151*** (0.043)	-3.546	-0.120*** (0.036)	-3.320	-0.120*** (0.036)	-3.348	-0.123*** (0.036)	-3.400
C_2	0.049*** (0.016)	3.152	0.051*** (0.013)	3.820	0.054*** (0.013)	4.048	0.051*** (0.013)	3.849
C_3	0.017 (0.024)	0.722	0.003 (0.020)	0.130	0.002 (0.020)	0.109	0.005 (0.020)	0.246
C_4	0.059*** (0.021)	2.865	0.027 (0.017)	1.545	0.029* (0.017)	1.662	0.030* (0.017)	1.697
C_5	0.090*** (0.032)	2.822	0.044 (0.027)	1.627	0.050* (0.027)	1.831	0.045 (0.027)	1.646
C_6	0.042*** (0.014)	3	0.045*** (0.012)	3.815	0.044*** (0.012)	3.706	0.045*** (0.012)	3.811
C_7	-0.176*** (0.035)	-5.03	-0.085*** (0.030)	-2.830	-0.082*** (0.030)	-2.756	-0.081*** (0.030)	-2.687
JC_1			0.269*** (0.030)	9.039	0.262*** (0.030)	8.833	0.267*** (0.030)	8.951
JC_2			0.126*** (0.028)	4.585	0.120*** (0.027)	4.381	0.124*** (0.028)	4.501
JC_3			-0.012 (0.025)	-0.488	-0.422*** (0.112)	-3.761	-0.015 (0.025)	-0.609
JC_4			0.002 (0.026)	0.058	0.001 (0.026)	0.025	-0.250** (0.122)	-2.039
JC_5			0.222*** (0.030)	7.492	0.208*** (0.030)	7.015	0.221*** (0.030)	7.464
JC_3^2					0.070*** (0.019)	3.746		
JC_4^2							0.041** (0.020)	2.101
R^2	0.091		0.351		0.359		0.353	

107

报酬对员工创新绩效的作用机制研究

续表

变量	M_1 B	M_1 T	M_2 B	M_2 T	M_3 B	M_3 T	M_4 B	M_4 T
调整 R^2	0.085		0.344		0.351		0.346	
R^2 更改			0.26		0.268		0.262	
F	16.309***		51.223***		48.904***		47.764***	

注：(1) 括号内数字为各变量的标准误差；
(2) $N=1151$。
*** 表示在 0.01 水平（双侧）上显著相关；** 表示在 0.05 水平（双侧）上显著相关；* 表示在 0.1 水平（双侧）上显著相关。

第6章 人力资本投资的中介效应分析

从表6.3可以看出，M_2 的 F 值为 51.223，P 值为 0.000，小于 0.05，回归效果显著；调整 R^2 为 0.344，表明总体报酬解释了员工创新绩效 34.4% 的变异；技能多样性 JC_1 的回归系数为 0.269，显著性检验的 T 值为 9.039，显著性概率为 0.000；任务完整性 JC_2 的回归系数为 0.126，显著性检验的 T 值为 4.585，P 值为 0.000；任务重要性 JC_3 的回归系数为 -0.012，显著性检验的 T 值为 -0.488，P 值大于 0.005；工作自主性 JC_4 的回归系数为 0.002，显著性检验的 T 值为 0.058，P 值大于 0.05；反馈性 JC_5 的回归系数为 0.222，显著性检验的 T 值为 7.492，P 值为 0.000；R^2 从 0.091 变为 0.351，表明除了任务重要性、工作自主性对人力资本投资的影响不显著外，工作特征整体上对人力资本投资有显著正向影响，验证了假设 2a、2b 和 2e，假设 2c 和 2d 没有得到验证。

但是任务重要性、工作自主性和人力资本投资是中度相关，在工作特征五因子与人力资本投资的多元回归模型基础上引入任务重要性的二次方项 JC_3^2，R^2 从 0.351 增加到 0.359，除了 JC_4 的回归系数不显著，工作特征其他四个因子和 JC_3^2 都与人力资本投资显著相关，JC_3^2 的回归系数为 0.070，JC_3 的回归系数由不显著变显著，为 -0.422，因此任务重要性与人力资本投资是二次曲线关系，即任务重要性与人力资本投资呈 U 形曲线；同理，在工作特征五因子与人力资本投资的多元回归模型基础上引入工作自主性的二次方项 JC_4^2，R^2 由 0.351 变为 0.353，除了 JC_3 的回归系数不显著，工作特征其他四个因子和 JC_4^2 都与人力资本投资显著相关，JC_4^2 的回归系数为 0.041，JC_4 的回归系数由不显著变显著，为 -0.250，因此工作自主性与人力资本投资是二次曲线关系，即工作自主性与人力资本投资呈 U 形曲线。

任务重要性和工作自主性的增加并不能直接促进员工进行人力资本投资，因为刚开始增加时，员工所拥有的人力资本可以支撑工作的完成，只有增加到他们现有能力不能有效完成工作任务时，才会主动增加人力资本投资，因此任务重要性和工作自主性与人力资本投资呈 U 形曲线关系。

6.3 总体报酬和工作特征对人力资本投资的影响

以总体报酬和工作特征对人力资本投资（F3）构建初始结构方程模型，结果见图6.1、表6.4。

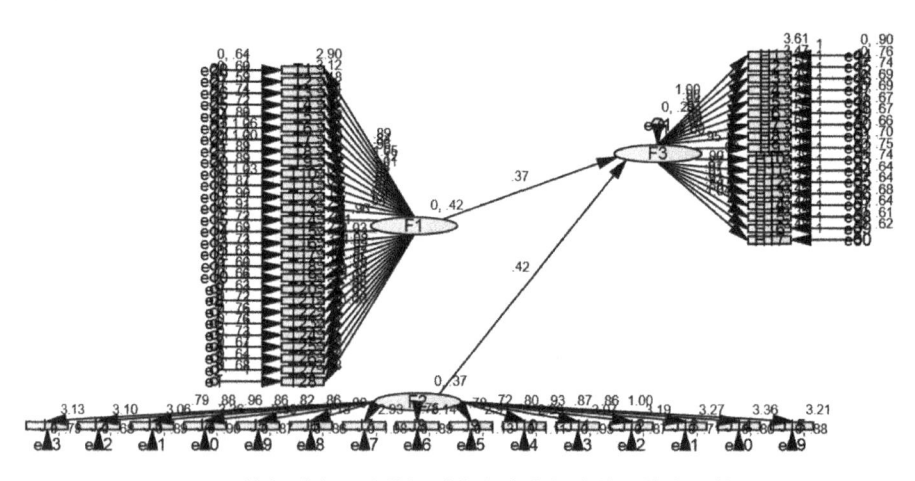

图6.1 总体报酬和工作特征对人力资本投资的结构方程模型图

本研究用AMOS21.0软件对总体报酬和工作特征对人力资本投资的结构方程模型（人力资本投资结构方程模型）进行检验，检验的结果见表6.4。

表6.4 人力资本投资初始模型参数估计表

			Estimate	S. E.	C. R.	P	Label
F3	<---	F1	0.373	0.043	8.762	***	par_58
F3	<---	F2	0.418	0.050	8.364	***	par_59

注：$N=1151$。
*** 在0.01水平（双侧）上显著相关。

基于本研究是双自变量模型，人力资本投资初始结构方程模型可能遗漏掉总体报酬和工作特征之间的重要的联结路径，所以构建人力资本投资结构方程模型修正图，结果如图6.2和表6.5所示。

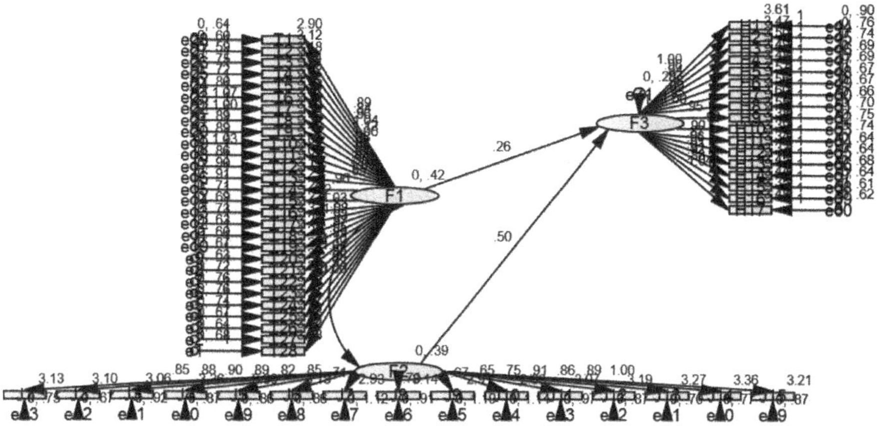

图 6.2　总体报酬和工作特征对人力资本投资的结构方程模型修正图

本研究用AMOS21.0软件对人力资本投资结构方程修正模型进行检验，检验的结果见表6.5和表6.6。

表 6.5　主效应修正模型参数估计表

			Estimate	S.E.	C.R.	P	Label
F3	<---	F1	0.256	0.052	4.969	***	par_58
F3	<---	F2	0.497	0.063	7.908	***	par_59

注：N=1151。
*** 在0.01水平（双侧）上显著相关。

表 6.6　模型新增路径检验结果表

			Estimate	S.E.	C.R.	P	Label
F2	<-->	F1	0.301	0.024	12.411	***	par_60

注：N=1151。
*** 在0.01水平（双侧）上显著相关。

通过对比人力资本投资结构方程模型和修正模型，表6.6的结果支持了修正模型，验证了主效应初始模型遗漏了关键的联结，而且修正模型与实际数据的拟合程度比初始模型要好。从表6.5可以看出总体报酬和工作特征对人力资本投资有显著正向影响，进一步验证了假设3和假设4，并且验证了假设9。在总体报酬和工作特征对人力资本投资的影响中，工作特征对人力资本投资的解释作用要大于总体报酬的解释作用，结合表6.1和表6.3，说明在增加薪酬福利促进人力资本投资的作用的同时，要加大基于工作特征的工作设计，并且要提高他们对总体报酬和工作特征的认知。

以总体报酬的四个因子和工作特征五个因子为自变量，以通用性人力资本投资、专用性人力资本投资、创新性人力资本投资分别为因变量进行多元回归分析，结果汇总见表6.7、表6.8和表6.9。

从表6.7可以看出，调整R^2都在变化，由0.055分别变为0.168、0.242、0.256，并且总体报酬和工作特征整合起来对通用性人力资本投资的解释作用更大，回归效果显著。因此总体报酬和工作特征正向影响了通用性人力资本投资。相比表6.1和表6.3，总体报酬的各维度没有变化，工作特征的工作自主性维度发生了变化。工作特征完全中介了认可与职业发展对通用性人力资本投资的影响。

从表6.8可以看出，调整R^2都在变化，由0.088分别变为0.313、0.291、0.354，并且总体报酬和工作特征整合起来对专用性人力资本投资的解释作用更大，回归效果显著。因此总体报酬和工作特征正向影响了专用性人力资本投资。

从表6.9可以看出，调整R^2都在变化，由0.064分别变为0.278、0.300、0.340，并且总体报酬和工作特征整合起来对创新人力资本投资的解释作用更大，回归效果显著。因此总体报酬和工作特征正向影响了创新性人力资本投资。相比表6.1和表6.3，总体报酬的薪酬维度和工作特征的工作自主性维度发生了变化，都变得显著了。工作特征完全中介了薪酬和福利对创新性人力资本投资的影响，总体报酬完全中介了工作自主性对创新性人力资本投资的影响。

第6章 人力资本投资的中介效应分析

表 6.7 总体报酬和工作特征各维度对通用性人力资本投资的回归分析结果

变量	M_1 B	M_1 T	M_2 B	M_2 T	M_3 B	M_3 T	M_4 B	M_4 T
常数项	3.519*** (0.203)	17.344	1.964*** (0.228)	8.618	1.659*** (0.222)	7.458	1.420*** (0.226)	6.272
C_1	-0.170*** (0.054)	-3.153	-0.120** (0.051)	-2.358	-0.142*** (0.048)	-2.928	-0.126*** (0.048)	-2.613
C_2	0.061*** (0.020)	3.058	0.061*** (0.019)	3.283	0.056*** (0.018)	3.142	0.054*** (0.018)	3.031
C_3	-0.017 (0.030)	-0.574	-0.062** (0.029)	-2.163	-0.030 (0.027)	-1.091	-0.047* (0.027)	-1.720
C_4	0.050* (0.026)	1.912	0.021 (0.025)	0.850	0.020 (0.023)	0.854	0.017 (0.023)	0.724
C_5	0.100** (0.041)	2.477	0.062 (0.038)	1.612	0.055 (0.036)	1.499	0.052 (0.036)	1.443
C_6	0.039** (0.018)	2.225	0.047*** (0.017)	2.816	0.039** (0.016)	2.458	0.040** (0.016)	2.502
C_7	-0.178*** (0.044)	-4.018	-0.073* (0.043)	-1.704	-0.086** (0.040)	-2.144	-0.061 (0.040)	-1.522
TR_1			-0.001 (0.046)	-0.015			-0.058 (0.045)	-1.288
TR_2			0.117*** (0.038)	3.085			0.073** (0.036)	2.023
TR_3			0.216*** (0.049)	4.388			0.129*** (0.048)	2.707
TR_4			0.136*** (0.050)	2.705			0.052 (0.049)	1.075
JC_1					0.383*** (0.040)	9.591	0.335*** (0.041)	8.118
JC_2					0.104*** (0.037)	2.828	0.082** (0.037)	2.203
JC_3					-0.051 (0.034)	-1.494	-0.047 (0.034)	-1.389
JC_4					-0.105*** (0.035)	-2.960	-0.128*** (0.036)	-3.590

113

续表

变量	M_1 B	M_1 T	M_2 B	M_2 T	M_3 B	M_3 T	M_4 B	M_4 T
JC_5					0.250*** (0.040)	6.313	0.208*** (0.040)	5.151
R^2	0.061		0.175		0.250		0.266	
调整 R^2	0.055		0.168		0.242		0.256	
R^2 更改			0.114		0.189		0.205	
F	10.544***		22.037***		31.577***		25.719***	

注：(1) 括号内数字为各变量的标准误差；
　　(2) $N=1151$。
*** 表示在 0.01 水平（双侧）上显著相关；** 表示在 0.05 水平（双侧）上显著相关；* 表示在 0.1 水平（双侧）上显著相关。

第6章 人力资本投资的中介效应分析

表6.8 总体报酬和工作特征各维度对专用性人力资本投资的回归分析结果

变量	M_1 B	M_1 T	M_2 B	M_2 T	M_3 B	M_3 T	M_4 B	M_4 T
常数项	3.548*** (0.176)	20.146	1.611*** (0.183)	8.809	1.603*** (0.190)	8.437	1.159*** (0.186)	6.215
C_1	-0.141*** (0.047)	-3.019	-0.081** (0.041)	-1.981	-0.110*** (0.041)	-2.659	-0.083** (0.040)	-2.085
C_2	0.042** (0.017)	2.458	0.045*** (0.015)	3.027	0.046*** (0.015)	3.019	0.045*** (0.015)	3.096
C_3	0.006 (0.026)	0.240	-0.048** (0.023)	-2.098	-0.008 (0.023)	-0.335	-0.037* (0.022)	-1.668
C_4	0.061*** (0.023)	2.708	0.023 (0.020)	1.190	0.029 (0.020)	1.455	0.019 (0.019)	1.001
C_5	0.063* (0.035)	1.777	0.010 (0.031)	0.325	0.017 (0.031)	0.557	0.004 (0.030)	0.139
C_6	0.055*** (0.015)	3.608	0.066*** (0.013)	4.934	0.059*** (0.014)	4.354	0.063*** (0.013)	4.813
C_7	-0.226*** (0.039)	-5.864	-0.095*** (0.034)	-2.780	-0.136*** (0.034)	-3.943	-0.087*** (0.033)	-2.620
TR_1			0.025 (0.037)	0.677			-0.015 (0.037)	-0.399
TR_2			0.112*** (0.031)	3.665			0.084*** (0.030)	2.802
TR_3			0.249*** (0.039)	6.306			0.188*** (0.039)	4.771
TR_4			0.202*** (0.040)	4.980			0.136*** (0.040)	3.392
JC_1					0.206*** (0.034)	6.037	0.109*** (0.034)	3.223
JC_2					0.157*** (0.032)	4.980	0.113*** (0.031)	3.687
JC_3					-0.006 (0.029)	-0.195	-0.005 (0.028)	-0.182
JC_4					0.032 (0.030)	1.050	-0.015 (0.029)	-0.526

115

续表

变量	M_1 B	M_1 T	M_2 B	M_2 T	M_3 B	M_3 T	M_4 B	M_4 T
JC_5					0.214*** (0.034)	6.316	0.135*** (0.033)	4.059
R^2	0.093		0.320		0.298		0.363	
调整 R^2	0.088		0.313		0.291		0.354	
R^2 更改			0.209		0.205		0.270	
F	16.808***		48.724***		40.308***		40.372***	

注：(1) 括号内数字为各变量的标准误差；
(2) $N=1151$。
*** 表示在 0.01 水平（双侧）上显著相关；** 表示在 0.05 水平（双侧）上显著相关；* 表示在 0.1 水平（双侧）上显著相关。

第6章 人力资本投资的中介效应分析

表 6.9 总体报酬和工作特征各维度对创新性人力资本投资的回归分析结果

变量	M_1 B	M_1 T	M_2 B	M_2 T	M_3 B	M_3 T	M_4 B	M_4 T
常数项	3.074*** (0.171)	17.929	1.259*** (0.180)	6.986	1.039*** (0.181)	5.725	0.703*** (0.181)	3.879
C_1	-0.141*** (0.046)	-3.102	-0.087*** (0.040)	-2.157	-0.108*** (0.039)	-2.738	-0.089** (0.038)	-2.310
C_2	0.045*** (0.017)	2.687	0.050*** (0.015)	3.385	0.051*** (0.015)	3.469	0.052*** (0.014)	3.627
C_3	0.063** (0.026)	2.455	0.013 (0.023)	0.589	0.046** (0.022)	2.045	0.023 (0.022)	1.063
C_4	0.066*** (0.022)	2.985	0.028 (0.019)	1.447	0.032* (0.019)	1.670	0.023 (0.019)	1.218
C_5	0.108*** (0.034)	3.150	0.054* (0.030)	1.770	0.061** (0.030)	2.043	0.047* (0.029)	1.622
C_6	0.031** (0.015)	2.068	0.042*** (0.013)	3.194	0.038*** (0.013)	2.896	0.041*** (0.013)	3.205
C_7	-0.124*** (0.038)	-3.315	-0.002 (0.034)	-0.054	-0.033 (0.033)	-1.010	0.004 (0.032)	0.124
TR_1			0.071* (0.037)	1.933			0.012 (0.036)	0.336
TR_2			0.073** (0.030)	2.443			0.044 (0.029)	1.528
TR_3			0.191*** (0.039)	4.913			0.108*** (0.038)	2.816
TR_4			0.219*** (0.040)	5.481			0.145*** (0.039)	3.732
JC_1					0.219*** (0.033)	6.727	0.144*** (0.033)	4.355
JC_2					0.118*** (0.030)	3.900	0.081*** (0.030)	2.714
JC_3					0.019 (0.028)	0.695	0.017 (0.027)	0.644
JC_4					0.078*** (0.029)	2.686	0.041 (0.028)	1.439

续表

变量	M_1 B	M_1 T	M_2 B	M_2 T	M_3 B	M_3 T	M_4 B	M_4 T
JC_5					0.201^{***} (0.032)	6.207	0.141^{***} (0.032)	4.362
R^2	0.070		0.285		0.307		0.349	
调整 R^2	0.064		0.278		0.300		0.34	
R^2 更改			0.215		0.230		0.279	
F	12.205^{***}		41.273^{***}		42.050^{***}		38.007^{***}	

注：(1) 括号内数字为各变量的标准误差；
(2) $N=1151$。
*** 表示在 0.01 水平（双侧）上显著相关；** 表示在 0.05 水平（双侧）上显著相关；* 表示在 0.1 水平（双侧）上显著相关。

第6章 人力资本投资的中介效应分析

从表6.7、表6.8和表6.9的比较可以看出，总体报酬除了薪酬维度对人力资本投资各维度的影响有差异外，福利、绩效与工作生活平衡和认可与职业发展都正向影响人力资本投资各维度，薪酬维度对创新性人力资本投资有显著正向影响，与其他两种人力资本投资没有线性关系；工作特征除了工作自主性维度对人力资本投资各维度的影响有差异外，任务重要性与人力资本投资各维度没有线性关系，其他三个正向影响人力资本投资各维度，工作自主性显著负向影响通用性人力资本投资，显著正向影响创新性人力资本投资，与专业人力资本投资没有线性关系。

综上所述：薪酬和工作自主性都显著正向影响创新性人力资本投资，工作自主性显著负向影响通用性人力资本投资；总体报酬完全中介了工作自主性对创新性人力资本投资的影响，工作特征完全中介了薪酬和福利对创新性人力资本投资的影响，完全中介了认可与职业发展对通用性人力资本投资的影响。

6.4 人力资本投资对员工创新绩效的影响

以人力资本投资对员工创新绩效进行一元回归分析，结果汇总见表6.10。

表6.10 人力资本投资对员工创新绩效的一元线性回归分析结果

变量	M_1 B	M_1 T	M_2 B	M_2 T
常数项	3.047*** (0.193)	15.768	0.254 (0.126)	1.530
C_1	-0.110** (0.051)	-2.150	0.014 (0.038)	0.379
C_2	0.093*** (0.019)	4.941	0.053*** (0.014)	3.800
C_3	0.027 (0.029)	0.947	0.013 (0.021)	0.621
C_4	0.071*** (0.025)	2.877	0.023 (0.018)	1.251
C_5	0.139*** (0.039)	3.611	0.065** (0.028)	2.294

续表

变量	M_1		M_2	
	B	T	B	T
C_6	0.039** (0.017)	2.300	0.004 (0.012)	0.336
C_7	−0.177*** (0.042)	−4.182	−0.031 (0.031)	−1.002
HCI			0.826*** (0.026)	31.744
R^2	0.082		0.512	
调整 R^2	0.077		0.509	
R^2 更改			0.430	
F	14.637***		150.051***	

注：（1）括号内数字为各变量的标准误差；
（2）$N=1151$。
*** 表示在 0.01 水平（双侧）上显著相关；** 表示在 0.05 水平（双侧）上显著相关；* 表示在 0.1 水平（双侧）上显著相关。

从表 6.10 可以看出，M_2 的 F 值为 150.051，P 值为 0.000，小于 0.05，回归效果显著；调整 R^2 为 0.509，表明人力资本投资解释了员工创新绩效 50.9% 的变异；回归系数为 0.826，显著性检验的 T 值为 31.744，P 值为 0.000，R^2 从 0.082 变为 0.512，表明人力资本投资对员工创新绩效有显著正向影响，验证了假设 5。

上述我们分析了人力资本投资和员工创新绩效之间的关系，为了有效分析和区别人力资本投资各维度的中介作用机制，接下来分析人力资本投资各维度与员工创新绩效之间的关系，具体结果见表 6.11。

从表 6.11 可以看出，三种人力资本投资的回归系数依次为 0.566、0.644 和 0.668，显著性 P 值为 0.000，人力资本投资各维度都显著正向影响员工创新绩效，验证了假设 5a、假设 5b、假设 5c。

第6章 人力资本投资的中介效应分析

表6.11 人力资本投资各维度与员工创新绩效回归分析结果

变量	M_1 B	M_1 T	M_2 B	M_2 T	M_3 B	M_3 T	M_4 B	M_4 T	M_5 B	M_5 T
常数项	3.047*** (0.193)	15.768	1.055*** (0.175)	6.036	0.690*** (0.179)	3.852	0.992*** (0.176)	5.630	0.253 (0.167)	1.514
C_1	-0.110** (0.051)	-2.150	-0.014 (0.041)	-0.341	-0.017 (0.041)	-0.402	-0.016 (0.042)	-0.383	0.014 (0.038)	0.379
C_2	0.093*** (0.019)	4.941	0.059*** (0.015)	3.866	0.065*** (0.015)	4.325	0.063*** (0.015)	4.142	0.053*** (0.014)	3.794
C_3	0.027 (0.029)	0.947	0.037 (0.023)	1.601	0.023 (0.023)	1.006	-0.015 (0.023)	-0.630	0.014 (0.021)	0.668
C_4	0.071*** (0.025)	2.877	0.043** (0.020)	2.160	0.031 (0.020)	1.549	0.027 (0.020)	1.369	0.023 (0.018)	1.263
C_5	0.139*** (0.039)	3.611	0.083*** (0.031)	2.651	0.098*** (0.031)	3.179	0.067** (0.031)	2.154	0.065** (0.028)	2.307
C_6	0.039** (0.017)	2.300	0.016 (0.014)	1.213	0.002 (0.013)	0.145	0.018 (0.014)	1.330	0.004 (0.012)	0.321
C_7	-0.177*** (0.042)	-4.182	-0.076** (0.034)	-2.214	-0.027 (0.034)	-0.781	-0.094*** (0.034)	-2.738	-0.030 (0.031)	-0.968

续表

变量	M_1 B	M_1 T	M_2 B	M_2 T	M_3 B	M_3 T	M_4 B	M_4 T	M_5 B	M_5 T
HCI_1			0.566*** (0.023)	24.978					0.283*** (0.027)	10.370
HCI_2					0.664*** (0.026)	25.709			0.282*** (0.036)	7.818
HCI_3							0.668*** (0.027)	24.897	0.260*** (0.036)	7.130
R^2	0.082		0.407		0.419		0.405		0.513	
调整 R^2	0.077		0.402		0.415		0.401		0.508	
R^2 更改			0.325		0.337		0.323		0.431	
F	14.637***		97.778***		102.819***		97.222***		119.875***	

注：（1）括号内数字为各变量的标准误差；
（2）$N=1151$。
*** 表示在 0.01 水平（双侧）上显著相关；** 表示在 0.05 水平（双侧）上显著相关；* 表示在 0.1 水平（双侧）上显著相关。

6.5 总体报酬、工作特征与人力资本投资对员工创新绩效的影响

以人力资本投资（F3）为中介变量，总体报酬（F1）和工作特征（F2）为外生变量（自变量），员工创新绩效（F4）为内生变量（因变量）构建理论模型的结构方程模型结果如图6.3所示。

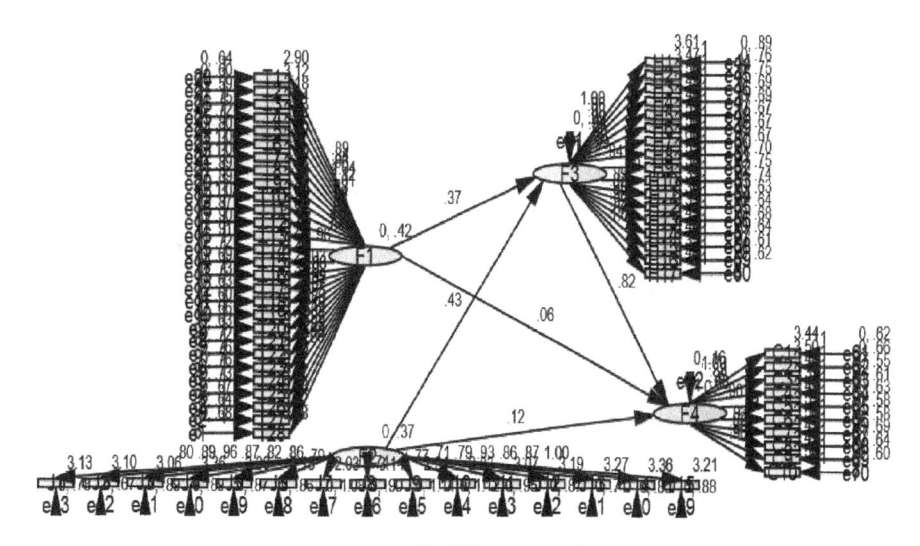

图 6.3 理论模型的结构方程模型图

本研究用AMOS21.0软件对理论模型的结构方程模型进行检验，检验的结果见表6.12。

表 6.12 理论模型初始模型参数估计表

			Estimate	S.E.	C.R.	P	Label
F3	<---	F1	0.373	0.043	8.729	***	par_67
F3	<---	F2	0.426	0.051	8.438	***	par_68
F4	<---	F1	0.057	0.034	1.687	0.092	par_69
F4	<---	F2	0.124	0.040	3.097	0.002	par_70

报酬对员工创新绩效的作用机制研究

续表

			Estimate	S.E.	C.R.	P	Label
F4	<---	F3	0.822	0.052	15.770	***	par_ 71

注：$N=1151$。

*** 在 0.01 水平（双侧）上显著相关。

基于本研究是双自变量模型，理论模型的初始结构方程模型可能遗漏掉总体报酬和工作特征之间的重要的联结路径，所以构建主效应结构方程模型修正图，结果如图 6.4 所示。

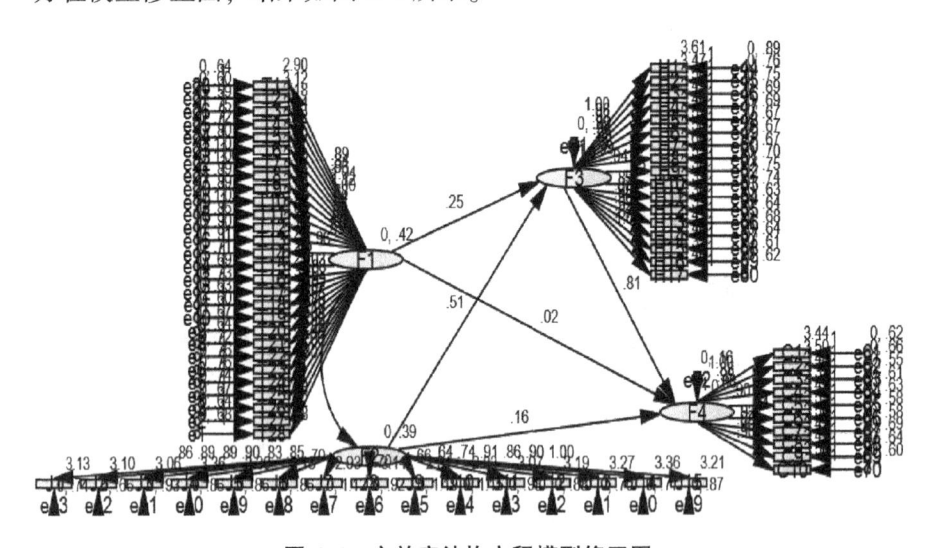

图 6.4 主效应结构方程模型修正图

本研究用 AMOS21.0 软件对理论模型的结构方程修正模型进行检验，检验的结果见表 6.13、表 6.14。

表 6.13 主效应修正模型参数估计表

			Estimate	S.E.	C.R.	P	Label
F3	<---	F1	0.254	0.052	4.888	***	par_ 67
F3	<---	F2	0.507	0.064	7.966	***	par_ 68
F4	<---	F1	0.017	0.042	0.402	0.687	par_ 69

第6章 人力资本投资的中介效应分析

续表

			Estimate	S. E.	C. R.	P	Label
F4	<---	F2	0.161	0.052	3.124	0.002	par_ 70
F4	<---	F3	0.814	0.052	15.634	***	par_ 71

注：$N=1151$。

*** 在 0.01 水平（双侧）上显著相关。

表 6.14 模型新增路径检验结果表

			Estimate	S. E.	C. R.	P	Label
F2	<-->	F1	0.301	0.024	12.418	***	par_ 72

注：$N=1151$。

*** 在 0.01 水平（双侧）上显著相关。

通过对比主效应结构方程模型和修正模型，表 6.14 的结果支持了修正模型，验证了理论模型的初始模型遗漏了关键的联结，而且修正模型与实际数据的拟合程度比初始模型要好。从表 6.13 可以看出，除了总体报酬对员工创新绩效的直接效应由表 5.5 的显著变得不显著，说明人力资本投资完全中介了总体报酬对员工创新绩效的影响；同时，工作特征对员工创新绩效的影响参数降低了，说明人力资本投资部分中介工作特征对员工创新绩效的影响，部分验证了假设 6。

以人力资本投资各维度为中介变量，通过总体报酬各维度和工作特征各维度对员工创新绩效进行多元回归分析，结果汇总见表 6.15。

表6.15 人力资本各维度中介效应回归分析结果

变量	M_1 B	M_1 T	M_2 B	M_2 T	M_3 B	M_3 T	M_4 B	M_4 T	M_5 B	M_5 T	M_6 B	M_6 T
常数项	3.047*** (0.193)	15.768	0.737*** (0.209)	3.531	0.122 (0.188)	0.648	0.128 (0.187)	0.681	0.371 (0.187)	1.977	-0.045 (0.177)	-0.251
c_1	-0.110** (0.051)	-2.150	-0.060 (0.044)	-1.359	-0.006 (0.039)	-0.148	-0.017 (0.039)	-0.429	-0.014 (0.040)	-0.351	0.010 (0.037)	0.2666
c_2	0.093*** (0.019)	4.941	0.090*** (0.016)	5.497	0.067*** (0.015)	4.593	0.066*** (0.015)	4.558	0.063*** (0.015)	4.296	0.055*** (0.014)	3.988
c_3	0.027 (0.029)	0.947	-0.010 (0.025)	-0.394	0.010 (0.022)	0.469	0.010 (0.022)	0.440	-0.022 (0.022)	-0.981	0.006 (0.021)	0.265
c_4	0.071*** (0.025)	2.877	0.032 (0.021)	1.489	0.025 (0.019)	1.300	0.022 (0.019)	1.153	0.020 (0.019)	1.050	0.018 (0.018)	1.020
c_5	0.139*** (0.039)	3.611	0.080** (0.034)	2.375	0.057* (0.030)	1.920	0.077*** (0.030)	2.615	0.055* (0.030)	1.837	0.056** (0.028)	1.993
c_6	0.039** (0.017)	2.300	0.043*** (0.015)	2.960	0.026** (0.013)	2.015	0.010 (0.013)	0.784	0.022* (0.013)	1.684	0.009 (0.012)	0.761
c_7	-0.177*** (0.042)	-4.182	-0.048 (0.037)	-1.283	-0.021 (0.033)	-0.642	-0.002 (0.033)	-0.059	-0.050 (0.033)	-1.501	-0.012 (0.031)	-0.398

第6章 人力资本投资的中介效应分析

续表

变量	M_1 B	M_1 T	M_2 B	M_2 T	M_3 B	M_3 T	M_4 B	M_4 T	M_5 B	M_5 T	M_6 B	M_6 T
TR_1			-0.011 (0.041)	-0.275	0.014 (0.036)	0.374	-0.004 (0.036)	-0.099	-0.018 (0.037)	-0.478	0.004 (0.034)	0.104
TR_2			0.043 (0.033)	1.302	0.012 (0.030)	0.397	-0.000 (0.030)	-0.016	0.020 (0.030)	0.684	-0.004 (0.028)	-0.160
TR_3			0.144*** (0.044)	3.263	0.088** (0.039)	2.247	0.045 (0.039)	1.146	0.088** (0.039)	2.221	0.043 (0.037)	1.157
TR_4			0.112** (0.045)	2.502	0.090** (0.040)	2.260	0.041 (0.040)	1.024	0.036 (0.040)	0.905	0.034 (0.038)	0.916
JC_1			0.329*** (0.038)	8.652	0.184*** (0.035)	5.324	0.271*** (0.034)	8.045	0.254*** (0.034)	7.427	0.190*** (0.033)	5.839
JC_2			0.077** (0.034)	2.259	0.042 (0.030)	1.383	0.018 (0.030)	0.594	0.035 (0.031)	1.152	0.012 (0.029)	0.427
JC_3			-0.035 (0.031)	-1.123	-0.015 (0.028)	-0.532	-0.032 (0.027)	-1.175	-0.044 (0.028)	-1.586	-0.026 (0.026)	-1.013
JC_4			-0.089*** (0.033)	-2.723	-0.034 (0.029)	-1.166	-0.081*** (0.029)	-2.803	-0.111*** (0.029)	-3.780	-0.064** (0.028)	-2.311

续表

变量	M_1 B	M_1 T	M_2 B	M_2 T	M_3 B	M_3 T	M_4 B	M_4 T	M_5 B	M_5 T	M_6 B	M_6 T
JC_5			0.148*** (0.0370)	3.994	0.058* (0.033)	1.761	0.078** (0.033)	2.347	0.075** (0.033)	2.246	0.034 (0.031)	1.100
HCI_1					0.433*** (0.024)	17.927					0.241*** (0.028)	8.730
HCI_2							0.526*** (0.029)	17.908			0.246*** (0.036)	6.760
HCI_3									0.522*** (0.031)	17.088	0.219*** (0.037)	5.911
R^2	0.082		0.329		0.477		0.477		0.466		0.538	
调整 R^2	0.077		0.319		0.469		0.469		0.458		0.53	
R^2 更改			0.247		0.395		0.395		0.384		0.456	
F	14.637***		34.686***		60.773***		60.714***		58.200***		69.377***	

注：(1) 括号内数字为各变量的标准误差；
(2) N=1151。
**** 表示在 0.01 水平（双侧）上显著相关；*** 表示在 0.05 水平（双侧）上显著相关；** 表示在 0.1 水平（双侧）上显著相关。

第6章 人力资本投资的中介效应分析

从表6.15可以看出,在总体报酬和工作特征各维度与员工创新绩效回归分析结果的基础上,引入通用性人力资本投资,分析结果如下:通用性人力资本投资 M_3 的 F 值为60.773,P 值为0.000,小于0.05,回归效果显著;调整 R^2 为0.469,表明总体报酬、工作特征和通用性人力资本投资共同解释了员工创新绩效46.9%的变异;回归系数为0.433,显著性检验的 T 值为17.927,P 值为0.000,R^2 从0.082变为0.477,表明通用性人力资本投资显著中介了总体报酬各维度和工作特征各维度对员工创新绩效的影响,而且完全中介了任务完整性和反馈性对员工创新绩效的影响,验证了假设6a。

同理,在总体报酬和工作特征各维度与员工创新绩效回归分析结果的基础上,引入专用性人力资本投资,分析结果如下:专用性人力资本投资 M_4 的 F 值为60.714,P 值为0.000,小于0.05,回归效果显著;调整 R^2 为0.469,表明总体报酬、工作特征和专用性人力资本投资共同解释了员工创新绩效46.9%的变异;回归系数为0.526,显著性检验的 T 值为17.908,P 值为0.000,R^2 从0.082变为0.477,表明专用性人力资本投资显著中介了总体报酬各维度和工作特征各维度对员工创新绩效的影响,而且完全中介了任务完整性、绩效与工作生活平衡和认可与职业发展对员工创新绩效的影响,验证了假设6b。

同理,在总体报酬和工作特征各维度与员工创新绩效回归分析结果的基础上,引入创新性人力资本投资,分析结果如下:创新性人力资本投资 M_5 的 F 值为58.773,P 值为0.000,小于0.05,回归效果显著;调整 R^2 为0.458,表明总体报酬、工作特征和创新性人力资本投资共同解释了员工创新绩效45.8%的变异;回归系数为0.522,显著性检验的 T 值为17.088,P 值为0.000,R^2 从0.082变为0.458,表明创新性人力资本投资显著中介了总体报酬各维度和工作特征各维度对员工创新绩效的影响,而且完全中介了任务完整性、认可与职业发展对员工创新绩效的影响,验证了假设6c。

同理，在总体报酬和工作特征各维度与员工创新绩效回归分析结果的基础上，引入通用性人力资本投资、专用性人力资本投资和创新性人力资本投资，M_5 的 F 值为 69.377，P 值为 0.000，小于 0.05，回归效果显著；调整 R^2 为 0.53，表明总体报酬、工作特征和人力资本投资共同解释了员工创新绩效 53% 的变异；通用性人力资本投资的回归系数为 0.241，显著性检验的 T 值为 8.730，P 值为 0.000，专用性人力资本投资的回归系数为 0.246，显著性检验的 T 值为 6.760，P 值为 0.000，创新性人力资本投资的回归系数为 0.219，显著性检验的 T 值为 5.911，P 值为 0.000，R^2 从 0.082 变为 0.538，表明人力资本投资显著中介了总体报酬各维度和工作特征各维度对员工创新绩效的影响，而且完全中介了总体报酬各维度和工作特征的任务完整性、反馈性维度对员工创新绩效的影响。

综上所述，人力资本投资完全中介了总体报酬对员工创新绩效的影响，部分中介了工作特征对员工创新绩效的影响。首先，从分维度人力资本投资中介效应的角度看，通用性人力资本投资完全中介了工作特征中的任务完整性和工作自主性；专用性人力资本投资完全中介了总体报酬中的绩效与工作生活平衡和认可与职业发展对员工创新绩效的影响；创新性人力资本投资完全中介了总体报酬中的认可与职业发展对员工创新绩效的影响；其次，所有的中介维度都完全中介了任务完整性对员工创新绩效的影响；最后，人力资本投资三个维度同时作为中介变量，完全中介了总体报酬各维度，工作特征的任务完整性和反馈型对员工创新绩效的影响。

6.6 中介效应的稳健性检验

6.4 节已经证明了，人力资本投资和各维度中介了总体报酬、工作特征对员工创新绩效的影响。由于 SPSS21.0 使用的是最小二乘法进行回归

第6章 人力资本投资的中介效应分析

分析,需要对中介效应进行稳健性检验。本研究采用 Sobel 检验法和 Bootstrap 法,验证人力资本投资的中介效应。它们的检验标准:当 Sobel 检验法中的 Z 值大于 1.96,表示中介效应显著;当 Bootstrap 法的置信区间不包含 0 值时,中介效应就显著不等于 0。本研究通过两种检验法进一步验证人力资本投资中介效应的稳健性。

在 SPSS21.0 中运用 spssmaro 脚本来分析中介效应的结果,通过逐步对总体报酬和工作特征进行检验,汇总结果见表 6.16。

表 6.16 人力资本投资中介效应稳健性检验

变量		通用性人力资本投资中介效应的稳健性检验			专用性人力资本投资中介效应的稳健性检验		
因变量	自变量	Sobel 检验 Z 值	Bootstrap (95%置信区间)		Sobel 检验 Z 值	Bootstrap (95%置信区间)	
			P 置信区间	BC 置信区间		P 置信区间	BC 置信区间
CP	JC	6.1360***	(0.0030, 0.0058)	(0.0030, 0.0058)	14.9770***	(0.0116, 0.0150)	(0.0112, 0.0156)
	TR	11.4400***	(0.2049, 0.2959)	(0.1963, 0.3133)	14.6504***	(0.3186, 0.4175)	(0.3074, 0.4405)

变量		创新性人力资本投资中介效应的稳健性检验			人力资本投资中介效应的稳健性检验		
因变量	自变量	Sobel 检验 Z 值	Bootstrap (95%置信区间)		Sobel 检验 Z 值	Bootstrap (95%置信区间)	
			P 置信区间	BC 置信区间		P 置信区间	BC 置信区间
CP	JC	6.1360***	(0.0030, 0.0058)	(0.0030, 0.0058)	14.9770***	(0.0116, 0.0150)	(0.0112, 0.0156)
	TR	14.1023***	(0.2981, 0.3921)	(0.2841, 0.4094)	16.3813***	(0.3845, 0.4908)	(0.3632, 0.5084)

从表 6.16 的分析结果可知,总体报酬和工作特征分别进行人力资本投资和相应的三个维度进行检验,8 个 Sobel 检验 Z 值最小的是工作特征

基于创新性人力资本投资的中介效应检验值是 6.136 0，显著大于 1.96；16 个 Bootstrap（95%置信区间）的检验值都不包含 0；综上所述，人力资本投资以及各维度的中介效应都通过了稳健性检验，进一步证实了人力资本投资中介效应的假设。

6.7 小结

综上所述，总体报酬正向影响了人力资本投资，除了薪酬维度，总体报酬的其他三个维度都正向影响了人力资本投资，并且薪酬维度与人力资本投资呈 U 形的二次曲线；工作特征正向影响了人力资本投资，除了任务重要性和工作自主性，工作特征的其他三个维度正向影响了人力资本投资，并且任务重要性、工作自主性和人力资本投资呈 U 形的二次曲线。

根据人力资本投资的结构方程模型，总体报酬和工作特征正向影响人力资本投资，验证了假设 9。总体报酬的薪酬维度对人力资本投资各维度有差异，福利、绩效与工作生活平衡和认可与职业发展对人力资本投资各维度的影响没有差异；工作特征的工作自主性维度对人力资本投资各维度的影响有差异，技能多样性、任务完整性和反馈性三个维度都正向影响人力资本投资各维度，任务重要性与人力资本投资各维度没有线性关系。薪酬维度和工作自主性维度显著正向影响创新性人力资本投资，工作自主性显著负向影响通用性人力资本投资，与专业人力资本投资没有线性关系。总体报酬完全中介了工作自主性对创新性人力资本投资的影响，工作特征完全中介了薪酬和福利对创新性人力资本投资的影响，完全中介了认可与职业发展对通用性人力资本投资的影响。

根据构建的理论模型，本研究通过结构方程模型分析和研究总体报酬和工作特征通过人力资本投资对员工创新绩效的影响，人力资本投资完全中介了总体报酬对员工创新绩效的影响，部分中介了工作特征对员工创新绩效的影响。从分维度研究看，人力资本投资三个维度同时作为中介变量，完全中介了总体报酬各维度；完全中介了工作特征的任务完整性和反馈型，部分中介了技能多样性和工作自主性对员工创新绩效的影响，进一步验证了结构方程模型的检验结果。

首先，从分维度人力资本投资中介效应的角度看，通用性人力资本投资对工作特征的中介作用比较大，完全中介了任务完整性和工作自主性，部分中介了技能多样性和反馈性对员工创新绩效的影响；

其次，专用性人力资本投资对总体报酬的中介作用比较大，完全中介了绩效与工作生活平衡、认可与职业发展和任务完整性对员工创新绩效的影响；

再次，创新性人力资本投资完全中介了认可与职业发展和任务完整性对员工创新绩效的影响；

最后，所有的中介维度都完全中介了任务完整性对员工创新绩效的影响。

成就动机的调节效应分析　第7章

根据第6章关于中介变量的分析，结合构建的理论模型，成就动机作为调节变量引入模型。我们通过以下三个步骤对成就动机的调节作用进行分析和验证。

首先，通过统计分析确定对于总体报酬和工作特征两个自变量，成就动机是直接调节还是间接调节，或者既直接调节又间接调节。

其次，理论模型也包括中介变量，并且在第6章已经被证明，人力资本投资完全中介了总体报酬的作用，部分中介了工作特征的作用。如果是间接调节，它是调节理论模型的前半路径还是后半路径，或者同时调节中介过程的前后路径。

再次，综合前两个步骤，确定成理论模型是有中介的调节还是有调节的中介，并进行检验。

采用层级回归分析检验假设，根据温忠麟和叶宝娟（2014）的检验方法，检验直接效应是否受到调节，先建立回归方程（7.1）（Y 对 X、U 和 UX 的回归即 CP 对 TR（JC）、ACM 和 TR×ACM（JC×ACM）的回归）。

$$Y=c_0+c_1X+c_2U+c_3UX+e_i \qquad (7.1)$$

如果 c_3 显著，应当考虑调节了直接效应的模型；如果 c_3 不显著，则应当考虑调节了间接效应的模型。

7.1 成就动机对总体报酬与员工创新绩效的调节效应分析

7.1.1 成就动机在总体报酬与员工创新绩效的直接调节效应分析

以总体报酬和总体报酬与成就动机的交互作用对员工创新绩效进行回归分析，汇总结果见表7.1。

表7.1 成就动机调节总体报酬与员工创新绩效的回归分析结果

变量	M_1 B	M_1 T	M_2 B	M_2 T	M_3 B	M_3 T
常数项	3.047*** (0.193)	15.768	1.276*** (0.210)	6.063	1.149*** (0.202)	5.687
C_1	-0.110** (0.051)	-2.150	-0.054 (0.047)	-1.1413	-0.003 (0.044)	-0.060
C_2	0.093*** (0.019)	4.941	0.095*** (0.017)	5.500	0.081*** (0.016)	4.976
C_3	0.027 (0.029)	0.947	-0.019 (0.027)	-0.721	-0.023 (0.025)	-0.918
C_4	0.071*** (0.025)	2.877	0.035 (0.023)	1.566	0.037* (0.021)	1.715
C_5	0.139*** (0.039)	3.611	0.092*** (0.035)	2.600	0.058* (0.033)	1.738
C_6	0.039** (0.017)	2.300	0.048*** (0.015)	3.163	0.048*** (0.014)	3.304
C_7	-0.177*** (0.042)	-4.182	-0.053 (0.039)	-1.335	-0.037 (0.037)	-0.992

续表

变量	M_1 B	M_1 T	M_2 B	M_2 T	M_3 B	M_3 T
TR			0.536*** (0.035)	15.355	0.553*** (0.035)	15.927
ACM					0.647*** (0.110)	5.901
TR×ACM					-0.120*** (0.032)	-3.708
R^2	0.082		0.239		0.325	
调整 R^2	0.077		0.234		0.319	
R^2 更改			0.157		0.243	
F	14.637***		44.909***		54.867***	

注：(1) 括号内数字为各变量的标准误差；
(2) $N=1151$。
*** 表示在 0.01 水平（双侧）上显著相关；** 表示在 0.05 水平（双侧）上显著相关；* 表示在 0.1 水平（双侧）上显著相关。

从表 7.1 可以看出，M_3 的 F 值为 54.867，P 值为 0.000，小于 0.05，回归效果显著；总体报酬的回归系数为 0.553，显著性检验的 T 值为 15.927，P 值为 0.000，成就动机的回归系数为 0.647，显著性检验的 T 值为 5.901，P 值为 0.000，总体报酬和成就动机的交互项的回归系数为 -0.120，显著性检验的 T 值为 -3.708，P 值为 0.000，R^2 从 0.082 变为 0.325，表明成就动机直接调节了总体报酬对员工创新绩效的影响。

7.1.2 成就动机在总体报酬与员工创新绩效的间接调节效应分析

为了分析成就动机是否间接调节总体报酬对员工创新绩效的影响，引入人力资本投资的中介变量，首先进行前半路径的调节作用检验，以总体报酬和总体报酬与成就动机的交互作用对人力资本投资进行回归分析，回归分析结果见表 7.2。

表7.2 成就动机调节总体报酬与人力资本投资的回归分析结果

变量	M_1 B	M_1 T	M_2 B	M_2 T	M_3 B	M_3 T
常数项	3.380*** (0.160)	21.109	1.638*** (0.167)	9.817	1.533*** (0.161)	9.507
C_1	−0.151*** (0.043)	−3.546	−0.095** (0.037)	−2.553	−0.057 (0.035)	−1.597
C_2	0.049*** (0.016)	3.152	0.051*** (0.014)	3.709	0.040*** (0.013)	3.113
C_3	0.017 (0.024)	0.722	−0.028 (0.021)	−1.353	−0.031 (0.020)	−1.570
C_4	0.059*** (0.021)	2.865	0.024 (0.018)	1.315	0.025 (0.017)	1.462
C_5	0.090*** (0.032)	2.822	0.043 (0.028)	1.552	0.018 (0.027)	0.686
C_6	0.042*** (0.014)	3.000	0.051*** (0.012)	4.233	0.051*** (0.012)	4.412
C_7	−0.176*** (0.035)	−5.030	−0.054* (0.031)	−1.730	−0.042 (0.030)	−1.432
TR			0.528*** (0.028)	19.050	0.543*** (0.028)	19.605
ACM					0.513*** (0.087)	5.868
TR×ACM					−0.099*** (0.026)	−3.823
R^2	0.091		0.310		0.380	
调整R^2	0.085		0.305		0.375	
R^2更改			0.219		0.289	
F	16.309***		64.151***		69.958***	

注：（1）括号内数字为各变量的标准误差；

（2）N=1151。

*** 表示在0.01水平（双侧）上显著相关；** 表示在0.05水平（双侧）上显著相关；* 表示在0.1水平（双侧）上显著相关。

第7章 成就动机的调节效应分析

从表 7.2 可以看出，M_3 的 F 值为 69.958，P 值为 0.000，小于 0.05，回归效果显著；总体报酬的回归系数为 0.543，T 值为 19.605，P 值为 0.000，成就动机的回归系数为 0.513，T 值为 5.868，P 值为 0.000，总体报酬和成就动机的交互项的回归系数为 -0.099，T 值为 -3.823，P 值为 0.000，R^2 从 0.091 变为 0.38，表明成就动机直接调节了总体报酬对人力资本投资的影响。

其次，进行后半路径的调节作用检验，以人力资本投资和人力资本与成就动机的交互效应对员工创新绩效进行回归分析，回归分析结果见表 7.3。

表 7.3 成就动机调节人力资本投资与员工创新绩效的回归分析结果

变量	M_1 B	T	M_2 B	T	M_3 B	T
常数项	3.047*** (0.193)	15.768	0.254 (0.126)	1.530	0.384** (0.164)	2.337
C_1	-0.110** (0.051)	-2.150	0.014 (0.038)	0.379	0.031 (0.037)	0.833
C_2	0.093*** (0.019)	4.941	0.053*** (0.014)	3.800	0.048*** (0.014)	3.530
C_3	0.027 (0.029)	0.947	0.013 (0.021)	0.621	0.011 (0.021)	0.528
C_4	0.071*** (0.025)	2.877	0.023 (0.018)	1.251	0.021 (0.018)	1.156
C_5	0.139*** (0.039)	3.611	0.065** (0.028)	2.294	0.057** (0.028)	2.040
C_6	0.039** (0.017)	2.300	0.004 (0.012)	0.336	0.006 (0.012)	0.497
C_7	-0.177*** (0.042)	-4.182	-0.031 (0.031)	-1.002	-0.030 (0.031)	-0.969

续表

变量	M_1 B	M_1 T	M_2 B	M_2 T	M_3 B	M_3 T
HCI			0.826*** (0.026)	31.744	0.783*** (0.027)	29.319
ACM					0.138*** (0.021)	6.708
HCI×ACM					−0.060*** (0.016)	−3.663
R^2	0.082		0.512		0.531	
调整R^2	0.077		0.509		0.527	
R^2 更改			0.430		0.449	
F	14.637***		150.051***		129.303***	

注：（1）括号内数字为各变量的标准误差；
（2）$N=1151$。
*** 表示在 0.01 水平（双侧）上显著相关；** 表示在 0.05 水平（双侧）上显著相关；
* 表示在 0.1 水平（双侧）上显著相关。

从表 7.3 可以看出，M_3 的 F 值为 129.303，P 值为 0.000，小于 0.05，回归效果显著；人力资本投资的回归系数为 0.783，显著性检验的 T 值为 29.319，P 值为 0.000，成就动机的回归系数为 0.138，显著性检验的 T 值为 6.708，P 值为 0.000，人力资本投资和成就动机的交互项的回归系数为 −0.060，显著性检验的 T 值为 −3.663，P 值为 0.000，R^2 从 0.082 变为 0.531，表明成就动机直接调节了人力资本投资对员工创新绩效的影响。

综上所述，成就动就不仅直接调节了总体报酬对员工创新绩效的影响，而且间接调节了总体报酬对员工创新绩效的影响，并且同时调节了总体报酬、人力资本投资与员工创新绩效的前后路径。

7.2 成就动机对工作特征与员工创新绩效的调节效应分析

由于构建的理论模型是双变量,上述7.1节检验了成就动机对总体报酬与员工创新绩效的回归分析结果,证实了成就动机不仅直接调节总体报酬对员工创新绩效的影响,而且间接调节总体报酬、人力资本投资对员工创新绩效的影响;接下来我们对第二个变量——工作特征与员工创新绩效的影响是否受到成就动机的调节进行验证。

7.2.1 成就动机在工作特征与员工创新绩效的直接调节效应分析

以工作特征和工作特征与成就动机的交互作用对员工创新绩效进行回归分析,汇总分析结果见表7.4。

表7.4 成就动机调节工作特征与员工创新绩效的回归分析结果

变量	M_1 B	M_1 T	M_2 B	M_2 T	M_3 B	M_3 T
常数项	3.047*** (0.193)	15.768	2.475*** (0.185)	13.367	2.394*** (0.174)	13.790
C_1	-0.110** (0.051)	-2.150	-0.094* (0.048)	-1.955	-0.038 (0.045)	-0.839
C_2	0.093*** (0.019)	4.941	0.106*** (0.018)	6.025	0.091*** (0.017)	5.507
C_3	0.027 (0.029)	0.947	0.018 (0.027)	0.680	0.010 (0.025)	0.391
C_4	0.071*** (0.025)	2.877	0.049** (0.023)	2.098	0.042* (0.022)	1.918

续表

变量	M_1 B	M_1 T	M_2 B	M_2 T	M_3 B	M_3 T
C_5	0.139*** (0.039)	3.611	0.100*** (0.036)	2.783	0.059* (0.034)	1.750
C_6	0.039** (0.017)	2.300	0.048*** (0.016)	3.079	0.049*** (0.015)	3.320
C_7	-0.177*** (0.042)	-4.182	-0.106*** (0.040)	-2.657	-0.078** (0.037)	-2.079
JC			0.015*** (0.001)	13.236	0.016*** (0.001)	14.432
ACM					0.278*** (0.022)	12.594
JC×ACM					-0.020 (0.022)	-0.895
R^2	0.082		0.204		0.303	
调整 R^2	0.077		0.199		0.296	
R^2 更改			0.122		0.221	
F	14.637***		36.658***		49.445***	

注：(1) 括号内数字为各变量的标准误差；
(2) $N=1151$。
*** 表示在 0.01 水平（双侧）上显著相关；** 表示在 0.05 水平（双侧）上显著相关；* 表示在 0.1 水平（双侧）上显著相关。

从表7.4可以看出，M_3 的 F 值为49.445，P 值为0.000，小于0.05，回归效果显著；工作特征的回归系数为0.016，显著性检验的 T 值为14.432，P 值为0.000，成就动机的回归系数为0.278，显著性检验的 T 值为12.594，P 值为0.000，工作特征和成就动机的交互项的回归系数为-0.020，显著性检验的 T 值为-0.895，P 值大于0.05，表明成就动机没有直接调节工作特征对员工创新绩效的影响。

7.2.2 成就动机在工作特征与员工创新绩效的间接调节效应分析

在工作特征与员工创新绩效的关系中引入中介变量人力资本投资，进一步验证是否存在间接调节作用，以工作特征和工作特征的交互作用对人力资本投资进行回归分析，汇总结果见表7.5。

表7.5 成就动机调节工作特征与人力资本投资的回归分析结果

变量	M_1 B	M_1 T	M_2 B	M_2 T	M_3 B	M_3 T
常数项	3.380*** (0.160)	21.109	2.786*** (0.147)	19.009	2.728*** (0.137)	19.844
C_1	−0.151*** (0.043)	−3.546	−0.133*** (0.038)	−3.522	−0.089** (0.036)	−2.491
C_2	0.049*** (0.016)	3.152	0.063*** (0.014)	4.493	0.051*** (0.013)	3.899
C_3	0.017 (0.024)	0.722	0.008 (0.021)	0.370	−0.001 (0.020)	−0.051
C_4	0.059*** (0.021)	2.865	0.035* (0.018)	1.923	0.030* (0.017)	1.757
C_5	0.090*** (0.032)	2.822	0.050* (0.029)	1.744	0.018 (0.027)	0.682
C_6	0.042*** (0.014)	3.000	0.052*** (0.012)	4.171	0.052*** (0.012)	4.482
C_7	−0.176*** (0.035)	−5.03	−0.102*** (0.031)	−3.251	−0.080*** (0.030)	−2.720
JC			0.016*** (0.001)	17.360	0.016*** (0.001)	18.735
ACM					0.214*** (0.017)	12.256
JC×ACM					−0.046*** (0.017)	−2.645

续表

变量	M_1		M_2		M_3	
	B	T	B	T	B	T
R^2	0.091		0.281		0.369	
调整 R^2	0.085		0.276		0.364	
R^2 更改			0.190		0.278	
F	16.309***		55.690***		66.696***	

注：(1) 括号内数字为各变量的标准误差；
　　(2) N=1151。
*** 表示在 0.01 水平（双侧）上显著相关；** 表示在 0.05 水平（双侧）上显著相关；
* 表示在 0.1 水平（双侧）上显著相关。

从表 7.5 可以看出，M_3 的 F 值为 66.696，P 值为 0.000，小于 0.05，回归效果显著；工作特征的回归系数为 0.016，显著性检验的 T 值为 18.735，P 值为 0.000，成就动机的回归系数为 0.214，显著性检验的 T 值为 12.256，P 值为 0.000，工作特征和成就动机的交互项的回归系数为 -0.046，显著性检验的 T 值为 -2.645，P 值为 0.000，表明成就动机直接调节工作特征对人力资本投资的影响。

结合上述的表 7.3 所述，成就动机调节了人力资本投资对员工创新绩效的影响，因此成就动机间接调节了工作特征对员工创新绩效的影响，并且同时调节了工作特征、人力资本投资与员工创新绩效的前后路径。

7.3　有调节的中介效应检验

本研究构建的结构方程模型包含了 5 个变量：总体报酬、工作特征、人力资本投资、成就动机和员工创新绩效，前文研究证实了人力资本投资的中介变量，因此把成就动机作为调节变量引入，建立既有中介变量又有调节变量的模型，根据穆勒、朱得和伊泽比特（Muller, Judd, Yzerbyt, 2005），温忠麟和叶宝娟（2014）的研究结果确立构建的理论模型是有中介的调节模型还是有调节的中介模型。

根据穆勒、朱得和伊泽比特（Muller，Judd，Yzerbyt，2005）的研究结论，如果直接路径受到调节，则建立有中介的调节模型；如果直接路径没有受到调节，则建立有调节的中介模型。根据7.1节所述，总体报酬对员工创新绩效的影响受到了成就动机的直接调节（c_3显著），因此建立有中介的调节模型；7.2节所述，工作特征对员工创新绩效的影响没有受到成就动机的直接调节（c_3不显著），因此建立有调节的中介模型。

鉴于构建的理论模型是总体报酬和工作特征双自变量的特征，研究自变量和因变量的作用机制是一致的观点，爱德华兹和兰伯特（Edwards & Lambert，2007）的研究表明：无论直接路径是否受到调节，都可以建立有调节的中介模型，因此建立有调节的中介模型。

7.3.1 总体报酬作为自变量的有调节的中介模型检验

温忠麟和叶宝娟（2014）按照有调节的中介模型检验，提出依次检验的步骤，根据检验的要求建立以下四个方程：

（1）做 Y 对 X 和 U 的回归，X 的系数 c_1 显著：

$$Y = c_0 + c_1 X + c_2 U + e_1 \tag{7.2}$$

（2）做 W 对 X 和 U 的回归，X 的系数 a_1 显著：

$$W = a_0 + a_1 X + a_2 U + e_2 \tag{7.3}$$

（3）做 Y 对 X、U 和 W 的回归，W 的系数 b 显著：

$$Y = c'_0 + c'_1 X + c'_2 U + bW + e_3 \tag{7.4}$$

（4）做 Y 对 X、U、W 和 UW 的回归，UW 的系数 d 显著：

$$Y = c''_0 + c''_1 X + c''_2 U + b'W + dUW + e_4 \tag{7.5}$$

总体报酬作为自变量的有调节的中介模型，回归分析结果见表7.6和表7.7。

表7.6 总体报酬、成就动机、人力资本投资和员工创新绩效回归分析结果

变量	M_1 B	M_1 T	M_2 B	M_2 T	M_3 B	M_3 T	M_4 B	M_4 T
常数项	3.047*** (0.193)	15.768	1.292*** (0.200)	6.476	0.123 (0.172)	0.712	0.053 (0.173)	0.309
C_1	−0.110** (0.051)	−2.150	−0.007 (0.045)	−0.166	0.035 (0.037)	0.961	0.037 (0.037)	1.004
C_2	0.093*** (0.019)	4.941	0.081*** (0.016)	4.942	0.052*** (0.014)	3.857	0.051*** (0.013)	3.800
C_3	0.027 (0.029)	0.947	−0.023 (0.025)	−0.916	−0.001 (0.021)	−0.038	−0.000 (0.021)	−0.013
C_4	0.071*** (0.025)	2.877	0.031 (0.021)	1.451	0.017 (0.018)	0.942	0.015 (0.018)	0.861
C_5	0.139*** (0.039)	3.611	0.058* (0.034)	1.728	0.045 (0.028)	1.627	0.049* (0.028)	1.762
C_6	0.039** (0.017)	2.300	0.048*** (0.015)	3.322	0.012 (0.012)	0.986	0.011 (0.012)	0.949
C_7	−0.177*** (0.042)	−4.182	−0.035 (0.037)	−0.930	−0.006 (0.031)	−0.191	−0.008 (0.031)	−0.263
TR			0.513*** (0.033)	15.462	0.151*** (0.032)	4.804	0.141*** (0.032)	4.466
ACM			0.248*** (0.022)	11.373	0.117*** (0.019)	6.190	0.418*** (0.096)	4.370
HCI					0.709*** (0.031)	23.157	0.741*** (0.032)	23.077
HCI×ACM							−0.079*** (0.025)	−3.212
R^2	0.082		0.317		0.535		0.54	
调整R^2	0.077		0.311		0.531		0.535	
R^2更改			0.235		0.453		0.458	
F	14.637***		58.778***		131.340***		121.314***	

注：(1) 括号内数字为各变量的标准误差；
(2) $N=1151$。
*** 表示在0.01水平（双侧）上显著相关；** 表示在0.05水平（双侧）上显著相关；* 表示在0.1水平（双侧）上显著相关。

第7章 成就动机的调节效应分析

表7.7 总体报酬、成就动机、人力资本投资回归分析结果

变量	M_1 B	M_1 T	M_2 B	M_2 T	M_3 B	M_3 T
常数项	3.380*** (0.160)	21.109	1.650*** (0.159)	10.364	2.722*** (0.138)	19.747
C_1	-0.151*** (0.043)	-3.546	-0.061* (0.036)	-1.698	-0.091** (0.036)	-2.540
C_2	0.049*** (0.016)	3.152	0.040*** (0.013)	3.089	0.051*** (0.013)	3.881
C_3	0.017 (0.024)	0.722	-0.031 (0.020)	-1.563	0.003 (0.020)	0.127
C_4	0.059*** (0.021)	2.865	0.020 (0.017)	1.191	0.030* (0.017)	1.724
C_5	0.090*** (0.032)	2.822	0.018 (0.027)	0.681	0.018 (0.027)	0.665
C_6	0.042*** (0.014)	3.000	0.051*** (0.012)	4.424	0.052*** (0.012)	4.472
C_7	-0.176*** (0.035)	-5.030	-0.041 (0.030)	-1.364	-0.081*** (0.030)	-2.723
TR			0.510*** (0.026)	19.269		
JC					0.016*** (0.001)	18.824
ACM			0.185*** (0.017)	10.642	0.216 (0.017)	12.331
R^2	0.091		0.372		0.365	
调整 R^2	0.085		0.367		0.360	
R^2 更改			0.281		0.274	
F	16.309***		75.210***		72.946***	

注：(1) 括号内数字为各变量的标准误差；
(2) $N=1151$。
*** 表示在0.01水平（双侧）上显著相关；** 表示在0.05水平（双侧）上显著相关；* 表示在0.1水平（双侧）上显著相关。

从表7.6可以看出,方程(7.2)所对应的回归方程模型M_2的回归系数c_1为0.513,显著性检验的T值为15.462,P值为0.000,回归系数c_1显著。回归方程模型的F值为58.778,P值为0.000,回归效果显著。

方程(7.4)所对应的回归方程模型M_3的回归系数b为0.709,显著性检验的T值为23.157,P值为0.000,回归系数b显著。回归方程模型的F值为131.340,P值为0.000,回归效果显著。

方程(7.5)所对应的回归方程模型M_4的回归系数d为-0.079,显著性检验的T值为-3.212,P值为0.000,回归系数d显著。回归方程模型的F值为121.314,P值为0.000,回归效果显著。

方程(7.3)的中介变量与自变量和调节变量的回归分析见表7.7。

从表7.7可以看出,方程(7.3)所对应的回归方程模型M_2的回归系数a_1为0.510,显著性检验的T值为19.269,P值为0.000,回归系数a_1显著。回归方程模型的F值为75.210,P值为0.000,回归效果显著。

综上所述,有调节的中介模型依次检验的四个回归方程的回归系数都显著,进一步验证了基于总体报酬自变量的研究路径是有调节的中介模型。如前所述,成就动机在总体报酬与员工创新绩效的影响中发挥着调节作用,不仅发挥直接调节作用,而且发挥间接调节作用,并且同时调节了总体报酬、人力资本投资与员工创新绩效的前后路径。

根据普里彻、鲁克和海斯(Preacher, Rucker & Hayes, 2007)提出的有调节的中介效应模型,采用模型五的路径设计检验本研究模型,具体路径模型如图7.1所示。

本研究用AMOS21.0软件对基于报酬模型的有调节的中介效应路径模型进行检验,检验的结果见表7.8。

第7章 成就动机的调节效应分析

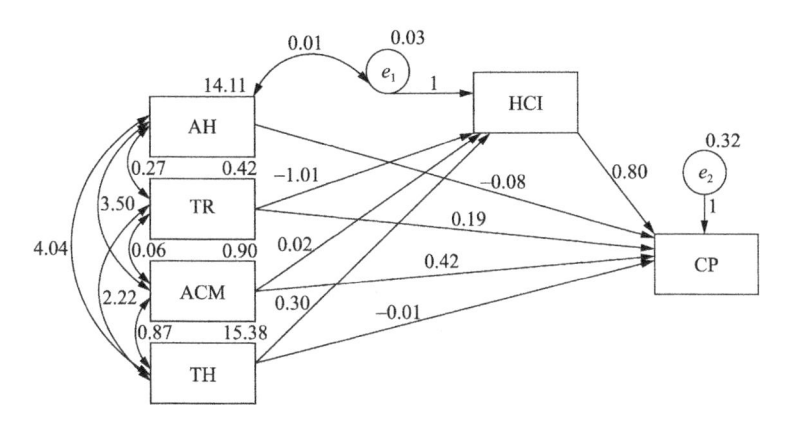

图7.1 基于总体报酬的有调节的中介效应路径模型

表7.8 基于总体报酬模型的有调节的中介效应参数估计表

			Estimate	S. E.	C. R.	P	Label
HCI	<---	TR	−1.015	0.017	−61.459	***	par_ 7
HCI	<---	ACM	0.015	0.006	2.689	0.007	par_ 8
HCI	<---	TH	0.296	0.003	106.101	***	par_ 9
CP	<---	HCI	0.804	0.098	8.164	***	par_ 10
CP	<---	AH	−0.079	0.025	−3.114	0.002	par_ 11
CP	<---	TR	0.187	0.116	1.610	0.107	par_ 12
CP	<---	ACM	0.419	0.098	4.297	***	par_ 13
CP	<---	TH	−0.014	0.031	−.458	0.647	par_ 14

注：$N=1151$。

*** 在0.01水平（双侧）上显著相关。

7.3.2 工作特征作为自变量的有调节的中介模型检验

紧接着我们进一步检验工作特征自变量的研究路径的有调节的中介模型。根据7.3.1节的检验路径，对四个回归方程进行依次检验，工作特征自变量的有调节的中介模型回归分析结果见表7.9。

表 7.9　工作特征、成就动机、人力资本投资和员工创新绩效回归分析结果

变量	M_1 B	M_1 T	M_2 B	M_2 T	M_3 B	M_3 T	M_4 B	M_4 T
常数项	3.047*** (0.193)	15.768	2.392*** (0.174)	13.777	0.423*** (0.165)	2.568	0.330** (0.166)	1.985
C_1	-0.110** (0.051)	-2.150	-0.039 (0.045)	-0.858	0.027 (0.037)	0.732	0.029 (0.037)	0.791
C_2	0.093*** (0.019)	4.941	0.091*** (0.017)	5.504	0.054*** (0.014)	3.973	0.053*** (0.014)	3.896
C_3	0.027 (0.029)	0.947	0.011 (0.025)	0.453	0.010 (0.021)	0.464	0.009 (0.021)	0.458
C_4	0.071*** (0.025)	2.877	0.041* (0.022)	1.909	0.020 (0.018)	1.120	0.018 (0.018)	1.030
C_5	0.139*** (0.039)	3.611	0.059* (0.034)	1.745	0.046* (0.028)	1.664	0.050* (0.028)	1.804
C_6	0.039** (0.017)	2.300	0.049*** (0.015)	3.321	0.011 (0.012)	0.911	0.010 (0.012)	0.868
C_7	-0.177*** (0.042)	-4.182	-0.078** (0.037)	-2.082	-0.019 (0.031)	-0.631	-0.021 (0.031)	-0.684
JC			0.016*** (0.001)	14.489	0.004*** (0.001)	3.922	0.004*** (0.001)	3.542
ACM			0.279*** (0.022)	12.638	0.122*** (0.019)	6.372	0.429*** (0.096)	4.464
HCI					0.723*** (0.031)	23.687	0.757*** (0.032)	23.573
HCI×ACM							-0.081*** (0.025)	-3.254
R^2	0.082		0.302		0.532		0.537	
调整 R^2	0.077		0.297		0.528		0.532	
R^2 更改			0.220		0.450		0.455	
F	14.637***		54.859***		129.718***		119.880***	

注：(1) 括号内数字为各变量的标准误差；
　　(2) N=1151。
*** 表示在 0.01 水平（双侧）上显著相关；** 表示在 0.05 水平（双侧）上显著相关；* 表示在 0.1 水平（双侧）上显著相关。

第7章 成就动机的调节效应分析

从表 7.9 可以看出，方程（7.2）所对应的回归方程模型 M_2 的回归系数 c_1 为 0.016，显著性检验的 T 值为 14.489，P 值为 0.000，回归系数 c_1 显著。回归方程模型的 F 值为 54.859，P 值为 0.000，回归效果显著。

方程（7.9）所对应的回归方程模型 M_3 的回归系数 b 为 0.723，显著性检验的 T 值为 23.687，P 值为 0.000，回归系数 b 显著。回归方程模型的 F 值为 129.718，P 值为 0.000，回归效果显著。

方程（7.9）所对应的回归方程模型 M_4 的回归系数 d 为 -0.081，显著性检验的 T 值为 -3.254，P 值为 0.000，回归系数 d 显著。回归方程模型的 F 值为 119.880，P 值为 0.000，回归效果显著。

方程（7.3）见上表 7.7 中回归方程模型 M_2 的回归系数 a_1 为 0.016，显著性检验的 T 值为 18.824，P 值为 0.000，回归系数 a_1 显著。回归方程模型的 F 值为 72.946，P 值为 0.000，回归效果显著。

综上所述，有调节的中介模型依次检验的四个回归方程的回归系数都显著，进一步验证了基于工作特征自变量的研究路径是有调节的中介模型。

如前所述，成就动机在工作特征与员工创新绩效的影响中发挥着间接调节作用，直接调节作用没有得到验证，而且同时调节了工作特征、人力资本投资与员工创新绩效的前后路径。根据普里彻、鲁克和海斯（Preacher，Rucker & Hayes，2007）提出的有调节的中介效应模型，采用模型五的路径设计检验本研究模型，具体路径模型如图 7.2 所示。

本研究用 AMOS21.0 软件对基于工作特征的有调节的中介效应路径模型进行检验，检验的结果见表 7.10。

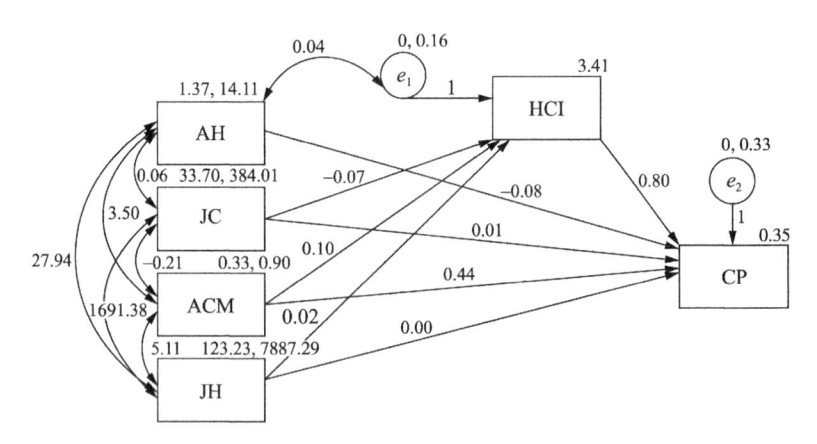

图 7.2 基于工作特征的有调节的中介效应路径模型

表 7.10 基于工作特征的有调节的中介效应参数估计表

			Estimate	S. E.	C. R.	P	Label
HCI	<---	JC	−0.075	0.003	−28.025	***	par_ 8
HCI	<---	ACM	0.099	0.013	7.641	***	par_ 9
HCI	<---	JH	0.021	0.001	35.026	***	par_ 10
CP	<---	AH	−0.082	0.025	−3.276	0.001	par_ 11
CP	<---	JC	0.006	0.005	1.181	0.238	par_ 12
CP	<---	ACM	0.437	0.096	4.525	***	par_ 13
CP	<---	JH	−0.001	0.001	−0.552	0.581	par_ 14
CP	<---	HCI	0.801	0.043	18.684	***	par_ 15

注：$N=1151$。

*** 在 0.01 水平（双侧）上显著相关。

7.3.3 总体报酬和工作特征作为自变量的有调节的中介模型检验

根据 7.3.1 节的检验路径，对四个回归方程进行依次检验，总体报酬和工作特征自变量的有调节的中介模型回归分析结果见表 7.11 和表 7.12。

第7章 成就动机的调节效应分析

表 7.11 总体报酬、工作特征、成就动机、人力资本投资和员工创新绩效回归分析结果

变量	M_1 B	M_1 T	M_2 B	M_2 T	M_3 B	M_3 T	M_4 B	M_4 T
常数项	3.047*** (0.193)	15.768	1.483*** (0.197)	7.529	0.201 (0.176)	1.141	0.126 (0.177)	0.711
C_1	-0.110** (0.051)	-2.150	-0.012 (0.044)	-0.279	0.033 (0.037)	0.899	0.035 (0.037)	0.946
C_2	0.093*** (0.019)	4.941	0.088*** (0.016)	5.463	0.055*** (0.014)	4.026	0.053*** (0.014)	3.951
C_3	0.027 (0.029)	0.947	-0.015 (0.025)	-0.594	0.001 (0.021)	0.034	0.001 (0.021)	0.051
C_4	0.071*** (0.025)	2.877	0.028 (0.021)	1.335	0.016 (0.018)	0.921	0.015 (0.018)	0.846
C_5	0.139*** (0.039)	3.611	0.047 (0.033)	1.436	0.043 (0.028)	1.543	0.046* (0.028)	1.681
C_6	0.039** (0.017)	2.300	0.051*** (0.014)	3.594	0.014 (0.012)	1.123	0.013 (0.012)	1.072
C_7	-0.177*** (0.042)	-4.182	-0.028 (0.037)	-0.777	-0.005 (0.031)	-0.165	-0.007 (0.031)	-0.237
TR			0.350*** (0.040)	8.845	0.120*** (0.035)	3.441	0.114*** (0.035)	3.263
JC			0.009*** (0.001)	7.246	0.002** (0.001)	2.056	0.002* (0.001)	1.821
ACM			0.260*** (0.021)	12.158	0.123*** (0.019)	6.453	0.411*** (0.096)	4.293
HCI					0.690*** (0.032)	21.633	0.723*** (0.034)	21.537
HCI×ACM							-0.076*** (0.025)	-3.065
R^2	0.082		0.347		0.537		0.541	
调整 R^2	0.077		0.341		0.533		0.536	
R^2 更改			0.265		0.455		0.459	
F	14.637***		60.539***		120.123***		111.707***	

注：（1）括号内数字为各变量的标准误差；
（2）N=1151。
*** 表示在 0.01 水平（双侧）上显著相关；** 表示在 0.05 水平（双侧）上显著相关；* 表示在 0.1 水平（双侧）上显著相关。

从表 7.11 可以看出，方程（7.2）所对应的回归方程模型 M_2 的回归系数 c_1 为 0.350，显著性检验的 T 值为 8.845，P 值为 0.000，回归系数 c_1 显著；方程（7.2）所对应的回归方程模型 M_2 的回归系数 c_2 为 0.350，显著性检验的 T 值为 7.246，P 值为 0.000，回归系数 c_2 显著；回归方程模型的 F 值为 60.539，P 值为 0.000，回归效果显著。

方程（7.4）所对应的回归方程模型 M_3 的回归系数 b 为 0.690，显著性检验的 T 值为 21.633，P 值为 0.000，回归系数 b 显著。回归方程模型的 F 值为 120.123，P 值为 0.000，回归效果显著。

方程（7.5）所对应的回归方程模型 M_4 的回归系数 d 为 −0.076，显著性检验的 T 值为 −3.065，P 值为 0.000，回归系数 d 显著。回归方程模型的 F 值为 111.707，P 值为 0.000，回归效果显著。方程 7.3 的中介变量与自变量和调节变量的回归分析见表 7.12。

表 7.12 总体报酬、工作特征、成就动机、人力资本投资回归分析结果

变量	M_1 B	M_1 T	M_2 B	M_2 T
常数项	3.380*** (0.160)	21.109	1.858*** (0.154)	12.060
C_1	−0.151*** (0.043)	−3.546	−0.066* (0.034)	−1.923
C_2	0.049*** (0.016)	3.152	0.048*** (0.013)	3.799
C_3	0.017 (0.024)	0.722	−0.022 (0.019)	−1.155
C_4	0.059*** (0.021)	2.865	0.017 (0.016)	1.035
C_5	0.090*** (0.032)	2.822	0.007 (0.026)	0.253
C_6	0.042*** (0.014)	3.000	0.054*** (0.011)	4.890
C_7	−0.176*** (0.035)	−5.030	−0.034 (0.029)	−1.182
TR			0.332*** (0.031)	10.754
JC			0.010*** (0.001)	10.079
ACM			0.199*** (0.017)	11.854
R^2	0.091		0.424	
调整 R^2	0.085		0.419	

续表

变量	M_1		M_2	
	B	T	B	T
R^2 更改			0.333	
F	16.309***		83.814***	

注：（1）括号内数字为各变量的标准误差；
（2）$N=1151$。
*** 表示在 0.01 水平（双侧）上显著相关；** 表示在 0.05 水平（双侧）上显著相关；
* 表示在 0.1 水平（双侧）上显著相关。

从表 7.12 可以看出，方程（7.3）所对应的回归方程模型 M_2 的回归系数 a_1 为 0.332，显著性检验的 T 值为 10.754，P 值为 0.000，回归系数 a_1 显著；方程（7.3）所对应的回归方程模型 M_2 的回归系数 a_2 为 0.010，显著性检验的 T 值为 10.079，P 值为 0.000，回归系数 a_2 显著。回归方程模型的 F 值为 83.814，P 值为 0.000，回归效果显著。

综上所述，基于总体报酬自变量的理论模型和基于工作特征自变量的理论模型都是有调节的中介模型，整合总体报酬和工作特征的理论模型也是有调节的中介模型。

7.4　成就动机的调节效应分析

7.1 节已经证实成就动机对总体报酬、人力资本投资和员工创新绩效进行前后路径调节，而且，7.2 节已经证实成就动机对工作特征、人力资本投和员工创新绩效进行前后路径调节。根据温忠麟和叶宝娟（2014）有调节的中介效应模型检验，报告结果时要写出中介效应 $(a_1+a_3U)(b_1+b_2U)$，并报告其在均值以及均值上下一个标准差处的中介效应值。

7.4.1　成就动机的调节路径分析

根据成就动机的描述性统计分析，成绩就动机 U 的均值是 0.333 6，标准差的统计量是 0.950 63，成就动机 U-标准差的值是 -0.617 03，U+

标准差的值是 1.284 23，根据成就动机 U 的均值±标准差把样本数据分为三类进行对比分析，-0.617 03 以下的样本组，-0.617 03 到 1.284 23 的样本组，1.284 23 以上的样本组。

通过 SPSS21.0 对分组数据进行回归分析，确定总体报酬和工作特征各自的路径分析，通过回归分析结果整理调节的路径分析见表 7.13。

表 7.13 有调节的路径分析

调节变量：成就动机 中介变量：人力资本投资		第一阶段	第二阶段	直接效应	间接效应	总效应
TR	HACM	0.282***	0.621***	0.389***	0.175***	0.564***
	LACM	0.660***	1.028***	0.897***	0.678***	1.575***
	H-L	-0.378***	-0.407***	-0.508***	-0.503***	-1.011***
JC	HACM	0.012***	0.621***	0.017***	0.007***	0.024***
	LACM	0.019***	1.028***	0.021***	0.020***	0.041***
	H-L	-0.007***	-0.407***	-0.004***	-0.013***	-0.017***

注：N=1151。
*** 在 0.01 水平（双侧）上显著相关。

从表 7.13 来可以看出，成就动机 U 的均值±标准的总效应都是显著的，总体报酬 TR 的高成就动机组的总效应是 0.564，低成就动机组的总效应是 1.575，高低成就动机组的差为-1.011，因此成就动机对总体报酬、人力资本投资和员工创新绩效之间的调节效应显著。

同理，工作特征 JC 的高成就动机组的总效应是 0.024，低成就动机组的总效应是 0.041，高低成就动机组的差为-0.017，因此成就动机对工作特征、人力资本投资和员工创新绩效之间的调节效应显著。

7.4.2 有调节的中介效应值

通过路径分析表 7.13，求出中介效应 $(a_1+a_3U)(b_1+b_2U)$ 及相应的中介效应值，具体见表 7.14。

第7章 成就动机的调节效应分析

表7.14 有调节的中介效应值

调节变量：成就动机 中介变量：人力资本投资		$(a_1 + a_3 U)$	$(b_1 + b_2 U)$	$(a_1 + a_3 U)(b_1 + b_2 U)$
TR	U均值-标准差	-0.617	0.604	0.747	0.451
	U均值	0.333 6	0.509	0.697	0.355
	U均值+标准差	1.284 23	0.416	0.648	0.27
JC	U均值-标准差	-0.617	0.044	0.763	0.034
	U均值	0.333 6	0.000 65	0.712	0.000 5
	U均值+标准差	1.284 23	-0.043	0.662	-0.028

从表7.12可以看出，人力资本投资的中介效应值在成就动机的均值以及上下一个标准差处的值都不一样，因此中介效应受到调节。

7.5 成就动机的调节效应效果

为了直观观察调节效应我们根据成就动机的分组数据，用SPSS21.0进行回归分析，根据回归方程利用X的最大值、最小值代入方程描绘出调节效应效果。

7.5.1 成就动机对总体报酬与人力资本投资的调节效应图

根据SPSS21.0的分析结果，总体报酬对人力资本投资的回归方程如下：

$$Y = 0.824 + 0.660X \quad 低成就动机 \tag{7.6}$$

$$Y = 1.535 + 0.545X \tag{7.7}$$

$$Y = 2.760 + 0.282X \quad 高成就动机 \tag{7.8}$$

总体报酬的最低值是1.16，最高值是5，根据总体报酬的取值，总体报酬与成就动机在人力资本投资的交互效应如图7.3所示。

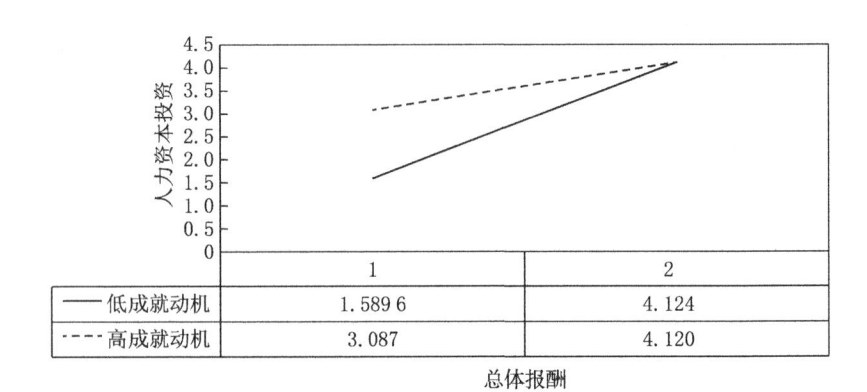

	1	2
—— 低成就动机	1.589 6	4.124
---- 高成就动机	3.087	4.120

总体报酬

图7.3　总体报酬与成就动机在人力资本投资的交互效应

7.5.2　成就动机对工作特征与人力资本投资的调节效应图

根据SPSS21.0的分析结果，工作特征对人力资本投资的回归方程如下：

$$Y=2.278+0.019X \quad 低成就动机 \tag{7.9}$$

$$Y=2.772+0.017X \tag{7.10}$$

$$Y=2.950+0.012X \quad 高成就动机 \tag{7.11}$$

工作特征的最低值是1，最高值是125，根据工作特征的取值，工作特征与成就动机在人力资本投资的交互效应如图7.4所示。

7.5.3　成就动机对人力资本投资与员工创新绩效的调节效应效果

根据SPSS21.0的分析结果，人力资本投资对员工创新绩效的回归方程如下：

$$Y=-0.840+1.028X \quad 低成就动机 \tag{7.12}$$

$$Y=0.362+0.797X \tag{7.13}$$

$$Y=1.152+0.621X \quad 高成就动机 \tag{7.14}$$

第7章 成就动机的调节效应分析

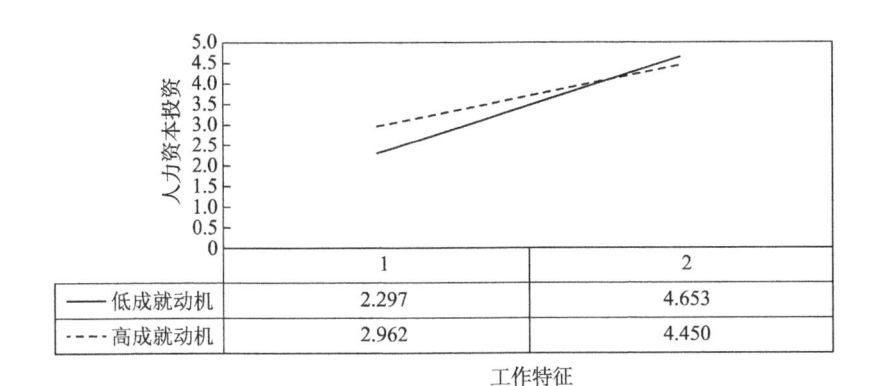

	1	2
——低成就动机	2.297	4.653
----高成就动机	2.962	4.450

工作特征

图 7.4　工作特征与成就动机在人力资本投资的交互效应

人力资本投资的最低值是 1.44，最高值是 5，根据人力资本投资的取值，人力资本投资与成就动机在员工创新绩效的交互效应如图 7.5 所示。

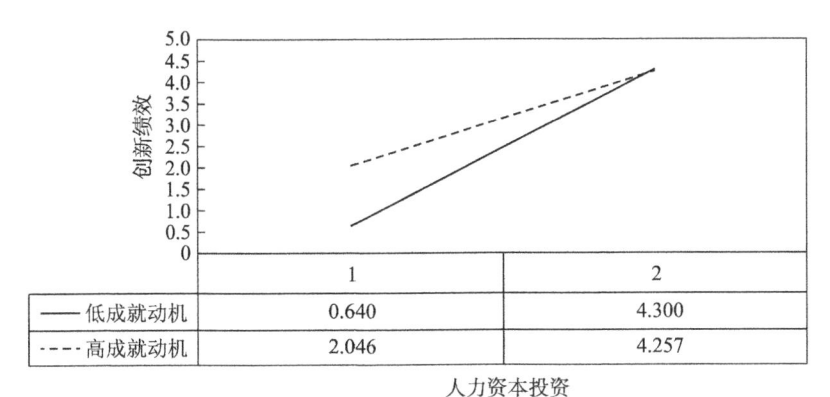

	1	2
——低成就动机	0.640	4.300
----高成就动机	2.046	4.257

人力资本投资

图 7.5　人力资本投资与成就动机在员工创新绩效的交互效应

7.5.4　成就动机对总体报酬与员工创新绩效的调节效应效果

根据 SPSS21.0 的分析结果，总体报酬对员工创新绩效的回归方程如下：

$$Y = -0.590 + 0.897X \quad 低成就动机 \tag{7.15}$$

$$Y = 1.375 + 0.495X \tag{7.16}$$

$$Y = 2.316 + 0.389X \quad 高成就动机 \tag{7.17}$$

总体报酬的最低值是 1.16，最高值是 5，根据总体报酬的取值，总体报酬与成就动机在员工创新绩效的交互效应如图 7.6 所示。

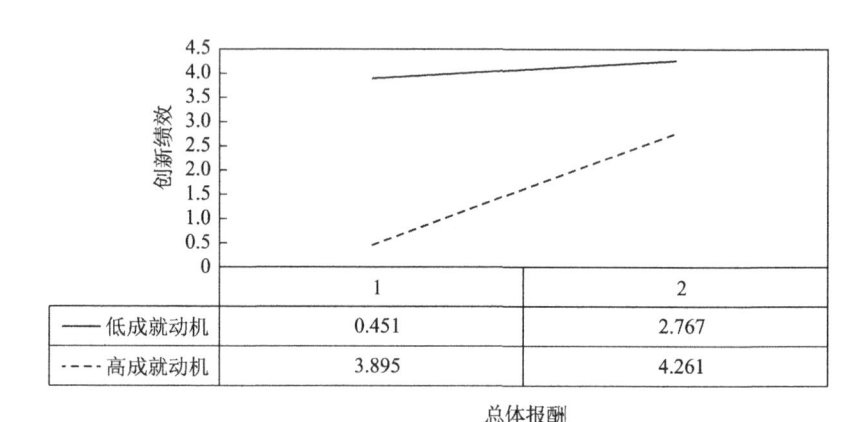

	1	2
—— 低成就动机	0.451	2.767
---- 高成就动机	3.895	4.261

总体报酬

图 7.6 总体报酬与成就动机在员工创新绩效的交互效应

7.5.5 成就动机对工作特征与员工创新绩效的调节效应效果

根据 SPSS21.0 的分析结果，工作特征对员工创新绩效的回归方程如下：

$$Y = 1.490 + 0.021X \quad 低成就动机 \quad (7.18)$$

$$Y = 2.504 + 0.015X \quad (7.19)$$

$$Y = 2.557 + 0.017X \quad 高成就动机 \quad (7.20)$$

工作特征的最低值是 1，最高值是 125，根据工作特征的取值，工作特征与成就动机在员工创新绩效的交互效应如图 7.7 所示。

第7章 成就动机的调节效应分析

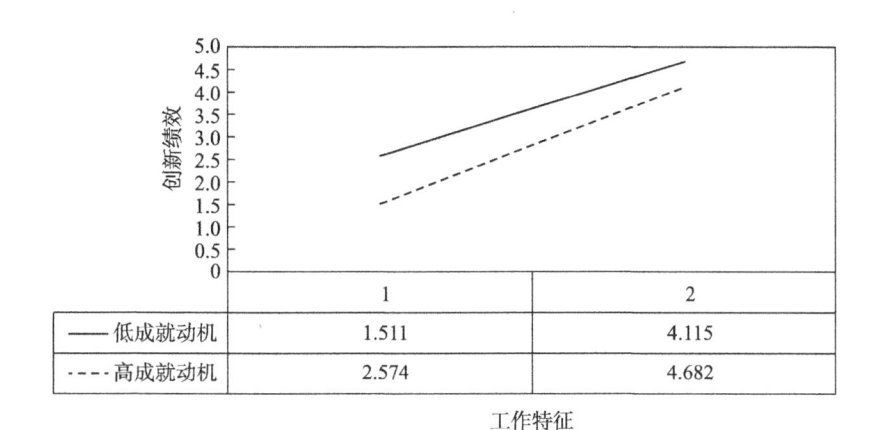

	1	2
—— 低成就动机	1.511	4.115
---- 高成就动机	2.574	4.682

工作特征

图 7.7 工作特征与员工成就动机在创新绩效的交互效应

7.6 成就动机作用下的结构方程模型检验

上述研究已经证明了成就动机的调节作用，并且从单自变量分析了结构路径和调节效应，没有分析双自变量的结构路径，因此本节将进行多群组高成就动机和低成就动机下的结构方程模型的路径分析。成就动机的分组是基于成就动机的均值加减一个标准差而分为高成就动机组和低成就动机组。

7.6.1 低成就动机组的结构方程模型检验

借鉴图 6.4 理论模型的结构方程模型修正图，本研究用 AMOS21.0 软件对低成就动机组下结构方程修正模型进行检验，检验的结果如图 7.8 和表 7.15 所示。

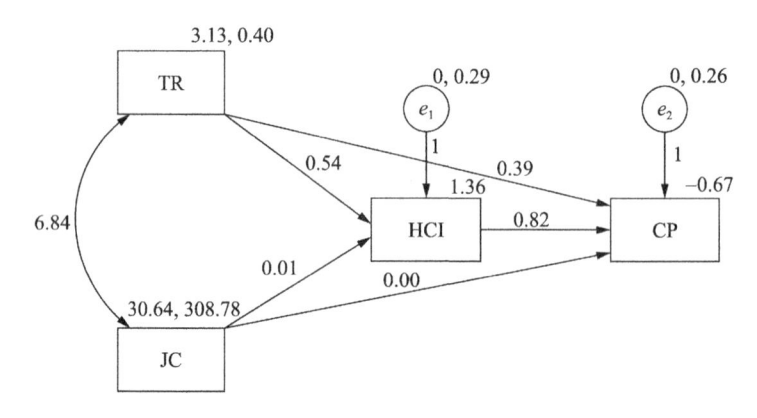

图 7.8 低成就动机组下结构方程模型路径

表 7.15 低成就动机组下结构方程模型检验的参数估计

			Estimate	S. E.	C. R.	P	Label
HCI	<---	TR	0.543	0.101	5.398	***	L1
HCI	<---	JC	0.007	0.004	1.812	0.070	L3
CP	<---	TR	0.393	0.106	3.708	***	L2
CP	<---	JC	−0.003	0.003	−0.874	0.382	L4
CP	<---	HCI	0.817	0.088	9.315	***	L5

注：$N=1151$。
*** 在 0.01 水平（双侧）上显著相关。

从表 7.15 的参数估计值和图 7.8 可以看出，除了工作特征对员工创新绩效的直接效应不显著外，其他路径都显著。

7.6.2 高成就动机组的结构方程模型检验

同理，本研究用 AMOS21.0 软件对高成就动机组下结构方程修正模型进行检验，检验的结果如图 7.9 和表 7.16 所示。

第7章 成就动机的调节效应分析

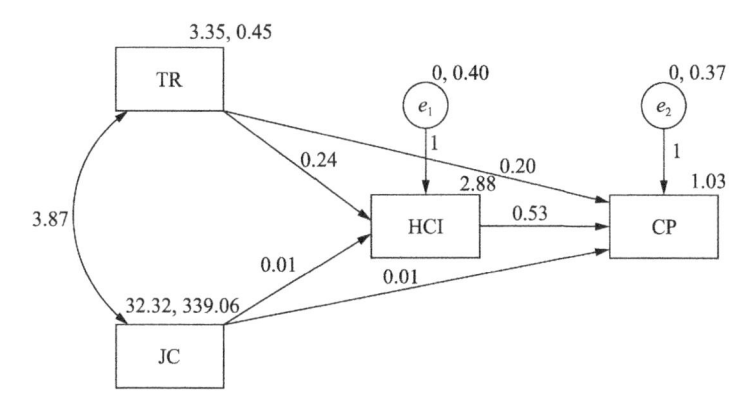

图7.9 高成就动机组下结构方程模型路径

表7.16 高成就动机组下结构方程模型检验的参数估计

			Estimate	S. E.	C. R.	P	Label
HCI	<---	TR	0.245	0.076	3.219	0.001	W1
HCI	<---	JC	0.008	0.003	3.009	0.003	W3
CP	<---	TR	0.200	0.076	2.643	0.008	W2
CP	<---	JC	0.007	0.003	2.703	0.007	W4
CP	<---	HCI	0.534	0.074	7.206	***	W5

注：$N=1151$。

*** 在0.01水平（双侧）上显著相关。

从表7.16的参数估计值和图7.9可以看出，高成就动机组下结构方程模型的所有路径系数都显著。

根据表7.15和表7.16估计参数的对比分析，具有最显著的差异就是工作特征对员工创新绩效的影响从低成就动机组的不显著转变为高成就动机组下的显著，具体两个群组的相应路径系数是否视为等同取决于参数间的临界比值，如果临界比值的绝对值小于1.96，表示两个群组的相应参数可视为相等，相反，如果临界比值的绝对值大于1.96，表示两个群组的相应参数可视为具有显著差异。根据高低成就动机下，AMOS21.0软件分析的参数间差异的临界比值表见表7.17。

表7.17 高低成就动机下参数间差异的临界比值表

	W1	W2	W3	W4	W5	L1	L2	L3	L4	L5
W1	0									
W2	-0.419	0								
W3	-3.073	-2.531	0							
W4	-3.12	-2.521	-0.236	0						
W5	2.724	2.836	7.089	7.043	0					
L1	2.366	2.729	5.313	5.322	0.074	0				
L2	1.138	1.485	3.628	3.636	-1.088	-1.026	0			
L3	-3.129	-2.553	-0.385	-0.185	-7.109	-5.215	-3.644	0		
L4	-3.256	-2.681	-2.562	-2.364	-7.239	-5.425	-3.679	-1.915	0	
L5	4.932	5.333	9.215	9.226	2.468	2.054	2.567	9.232	9.281	0

根据表7.15所示,高低成就动机下相同参数的临界比值中,总体报酬对人力资本投资的临界比值为2.366,工作特征对员工创新绩效的临界比值为-2.364,人力资本投资对员工创新绩效的临界比值为2.468,三个参数临界比值的绝对值都大于1.96,说明在不同动机下这三个参数具有显著差异,说明成就动机在结构方程模型中具有显著的调节作用。

7.7 小结

综上所述,本书构建的理论模型是有调节的中介模型。调节变量不仅直接调节总体报酬与员工创新绩效的关系,而且间接调节总体报酬与员工创新绩效的关系,并且调节其前后路径;成就动机没有直接调节工作特征与员工创新绩效的关系,而是间接调节工作特征与员工创新绩效的关系,并且调节其前后路径。

对有调节的中介模型进行检验:首先,通过层次检验法,分别验证了成就动机对总体报酬(工作特征)、人力资本投资与员工创新绩效的关系是有调节的中介模型,并且验证了成就动机对总体报酬和工作特征、人力资本投资与员工创新绩效的关系是有调节的中介模型;其次,有调节的路径分析和有调节的中介效应值进一步佐证了理论模型是有调节的中介模型;最后,根据成就动机进行样本数据分组,根据自变量的极值绘制了五种路径的调节效应图,并且通过构建结构方程模型再一次证明了成就动机的调节效应。

结合第5章和第6章,在三个不同的结构方程模型中,工作特征的解释作用都大于总体报酬,而且从表7.15和表7.16的对比可以发现,工作特征由低成就动机的不显著转变为高成就动机的显著,因此为了提高员工创新绩效,企业不仅要重视总体报酬和工作特征,而且要重视对员工成就动机的引导,提高员工的成就动机水平。

第8章 多群组分析

多群组分析的目的在于探究适配于某一群体的路径模型图相对应的参数是否也适配于其他群体，主要是分析控制变量的不同总体之间是否具有等同性。为了验证控制变量选择的科学性，本书分别从个人特征和企业特征两方面抽取两个控制变量。个人特征主要选取户籍和教育水平，企业特征主要选取企业所有制类型和企业的行业地位。

8.1 个人特征的多群组分析

户籍和教育水平是本研究选取进行分析的个人特征，户籍主要分为城市户口和农村户口，不同户籍的人可能对于企业的归属感不一样，可能会导致组织管理活动和组织激励出现显著差异。接下来进行多群组路径对比分析，看不同群体的参数是等同的还是具有显著的差异。

8.1.1 基于户籍的多群组分析

户籍特征在中国是员工最主要的个人特征，不仅影响员工的工作选择，而且影响员工在城市当中的各种福利待遇，通过影响员工的归属感，进而影响员工对企业和工作的态度，因此本研究从户籍特征进行分析。借鉴图6.4的结构方程模型修正图，本研究用AMOS21.0软件对农村户口下结构方程修正模型进行检验，检验的结果见表8.1。

表8.1 农村户口下结构方程模型的参数估计

			Estimate	S.E.	C.R.	P	Label
HCI	<---	TR	0.401	0.045	8.972	***	CW1
HCI	<---	JC	0.012	0.002	8.076	***	CW3
CP	<---	TR	0.087	0.051	1.730	0.084	CW2
CP	<---	JC	0.001	0.002	0.770	0.442	CW4
CP	<---	HCI	0.808	0.047	17.224	***	CW5

注：$N=1151$。
*** 在0.01水平（双侧）上显著相关。

根据表8.1的参数和结构方程修正模型，利用AMOS21.0软件对样本数据进行分析，绘制农村户口下的结构方程模型路径，如图8.1所示。

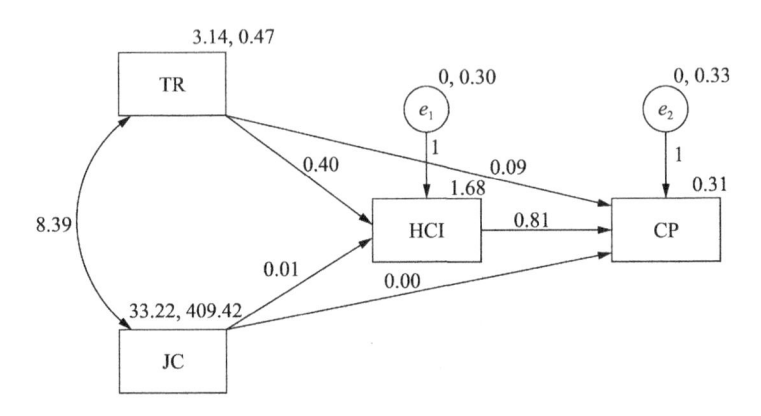

图8.1 农村户口下结构方程模型路径

从表8.1的参数估计值和图8.1可以看出，除了工作特征对员工创新绩效的直接效应不显著外，农村户口下的其他路径都显著。

同理，本研究利用 AMOS21.0 软件对城市户口下结构方程修正模型进行检验，检验的结果见表 8.2。

表 8.2 城市户口下结构方程模型的参数估计

			Estimate	S.E.	C.R.	P	Label
HCI	<---	TR	0.364	0.046	7.910	***	W1
HCI	<---	JC	0.006	0.001	3.911	***	W3
CP	<---	TR	0.145	0.048	3.001	0.003	W2
CP	<---	JC	0.000	0.001	-0.023	0.982	W4
CP	<---	HCI	0.765	0.040	19.335	***	W5

注：$N=1151$。

*** 在 0.01 水平（双侧）上显著相关。

根据表 8.2 的参数和结构方程修正模型，利用 AMOS21.0 软件对样本数据进行分析，绘制城市户口下的结构方程模型路径，如图 8.2 所示。

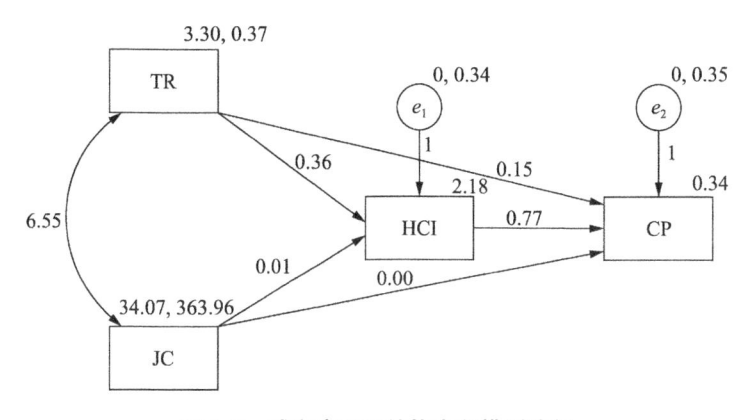

图 8.2 城市户口下结构方程模型路径

从表 8.2 的参数估计值和图 8.2 可以看出，除了工作特征对员工创新绩效的直接效应不显著外，城市户口下的其他路径都显著。根据表 8.1 和表 8.2 估计参数的对比分析，农村户口和城市户口下的结构方程模型的路径差异不大，但具体两个群组的相应路径系数是否视为等同取决于参数间的临界比值。根据户籍不同,利用 AMOS21.0 软件分析的参数间差异的临界比值表见表 8.3。

根据表 8.3 所示,不同户籍下相同参数的临界比值中,总体报酬对员工创新绩效的临界比值为 3.08,大于 1.96,其他参数的临界值比值都小于 1.96,说明在不同户籍下这个参数具有显著差异。农民工来城市进行工作的目的就是获得更高的收入,再加上城市对农民工落户的限制,使得农民工更加重视总体报酬,因此相比城市户口的劳动者,农民工基于总体报酬对员工创新绩效的影响作用更大,说明户籍在结构方程模型中具有一定的调节作用。

8.1.2 基于员工教育水平的多群组分析

教育水平决定了员工的人力资本积累水平,不同教育水平的人可能会选择不同的工作,会要求不同的薪酬水平,并且教育水平会促使农村户籍的员工向城市户籍转变,对员工的影响比较大。本研究把教育水平分为三类:高中及以下(低学历),大专、本科教育(中等学历),硕士或博士研究生教育(高等学历)。本研究借鉴图 6.4 的结构方程模型修正图,用 AMOS21.0 软件对低学历的结构方程修正模型进行检验,检验的结果见表 8.4。

根据表 8.4 的参数和结构方程修正模型,利用 AMOS21.0 软件对样本数据进行分析,绘制低学历的结构方程模型路径,如图 8.3 所示。

第8章 多群组分析

表8.3 不同户籍下参数间差异的临界比值表

	W1	W2	W3	W4	W5	CW1	CW2	CW3	CW4	CW5
W1	0									
W2	-3.267	0								
W3	-7.645	-2.882	0							
W4	-7.906	-2.957	-2.757	0						
W5	6.619	8.718	19.178	19.213	0					
CW1	0.576	3.872	8.839	8.968	-6.112	0				
CW2	-4.041	-0.828	1.616	1.730	-10.555	-4.641	0			
CW3	-7.640	-2.748	3.080	5.766	-19.013	-8.521	-1.488	0		
CW4	-7.876	-2.973	-1.980	0.592	-19.285	-8.937	-1.681	-4.812	0	
CW5	6.768	9.826	17.094	17.216	0.701	6.295	8.925	16.956	16.980	0

171

表8.4 低学历的结构方程模型的参数估计

			Estimate	S. E.	C. R.	P	Label
HCI	<---	TR	0.367	0.081	4.540	***	W1
HCI	<---	JC	0.016	0.003	5.742	***	W3
CP	<---	HCI	0.825	0.078	10.562	***	W2
CP	<---	TR	0.020	0.093	0.219	0.827	W4
CP	<---	JC	0.003	0.003	1.068	0.285	W5

注：$N=1151$。

*** 在0.01水平（双侧）上显著相关。

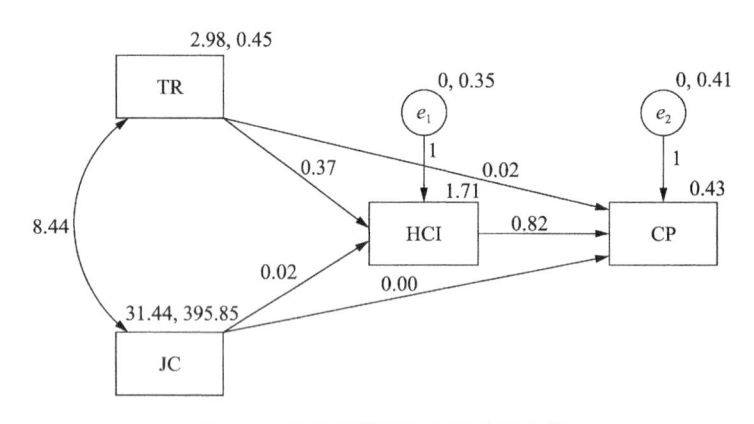

图8.3 低学历下结构方程模型路径

从表8.4的参数估计值和图8.3可以看出，除了总体报酬和工作特征对员工创新绩效的直接效应不显著外，低学历的其他路径都显著。因为低学历员工的薪酬水平本身就低，他们处于生存线上，只有在货币报酬达到一定的程度，才能顾及非货币报酬的激励作用；并且企业可能认为员工的知识、技能水平不高，因此给予分配的工作可能比较简单或者是纯体力劳动，谈不上工作设计，因此相应的影响路径不显著。

同理，本研究用AMOS21.0软件对大专、本科学历的结构方程修正模型进行检验，检验的结果见表8.5。

表 8.5 中等学历的结构方程模型的参数估计

			Estimate	S. E.	C. R.	P	Label
HCI	<---	TR	0.393	0.037	10.530	***	DW1
HCI	<---	JC	0.007	0.001	6.060	***	DW3
CP	<---	HCI	0.768	0.034	22.809	***	DW2
CP	<---	TR	0.141	0.039	3.591	***	DW4
CP	<---	JC	0.001	0.001	0.468	0.640	DW5

注：$N=1151$。

*** 在 0.01 水平（双侧）上显著相关。

根据表 8.5 的参数和结构方程修正模型，利用 AMOS21.0 软件对样本数据进行分析，绘制中等学历下的结构方程模型路径，如图 8.4 所示。

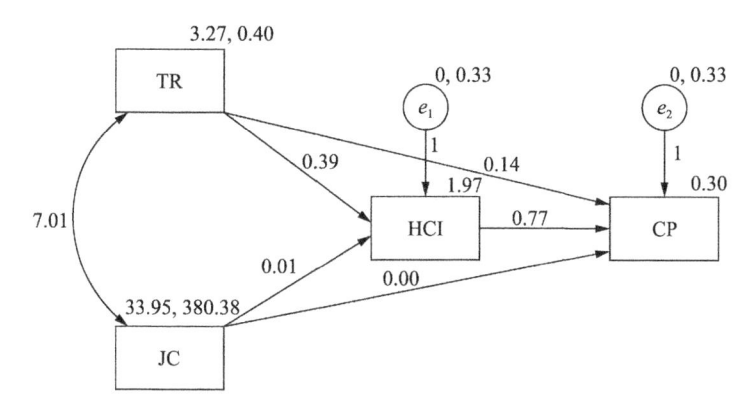

图 8.4 中等学历下结构方程模型路径

从表 8.5 的参数估计值和图 8.4 可以看出，除了工作特征对员工创新绩效的直接效应不显著外，中等学历的其他路径都显著。说明中等学历的员工受到外部报酬的激励，但是内部报酬的激励还不明显，有可能是大材小用使得工作对员工没有吸引力，也有可能是企业和员工都没有意识到工作本身对员工的激励作用。

同理，本研究用 AMOS21.0 软件对硕士、博士研究生学位的结构方程修正模型进行检验，检验的结果见表 8.6。

表8.6 高学历的结构方程模型参数估计

			Estimate	S. E.	C. R.	P	Label
HCI	<---	TR	0.497	0.133	3.745	***	SW1
HCI	<---	JC	0.003	0.004	0.695	0.487	SW3
CP	<---	HCI	0.839	0.109	7.677	***	SW2
CP	<---	TR	0.222	0.141	1.580	0.114	SW4
CP	<---	JC	−0.007	0.004	−1.839	0.066	SW5

注：$N=1151$。
*** 在0.01水平（双侧）上显著相关。

同理，绘制高等学历的结构方程模型路径，如图8.5所示。

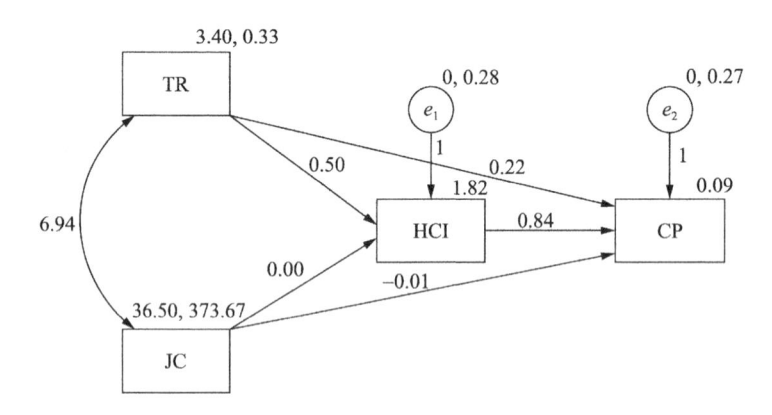

图8.5 高学历下结构方程模型路径

从表8.6的参数估计值和图8.5可以看出，除了工作特征对人力资本投资和总体报酬对员工创新绩效的直接效应不显著外，高等学历的其他路径都显著。高等学历的员工已经拥有很高的薪酬水平，并且有完成高智力工作相应的知识、技能，因此可能认为学历已经很高，不再需要进行人力资本投资，或者他们在企业中获得优待，弱化了总体报酬对员工的激励作用。

根据表8.4、表8.5和表8.6估计参数的对比分析，低学历下总体报酬和工作特征对员工创新绩效影响不显著；中等学历下工作特征对员工创新绩效影响不显著；高等学历下总体报酬对员工创新绩效影响不显著，工作特征对人力资本投资影响也不显著。不同学历下结构方程模型的路径差异显著，但差异是否影响相应参数的等同性、具体两个群组的相应路径系数是否视为等同，取决于参数间的临界比值。根据学历不同，利用AMOS21.0软件分析的参数间差异的临界比值见附录9。

根据附录9所示，不同学历下相同参数的临界比值中，高等学历和中等学历临界比值的绝对值都小于1.96，它们的参数视为等同；低学历和中等学历相应的参数临界比值中，只有人力资本投资对员工创新绩效影响的临界比值为-2.793，绝对值大于1.96，它们的参数差异显著，不能等同，其他的参数视为等同；低学历和高等学历相应的参数临界比值中，工作特征和人力资本投资对员工创新绩效影响的临界比值分别为-2.706和-2.096，绝对值大于1.96，它们的参数差异显著，不能等同，其他的参数视为等同；说明学历水平在结构方程模型中具有显著的调节作用。

8.2 企业特征的多群组分析

企业的所有制性质和企业的行业地位是本研究选取的企业特征，企业的所有制性质不同，企业员工对创新的观念意识不同，普遍地认为国有企业的员工有能力没有动力，民营企业有动力没有能力，外商投资企业在中国的创新更大程度上取决于母公司在母国的创新，因此分析不同所有制企业的多群组路径分析，观察不同群体的参数是否相同。

8.2.1 基于不同所有制的多群组分析

企业的所有制类型是基于企业产权的归属不同，主要分为国有企业、民营企业和外商投资企业三种类型，不同企业的优劣势不同，很多情况存在优势互补，因此国有企业深化改革的主要方向是进行混合所有制改革，就是要发挥不同所有制企业的优势，把中国的企业做大做强。本研究借鉴图6.4的结构方程模型修正图，用AMOS21.0软件对国有企业的结构方程修正模型进行检验，检验的结果见表8.7。

表8.7 国有企业的结构方程模型参数估计

			Estimate	S. E.	C. R.	P	Label
HCI	<---	TR	0.280	0.058	4.808	***	W4
HCI	<---	JC	0.011	0.002	5.307	***	W5
CP	<---	TR	0.084	0.056	1.498	0.134	W1
CP	<---	HCI	0.744	0.048	15.591	***	W2
CP	<---	JC	0.003	0.002	1.539	0.124	W3

注：$N=1151$。
*** 在0.01水平（双侧）上显著相关。

根据表8.7的估计参数和结构方程修正模型，利用AMOS21.0软件对样本数据进行分析，绘制国有企业的结构方程模型路径，如图8.6所示。

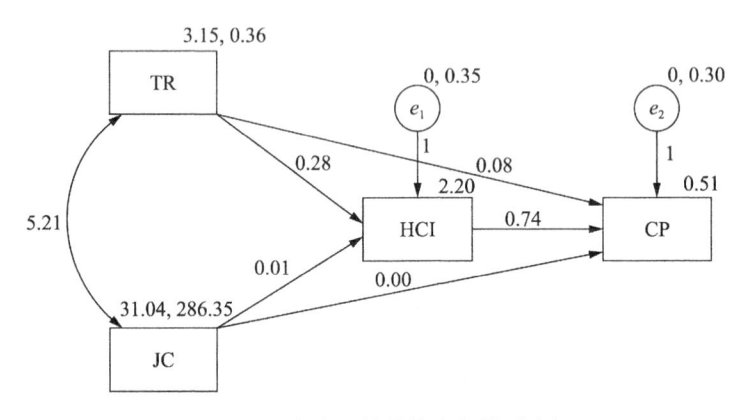

图8.6 国有企业的结构方程模型路径

从表8.7的参数估计值和图8.6可以看出，除了总体报酬和工作特征对员工创新绩效的直接效应不显著外，国有企业的其他路径都显著。说明国有企业不重视创新，对员工欠缺创新目标和创新要求，进一步验证了国有企业有能力没有动力的论点；还有一种可能是总体报酬和工作特征的设计不能满足员工对内外在报酬的需求。

同理，本研究用AMOS21.0软件对民营企业结构方程修正模型进行检验，检验的结果见表8.8。

表8.8 民营企业结构方程模型的参数估计

			Estimate	S. E.	C. R.	P	Label
HCI	<---	TR	0.497	0.041	12.034	***	MW4
HCI	<---	JC	0.008	0.001	5.808	***	MW5
CP	<---	TR	0.169	0.036	4.699	***	MW1
CP	<---	HCI	0.649	0.031	20.973	***	MW2
CP	<---	JC	0.004	0.001	3.335	***	MW3

注：$N=1151$。
*** 在0.01水平（双侧）上显著相关。

根据表8.8的参数和结构方程修正模型，利用AMOS21.0软件对样本数据进行分析，绘制民营企业的结构方程模型路径，如图8.7所示。

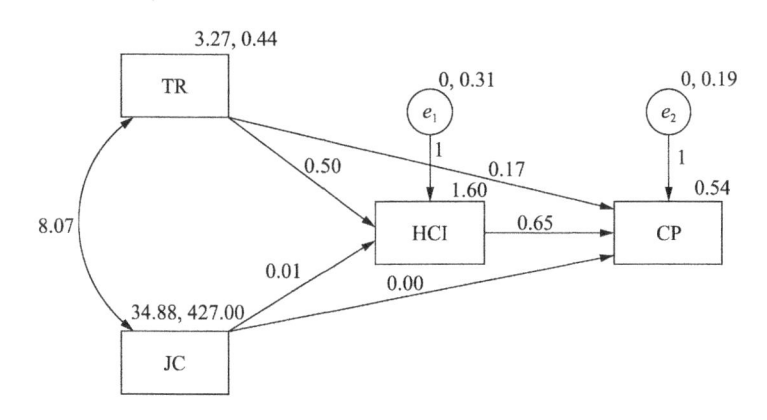

图8.7 民营企业结构方程模型路径

从表8.8的参数估计值和图8.7可以看出，民营企业的所有路径系数都显著，说明民营企业为了获得持续的竞争优势，有强烈的追求创新目标和创新要求意愿，不仅重视总体报酬对员工的激励，而且重视工作特征对员工的激励，在增强员工创新动力的同时，也加强了对员工创新能力的投资，促使员工创新绩效的提高。

同理，本研究用 AMOS21.0 软件对外商投资企业结构方程修正模型进行检验，检验的结果见表8.8。

表8.9 外商投资企业结构方程模型的参数估计

			Estimate	S. E.	C. R.	P	Label
HCI	<---	TR	0.341	0.108	3.145	0.002	FW4
HCI	<---	JC	0.004	0.004	1.171	0.242	FW5
CP	<---	TR	0.217	0.083	2.604	0.009	FW1
CP	<---	HCI	0.639	0.066	9.725	***	FW2
CP	<---	JC	0.000	0.003	−0.041	0.967	FW3

注：$N=1151$。

*** 在 0.01 水平（双侧）上显著相关。

根据表8.9的参数和结构方程修正模型，利用 AMOS21.0 软件对样本数据进行分析，绘制外商投资企业的结构方程模型路径，如图8.8所示。

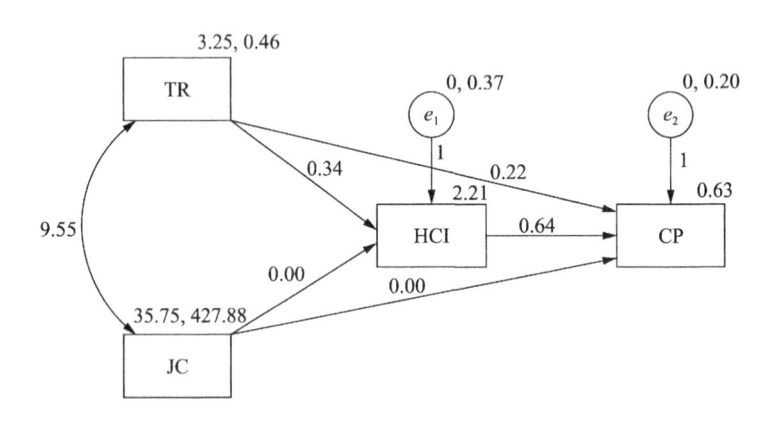

图8.8 民营企业结构方程模型路径

从表8.9的参数估计值和图8.8可以看出，外商投资企业重视总体报酬对员工的激励，不重视工作特征设计对员工的激励，即工作特征对人力资本投资和员工创新绩效都不显著。工作特征作用没有发挥很有可能是外商投资企业在中国不具有调整工作设计的权力，是以母国设计的工作直接移植，不一定适合中国的实际情况。

根据表8.7、表8.8和表8.9估计参数的对比分析，不同所有制企业都认为人力资本投资能够促进员工创新绩效的提高，但是在工作特征和总体报酬对员工创新绩效的影响差异较大，具体两个群组的相应路径系数是否视为等同取决于参数间的临界比值。根据不同所有制企业，利用AMOS21.0软件分析的参数间差异的临界比值见附录11。

根据附录11，不同所有制企业相同参数的临界比值中，国有企业和民营企业的总体报酬对员工创新绩效的临界比值为3.04，大于1.96，说明在不同所有制企业这个参数具有显著差异，其他参数的临界值比值都小于1.96，说明不同所有制企业在结构方程模型中具有一定的调节作用。

8.2.2 基于不同行业地位的多群组分析

企业的行业地位不同对创新的期望不一样，可能采取的组织激励措施和相应的管理活动也不一样，会对员工的创新绩效产生不同的影响。根据行业地位不同，企业主要分为领先型、中等匹配型和拖后型三种类型。本研究借鉴图6.4理论模型的结构方程模型修正图，用AMOS21.0软件对不同行业地位企业的结构方程修正模型进行检验，检验的结果见表8.10。

表8.10 领先型企业的结构方程模型参数估计

			Estimate	S.E.	C.R.	P	Label
HCI	<---	TR	0.537	0.053	10.149	***	XW1
HCI	<---	JC	0.004	0.002	2.608	0.009	XW2
CP	<---	TR	0.128	0.056	2.279	0.023	XW3
CP	<---	JC	-0.001	0.002	-0.782	0.434	XW4
CP	<---	HCI	0.822	0.046	18.016	***	XW5

注：$N=1151$。

*** 在0.01水平（双侧）上显著相关。

根据表8.10的估计参数和结构方程修正模型，利用AMOS21.0软件对样本数据进行分析，绘制领先型企业的结构方程模型路径，如图8.9所示。

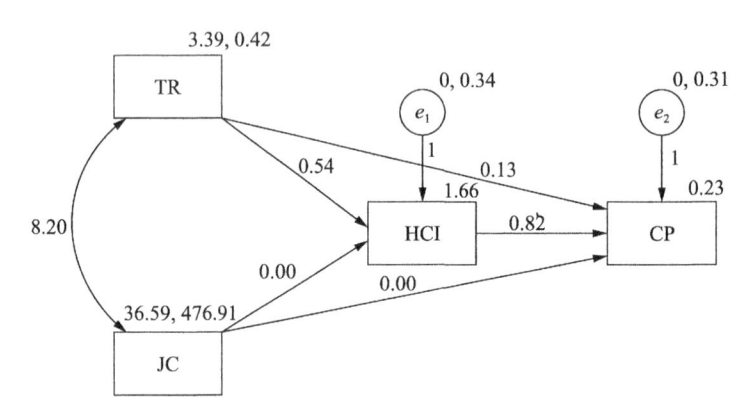

图8.9 领先型企业的结构方程模型路径

从表8.10的参数估计值和图8.9可以看出，除了工作特征对员工创新绩效的直接效应不显著外，领先型企业的其他路径都显著。说明领先型企业在总体报酬和人力资本投资方面比较满意，能够促进员工创新绩效，虽然工作特征对员工创新绩效不显著，但工作特征对人力资本投资具有显著的影响效应，因此领先型企业在重视总体报酬和人力资本投资的同时，要进一步加大基于工作特征的工作设计，促进员工的内在动机是员工进行创新的最基本影响因素。

同理，本研究用AMOS21.0软件对中等匹配型企业结构方程修正模型进行检验，检验的结果见表8.11。

表8.11 中等匹配型企业结构方程模型的参数估计

			Estimate	S.E.	C.R.	P	Label
HCI	<---	TR	0.307	0.044	7.000	***	ZW1
HCI	<---	JC	0.011	0.002	7.364	***	ZW2
CP	<---	TR	0.125	0.048	2.633	0.008	ZW3

续表

			Estimate	S. E.	C. R.	P	Label
CP	<---	JC	0.002	0.002	0.947	0.344	ZW4
CP	<---	HCI	0.746	0.042	17.926	***	ZW5

注：$N=1151$。

*** 在0.01水平（双侧）上显著相关。

根据表8.11的参数和结构方程修正模型，利用AMOS21.0软件对样本数据进行分析，绘制中等匹配型企业的结构方程模型路径，如图8.10所示。

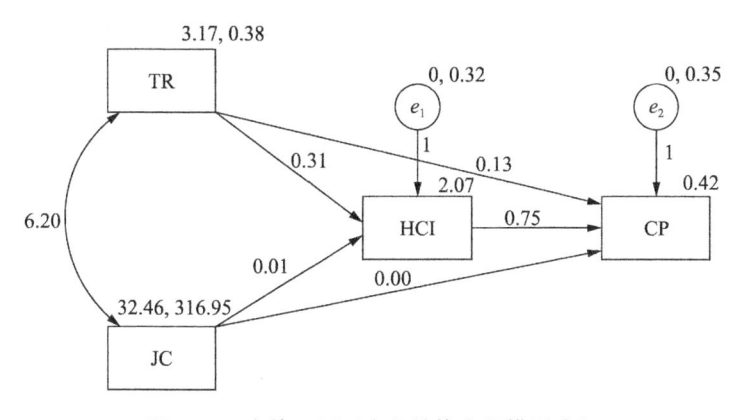

图8.10 中等匹配型企业结构方程模型路径

从表8.11的参数估计值和图8.10可以看出，中等匹配型企业和领先型企业一样，除了工作特征对员工创新绩效不显著外，其他路径都显著，说明中等匹配型企业在重视总体报酬和人力资本投资的基础上，也需要进一步加强基于工作特征的工作设计对员工创新绩效的影响。

同理，本研究用AMOS21.0软件对拖后型企业结构方程修正模型进行检验，检验的结果见表8.12。

表 8.12 拖后型企业结构方程模型的参数估计

			Estimate	S. E.	C. R.	P	Label
HCI	<---	TR	−0.049	0.122	−0.398	0.691	TW1
HCI	<---	JC	0.020	0.004	4.828	***	TW2
CP	<---	TR	−0.185	0.147	−1.257	0.209	TW3
CP	<---	JC	0.015	0.006	2.518	0.012	TW4
CP	<---	HCI	0.660	0.137	4.825	***	TW5

注：N=1151。

*** 在 0.01 水平（双侧）上显著相关。

根据表 8.12 的参数和结构方程修正模型，利用 AMOS21.0 软件对样本数据进行分析，绘制拖后型企业的结构方程模型路径，如图 8.11 所示。

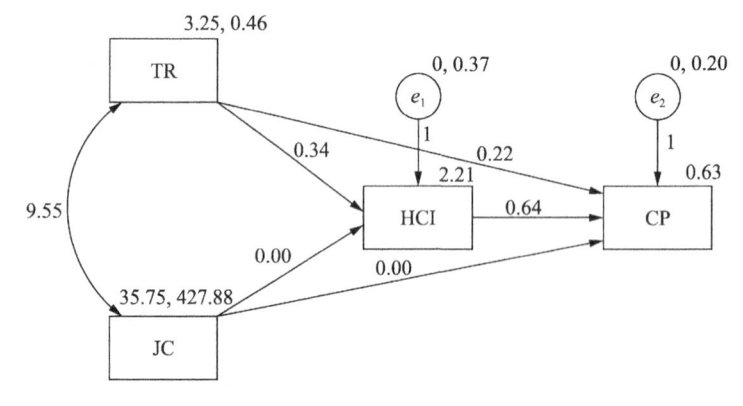

图 8.11 拖后型企业结构方程模型路径

从表 8.12 的参数估计值和图 8.11 可以看出，拖后型企业由于自己的行业地位，导致企业多处在生存线上下，没有足够的财务实力增加对员工的总体报酬，企业和员工也没有足够的收入进行人力资本投资，从而影响员工创新绩效的提高。

根据表 8.10、表 8.11 和表 8.12 估计参数的对比分析，不同行业地位企业采取的措施不一样，导致对员工创新绩效的影响路径不一样，在工作特征和总体报酬对员工创新绩效的影响差异较大，具体两个群组的相应路径系数是否视为等同取决于参数间的临界比值。根据不同行业地位的企业，利用AMOS21.0软件分析的参数间差异的临界比值见附录12。

根据附录12，不同行业地位企业相同参数的临界比值中，除了三种地位企业认为人力资本投资对员工创新绩效的影响，领先型企业和中等匹配型企业认为总体报酬和工作特征对员工创新绩效的影响外，其他所有的12个参数的临界值的绝对值都大于1.96，说明在不同行业地位企业大多数参数具有显著差异，说明不同行业地位企业在结构方程模型中具有显著的调节作用。

8.3　小结

利用结构方程模型进行多群组对比分析，无论是从员工的个人特征——户籍和教育水平，还是从企业特征——所有制类型和行业地位，结构方程模型的路径系数都表现出差异，通过对不同群组相同参数的临界比值进行分析研究，员工的户籍特征和企业的所有制类型只有一个参数临界比值的绝对值大于1.96，其他的参数都视为等同，说明这两个控制变量对结构方程模型具有一定的调节效应；员工的教育水平和企业的行业地位具有多个参数临界比值的绝对值大于1.96，说明这两个控制变量对结构方程模型具有显著的调节效应。

第9章 研究结论与展望

前8章已经系统探讨了总体报酬、工作特征对员工创新绩效的影响，通过利用回归模型和结构方程模型分析和验证了总体报酬和工作特征对员工创新绩效影响的作用机制，并利用多群组对比分析控制变量对构建的理论模型的影响。本章概述其主要结论并进行讨论，进一步阐明理论贡献和实践应用，并说明本研究存在的局限和不足，以指导未来的研究方向。

9.1 研究结论与讨论

当前，中国处于经济转型、产业结构调整和企业转型升级的复杂多变的环境中，如何推动创新驱动的创新发展等新发展理念，是高质量发展、建设现代经济体系的重要支撑。

前人关于创新的研究主要是从创新扶持政策、创新投入、创新成果转化机制以及创新氛围的创建等形式主体外生的创新动力研究，本研究从如何促进实践主体内生的创新动力——研究如何有效提升员工的创新绩效，探讨实践主体创新绩效的驱动因素和影响机制。

报酬是员工激励的主要因子之一，本研究从人力资本投资的角度对报酬和员工创新绩效进行研究，构建了"总体报酬和工作特征—人力资本投资—员工创新绩效作用机制受成就动机调节"的理论模型。本研究提出了总体报酬和工作特征通过人力资本投资影响员工创新绩效以及作用机制受成就动机调节的假设，通过对26个省（自治区、直辖市）1151份样本数据的调查，运用SPSS21.0和AMOS21.0统计分析软件进行实证检验。结果表明，总体报酬和工作特征对人力资本投资和员工创新绩效具有显著的正向影响，人力资本投资对员工创新绩效具有显著的正向影响；总体报酬和工作特征通过促进人力资本投资对员工创新绩效产生重要影响，并且工作特征对人力资本投资、员工创新绩效影响的解释作用大于总体报酬，在人力资本投资的中介作用下，总体报酬被完全中介、工作特征被部分中介对员工创新绩效的影响；成就动机与人力资本投资的关系是有调节的中介关系；总体报酬和工作特征不同维度对人力资本投资各维度影响的路径不同，最终对员工创新绩效产生不同的影响。具体结论如下。

第一，探索适应中国情境的总体报酬模型。本书在美国薪酬协会的总体报酬模型基础上，借鉴国家自然科学基金的总体报酬量表进行调研，通过对样本数据进行统计分析检验，主成分正交旋转的结果是四个主成分因子，分别是薪酬、福利、绩效与工作生活平衡、认可与职业发展，比较适合中国的情景。绩效与认可维度分开研究进一步验证了美国薪酬协会第三阶段的总体报酬模型，但又不完全一样。

第二，总体报酬和工作特征不仅分别正向影响员工创新绩效，而且总体报酬和工作特征正向影响员工创新绩效，验证了假设1、假设2和假设8。总体报酬的薪酬维度和工作特征的任务重要性维度都与员工创新绩效呈U形的二次曲线，工作自主性维度与员工创新绩效被总体报酬广义中介，显著负向影响，对工作自主性与员工创新绩效的关系也被人力资

第9章 研究结论与展望

本投资广义中介（张山虎，杨俊青，2018）。

从总体报酬和工作特征对员工创新绩效的影响程度上看，相比总体报酬，工作特征对员工创新绩效影响的解释作用比较大，说明从员工激励的角度来看，在满足员工多样化需求、尊重员工、实现员工价值的总体报酬对员工创新绩效的同时，更要重视员工内在报酬工作特征的研究和设计。

从总体报酬四个因子对员工创新绩效多元回归分析的结果看，总体报酬的激励因子已经从传统的货币报酬（薪酬和福利）转变为非货币报酬（绩效与工作生活平衡和认可与职业发展），验证了假设1b、假设1c，假设1d，假设1a没有通过检验。

从工作特征五因子对员工创新绩效多元回归分析的结果看，专家学者比较认同的工作自主性和任务重要性对员工创新绩效的正向影响没有得到验证，经过其他变量的广义中介，工作自主性与员工创新绩效之间的关系是显著负相关，可能与我们国家和企业的创新激励政策缺失有关，验证了假设2a、假设2b、和2e，假设2c和假设2d没有通过检验。

从总体报酬四个因子和工作特征五个因子对员工创新绩效多元回归分析结果看，创新绩效的提高主要是受内在报酬工作特征中技能多样性和反馈性以及外在报酬总体报酬中绩效与工作生活平衡和认可与职业发展的影响，研究支持了绝大多数假设。

第三，总体报酬和工作特征不仅分别正向影响人力资本投资，而且总体报酬和工作特征正向影响人力资本投资，验证了假设3、假设4和假设9，相比总体报酬，工作特征对人力资本投资影响的解释作用比较大。总体报酬正向影响了人力资本投资，除了薪酬维度，其他三个维度都正向影响了人力资本投资，验证了假设3b、假设3c和假设3d，假设3a没有得到验证；工作特征正向影响了人力资本投资，除了任务重要性和工作自主性，工作特征的技能多样性、任务完整性和反馈性三个维度正向影响了人力资本投资，验证了假设4a、假设4b、假设4e，假设4c和假设

4d 没有得到验证。虽然薪酬维度、任务重要性、工作自主性和人力资本投资没有直接的线性关系，但是经过进一步验证它们与人力资本投资呈 U 形的二次曲线关系。

　　薪酬和工作自主性对人力资本投资各维度的影响有差异。薪酬和工作自主性显著正向影响创新性人力资本投资，工作自主性显著负向影响通用性人力资本投资，与专业人力资本投资没有关系。总体报酬除了薪酬对人力资本投资各维度的影响有差异外，福利、绩效与工作生活平衡和认可与职业发展都正向影响人力资本投资各维度；工作特征除了工作自主性对人力资本投资各维度的影响有差异外，其他四个维度没有差异，技能多样性、任务完整性和反馈性都正向影响人力资本投资各维度，任务重要性与人力资本投资各维度没有线性关系。

　　第四，人力资本投资及各维度都显著正向影响员工创新绩效，验证了假设 5，假设 5a、假设 5b、假设 5c。人力资本投资部分中介了工作特征，完全中介了总体报酬对员工创新绩效的影响，通用性人力资本投资、专用性人力资本投资和创新性人力资本投资部分中介了总体报酬和工作特征对员工创新绩效的影响，完全验证了假设 6a、假设 6b 和假设 6c，部分验证了假设 6。因为人力资本投资分维度和不分维度的影响有差异，因此我们结合实际分维度或者整合研究人力资本投资的中介作用。

　　从人力资本分维度研究总体报酬各维度和工作特征各维度对员工创新绩效的中介作用机制来看，通用性人力资本投资对工作特征的中介作用比较大，完全中介了任务完整性和工作自主性，部分中介了技能多样性和反馈性对员工创新绩效的影响；专用性人力资本投资对总体报酬的中介作用比较大，完全中介了绩效与工作生活平衡、认可与职业发展和任务完整性对员工创新绩效的影响；创新性人力资本投资完全中介了认可与职业发展和任务完整性对员工创新绩效的影响。因此我们要结合实际情况，整合和分维度研究总体报酬、工作特征、人力资本投资对员工创新绩效的影响。

第五，构建的理论模型是有调节的中介模型，成就动机不仅直接调节了总体报酬与员工创新绩效，而且间接调节了总体报酬与员工创新绩效，并且调节了其前后路径；成就动机虽然没有直接调节工作特征与员工创新绩效的关系，但是间接调节了工作特征与员工创新绩效的关系，并且调节了其前后路径。

对有调节的中介模型进行检验：首先，通过层次检验法，分别验证了成就动机对总体报酬（工作特征）、人力资本投资与员工创新绩效的关系是有调节的中介模型，并且验证了成就动机对总体报酬和工作特征、人力资本投资与员工创新绩效的关系是有调节的中介模型；其次，有调节的路径分析和有调节的中介效应值进一步佐证了理论模型是有调节的中介模型；最后，根据成就动机进行样本数据分组，进行多群组对比分析，不同成就动机水平下，结构方程模型参数的临界比值进行比较分析，验证了成就动机的调节作用，根据理论模型的5个路径，利用自变量的极值绘制了5组调节效应图，再一次证明了成就动机的调节效应。

9.2 理论贡献和实践应用

9.2.1 理论贡献

（1）探索适应中国情境的总体报酬模型和人力资本投资模型

首先，总体报酬模型是在西方情境下提出的，本研究在中国情境下对引入的总体报酬模型进行分析和验证，探索性因子分析经过主成分的正交旋转，由五个因子转变为四个因子，因子分析结果把绩效与认可的变量分为两部分，把绩效和工作与生活平衡划归为一个因子，把认可和发展与职业机会划归为一个因子，也比较符合中国的国情。在中国市场经济发展的初级阶段，中小微企业多数处于生存发展的边缘，企业对员工的绩效重视超过一切，因此员工在企业当中能不能实现工作与生活平衡，关键取决于有没有良好的绩效，没有好的绩效是不可能实现工作和生活的有效平衡；在中国，员工的发展很大一部分取决于员工的上级主管，因此只有获得上级主管的认可，员工才可能获得发展机会。基于实证检验进行修订，西方的五因子模型转变为适应中国情境的四因子模型。

其次，基于"钱学森之问"和"华为迷航"的创新缺失，以及引领未来的第四次工业革命、追求人工智能的主导地位，传统的人力资本投资很有可能不能满足企业和社会的需要，因此在张一驰教授开发量表的基础上，对量表进行补充和修订，增加了基于未来的人力资本投资的量表题项，在不考虑新增量表题项的情况下，主成分正交旋转为两因子模型，加了量表题项的主成分是三因子模型，并且通过了实证的信度和效度检验，增加了创新性人力资本投资维度❶，为下一步的人力资本投资分类提供了思路。

（2）构建了总体报酬和工作特征对员工创新绩效影响的理论模型

经过实证研究发现，基于外在报酬的总体报酬和基于内在报酬的工作特征，它们正向影响人力资本投资和员工创新绩，并且工作特征对它们的解释作用大于总体报酬。根据变量的相关系数，确定了人力资本投资的中介变量和成就动机的调节变量。

通过引入人力资本投资的中介变量，实证分析结果是在工作特征和总体报酬对员工创新绩效的影响过程中，人力资本投资完全中介了总体报酬对员工创新绩效的影响，部分中介了工作特征对员工创新绩效的影响，进一步揭示和验证了总体报酬、工作特征对员工创新绩效的作用机制。人力资本分维度的研究分两种情况：一种是人力资本分维度，通用性人力资本投资和专用性人力资本投资对总体报酬和工作特征对员工创新绩效的作用机制是一致的，创新性人力资本投资对总体报酬和工作特征对员工创新绩效的作用机制不一致；另一种是自变量和中介变量都分

---

❶本研究把基于未来的人力资本投资结构界定为创新性人力资本投资（或者结构性人力资本投资），有待商榷。

维度，通用性人力资本投资对工作特征的中介作用比较大，专用性人力资本投资对总体报酬的中介作用比较大，创新性人力资本完全中介认可与职业发展对员工创新绩效的影响。

在分析客观因素的基础上，引入调节变量主观因素成就动机，成就动机直接并且间接调节总体报酬对员工创新绩的影响；成就动机虽然没有直接，但是间接调节工作特征对员工创新绩效的影响。结合人力资本投资和成就动机，建立基于总体报酬和工作特征有调节的中介模型，总体报酬和工作特征与员工创新绩效影响的有调节的中介模型通过了实证检验，接下来通过结构方程模型的路径分析、中介效应值和调节效应图进一步佐证了成就动机的调节效应。

经过理论分析和实证检验，构建总体报酬和工作特征对员工创新绩效的理论模型可以作为未来研究的一个方向。

(3) 没有通过假设的子要素，几乎都与人力资本投资和员工创新绩效呈 U 形的二次曲线

总体报酬的薪酬维度和工作特征的任务重要性维度与员工创新绩效没有直接的线性关系，经过进一步验证，它们与员工创新绩效呈 U 形二次曲线关系；总体报酬的薪酬维度、工作特征的任务重要性维度和工作自主性维度与人力资本投资没有直接的线性关系，经过进一步验证，它们与人力资本投资呈 U 形二次曲线关系；尽管工作自主性与员工创新绩效没有直接的线性关系，经过进一步验证，在总体报酬或人力资本投资的广义中介作用下，工作自主性与员工创新绩效显著相关。

工作自主性与人力资本投资是 U 形二次曲线，与创新性人力资本投资是显著正相关，与专用性人力资本投资显著负相关；在广义中介作用下，与员工创新绩效显著负相关，说明工作自主性对人力资本投资和员工创新绩效的影响有显著差异，与大多数学者的研究结果不一致，与胡进梅和沈勇（2014）的结果有点类同。

9.2.2 实践应用

当前世界经济发展动力不足,尤其是中国经济发展进入新常态,与中国经济转型和产业升级相结合,唯有创新是引领中国发展的第一动力,我们必须在创新中寻找出路;"钱学森之问"和"华为迷航"说明了中国创新人才的缺失,创新动力不足,以及赫克曼人力资本投资不足的现实问题,这与中国新发展理念把创新发展作为五大发展理念之首是不匹配的。本研究从提高员工的创新能力和创新动力的报酬出发建立理论模型,经过实证检验为企业和员工提供指导。

(1) 指导企业优化设计总体报酬的薪酬管理实践

企业的薪酬战略和薪酬管理实践必须重视人的价值——以人为本,改变传统的"经济人"假设,以"社会人""自我实现人"和"复杂人"假设指导企业薪酬管理制度和政策的制定。总体报酬是在重视货币报酬的基础上重视非货币报酬对员工的激励效应。自我决定理论认为,不仅要重视外在激励和内在激励,而且要重视实现外在激励内在化,非货币报酬就是外在激励内在化的表现形式,企业可以尝试探寻形式多样的激励制度和政策,并不拘泥于总体报酬的具体模型。

针对薪酬维度与人力资本投资和员工创新绩效呈 U 形曲线,结合中国人力资本投资和物质资本投资的不均衡,使得企业不重视企业和员工的创新,缺乏对创新的有效宣传和引导,导致薪酬的影响比较滞后;创新的高投入、高风险和收益不确定性,使得员工的创新保留薪酬更高,因此薪酬对人力资本投资和员工创新绩效的作用还没有进入 U 形曲线上升的通道。

中国经济进入新常态,国家开始引导社会和企业、员工向创新驱动、创新发展迈进,通过正确的宣传和有效引导,设计和制定各种激励制度和政策促进国家、企业和员工逐步增加人力资本投资,推动创新动力的迸发;中国已经开始通过降低社保缴费的比例、降低所得税等途径,让企业可以通过增加报酬、增加福利和培训经费（可以税前扣除）变相增加员工的薪酬，实现薪酬维度对人力资本投资和员工创新绩效的正向影响。

（2）指导管理者进行工作设计和再设计，确保员工对工作的客观认知

传统的工作设计不能满足组织管理实践的需要，以工作丰富化为目的的工作再设计和工作塑造，充分考虑员工利益，有助于调动员工的积极性、主动性和创造性。

知识经济时代，基于工作特征模型的工作再设计不能仅采用自上而下的传统方式进行，而应该借鉴工作重塑和总体报酬的理念，让员工充分参与工作的设计和再设计，实现从员工角度自下而上和实现企业目的的自上而下相结合，有助于员工认可和接受工作，有效解决员工对工作的认知偏差，发挥工作本身的内在激励性。

企业从技能多样性、反馈性和任务完整性三个维度为主设计工作内容，并且通过宣传和工作说明书等方式保证员工客观认知工作本身，才能发挥工作再设计的激励作用。任务完整性可以被人力资本投资所有维度完全中介，一种情况是工作不具备任务完整性的特征；另一种情况是工作完整性所对应的激励力不足，或者员工对工作任务完整性的特性认知不足。

同理，任务重要性可以尝试从两个维度增加人力资本投资和提升员工创新绩效：一是企业对工作的界定，通过工作说明书和组织结构图、组织功能图让员工对自己工作的重要性有一个正确的认知；二是进行工作再设计，增加工作任务的重要性程度，促使员工把工作任务与企业的创新驱动和自己的发展相结合，否则，任务越重要，越有可能阻碍员工的创新。

（3）提高人力资本运营效率，引导员工进行人力资本投资

当前中国正处于经济转型、产业结构调整和企业转型升级的关键阶段，迫切需要依赖员工的人力资本质量、企业的人力资本运营效率、国家的人力资本水平（存量和结构）帮助企业实施创新驱动，但是现有的

人力资本水平和结构不能满足企业的需求，并且靠传统的人力资源的供给增加和提高人员努力程度也不足以支撑企业的人力资本需求。

无论是理论模型的路径分析，还是多群组对比路径分析，都证明了人力资本投资对员工创新绩效的正向影响，而且总体报酬（拖后型企业除外）和工作特征（外商投资企业和高学历员工除外）对人力资本投资的正向影响几乎全部得到支持。因此通过总体报酬和工作特征增强员工进行人力资本投资的意愿，解决劳动力供给质量不足和结构不匹配的局面，寻求新的人口红利（人力资源质量）是实现经济发展和企业转型的新动力源。

(4) 引导企业提高员工成就动机

创新和人力资本投资已经被验证了对于中国实施创新驱动，通过高质量发展建设现代经济体系的重要地位和作用，但是创新和人力资本投资都是需要发挥员工积极性、主动性和创造性，才能事半功倍，成就动机被证实是员工最重要的动机，对员工心理和行为的影响是最大的。

本研究的理论模型的路径系数模型已经验证了成就动机的调节作用，在低成就动机下工作特征对员工创新绩效的影响不显著，高成就动机下工作特征对员工创新绩效的影响由不显著变为显著。因此为了发挥内在动机对员工创新的驱动性，促使外在动机内在化，要不断提高员工的成就动机水平，从人力资源的数量和质量两个方面增加人力资本供给，提高员工的创新绩效，实现企业的转型升级。

9.3 研究展望

9.3.1 研究局限

本研究在实证分析结构方程模型的作用机制基础上得出了一些有意义的结论，但仍有部分局限性和需要改进的地方。

(1) 静态研究，非动态研究

本研究是一项横截面研究，难以反映理论模型中变量之间的动态影响过程。后续研究有必要采用追踪研究方法进行纵向对比研究，验证理论模型中相关变量之间作用机制的稳定性。

(2) 本研究对人力资本投资维度进行了扩展，合理性有待验证

人力资本对经济和创新的促进作用，不仅取决于人力资本和物质资本的结构性匹配，而且取决于人力资本内部结构匹配。针对当前人力资本分类，鲜有人力资本结构和未来人力资本的因子研究。本研究在现有成熟量表基础上补充未来人力资本结构投资的题项，主成分正交旋转成为一个因子，暂定为创新性人力资本投资。因此引出拓展人力资本投资的分类。首先，引入创新性人力资本投资是否必须在这种人力资本分类中拓展；其次，新的人力资本维度的名称是否合理。

9.3.2 未来展望

此外，本研究还可以从以下几方面进一步深化。

(1) 工作特征量表题项的补充

虽然工作特征量表是直接使用哈克曼和奥尔德姆的量表，但是由于单个维度题项只有3个，是信度分析的最低要求，导致测量维度信度系数偏低，因此为了保证量表的可靠性，可以增加部分题项，与其他量表的题项相近。

(2) 工作自主性分类研究

对工作自主性进行实证研究的结果与大多数学者的研究不一致，胡进梅和沈勇（2014）的研究证明了自主性划分的维度，对研究存在差异，而且它们的研究都是直接相关，但是本研究是间接相关，所以关于工作自主性有待进一步验证是否存在分类的对应性，对某一类因变量，它是直接相关；另外一类是间接相关。或者是对工作自主性进行分类，可以解决不同维度的作用不一致的问题。需要进一步验证。

(3) 调节变量选择员工的主观因素成就动机，而没有考虑具体的情境变量

本书是关于员工个体层面的分析，选择了员工的个人特征变量成就动机，没有考虑员工的心理和行为也会受到情景因素的影响，因此进一步的研究可以考虑引入组织的情境变量，如创新氛围、管理者的领导风格等。

参考文献

白贵玉,罗润东,2016.知识型员工福利激励与创新绩效关系研究[J].山东社会科学,(5):175-179.

彼得·德鲁克,2009.创新与企业家精神[M].蔡文燕,译.北京:机械工业出版社.

蔡昉,2016.新常态供给侧结构性改革——一个经济学家的思考和建议[M].中国社会科学出版社:229-230.

陈春花,2016.激活个体:互联时代的组织管理新范式[M].北京:机械工业出版社:56.

陈维涛,王永进,毛劲松,2014.出口技术复杂度、劳动力市场分割与中国的人力资本投资[J].管理世界,(2):6-20.

陈晓红,赵可,陈建二,2009.员工冲突管理行为对工作满意度和创新绩效影响的实证研究[J].系统管理学报,18(2):211-215.

陈迅,张艳云,2008.中国城乡居民收入变动与人力资本投资相互关系的实证研究[J].科技管理研究,28(7):183-186.

陈云云,方芳,张一弛,2009.高绩效HRM与员工绩效的关系:人力资本投资的作用[J].经济科学,(5):117-128.

程德俊,赵曙明,2006.高参与工作系统与企业绩效:人力资本专用性和环境动态性的影响[J].管理世界,(3):86-93.

德鲁克,1989.创新和企业家精神[M].北京:企业管理出版社.

狄昂照,等,1992.国际竞争力[M].北京:改革出版社,12.

丁桂凤,2005.员工自我调节学习影响因素之研究[J].心理科学,28(5):1077-1081.

丁宁宁,孙锐,2015.人力资源实践构型和创新绩效的关系研究:基于业务单元层的双重中介作用[J].山东大学学报(哲学社会科学版),(1):81-90.

范如国,李星,2011.三峡库区移民人力资本因素与劳动报酬收入关系的实证研究[J].技术经济,30(2):81-87.

顾建平,王相云,2014.绩效薪酬、创新自我效能感与创新行为关系研究——基于江苏高新技术企业研发人员的实证分析[J].科技管理研究,34(16):168-173.

郭竞,2013.企业R&D投入创新绩效实证分析[J].财会通讯,(17):18-20.

郭卫东,2010.全面薪酬模型的发展[J].中国商贸,(26):67-68.

郭怡熠,2008.企业员工成就动机与工作绩效关系研究[J].继续医学教育,(6):26-28.

郭云,廖建桥,2014.上级发展性反馈对员工工作绩效的作用机理研究[J].管理科学(1):99-108.

韩翼,廖建桥,龙立荣,2007.雇员工作绩效结构模型构建与实证研究[J].管理科学学报,10(5):62-77.

郝玉明,2014.总报酬经济学分析的内涵与外延[J].北京行政学院学报,(4):96-101.

洪健,林芳,2007.全面薪酬因素的实证探析[J].江苏商论,(8):125-127.

胡进梅,沈勇,2014.工作自主性和研发人员的创新绩效:基于任务互依性的调节效应模型[J].中国人力资源开发,(17):30-35.

晃彬云,2006.技能报酬溢价、人力资本投资与经济增长[J].商场现代化,(35):307-308.

莱昂·瓦尔拉斯,2011.纯粹经济学要义[M].北京:商务印书馆.

赖德胜,纪雯雯,2015.人力资本配置与创新[J].经济学动态,(3):22-30.

李怀祖,2004.管理研究方法论[M].2版.西安:西安交通大学出版社.

李焕荣,周建涛,2008.基于全面薪酬战略的中国知识型员工激励问题研究[J].科技管理研究,28(9):204-206.

李小胜,2015.创新、人力资本与内生经济增长的理论与实证研究[M].北京:经济科学出版社,122-123.

李永周,谭园,张金霞,2011.企业异质型人力资本的体验性特征及应用研究[J].中国软科学,(12):147-156.

李永周,王月,阳静宁,2015.自我效能感、工作投入对高新技术企业研发人员工作绩效的影响研究[J].科学学与科学技术管理,(2):173-180.

厉以宁,2013.自主创新和产业升级:中国制造业的必由之路[J].全球化,(12):21-26.

厉以宁,2015.简政放权与培育自主经营的市场主体[J].行政管理改革,(9):10-16.

刘博逸,孙利平,2010.员工创造力的理论模型、影响因素及其测量[J].学术论坛,33(3):130-136.

刘丹丹,罗润东,2014.社会保障对劳资关系的影响效应分析——基于中国经济转型期的省际面板数据[J].学习与探索,(10):106-110.

刘宏英,苏郁锋,吴能全,2015.组织责任形成研究:任务重要性、战略贡献与绩效可评估性的作用[J].中国人力资源开发,(1):41-50.

刘昕,2005.从薪酬福利到工作体验——以IBM等知名企业的薪酬管理为例[J].中国人力资源开发,(6):62-65.

刘永胜,2009.企业家人力资本与高科技创业企业绩效关系研究[J].科技管理研究,29(3):186-188.

罗茜,李洪玉,何一粟,2012.高校教师人格特质、工作特征与工作满意度的关系研究[J].心理与行为研究,10(3):215-219.

骆品亮,司春林,2001.专用性人力资本投资激励研究[J].管理科学学报,4(2):19-24.

马君,2016.奖励能否激励员工创造力:不同成就动机氛围下的匹配研究[J].系统工程理论与实践,36(4):945-957.

马文聪,侯羽,朱桂龙,2013.研发投入和人员激励对创新绩效的影响机制——基于新兴产业和传统产业的比较研究[J].科学学与科学技术管理,34(3):58-68.

钱颖一,2015.经济新常态与创新创业新常态[J].中国党政干部论坛,(11):7-11.

秦晓蕾,杨东涛,魏江茹,2007.制造企业创新战略、员工培训与企业绩效关系实证研究[J].管理学报,4(3):354.

饶惠霞,2013.研发人员工作生活质量对企业创新绩效的影响研究[J].江西社会科学,(4):218-221.

任华亮,杨东涛,李群,2016.不同工作价值追求对创新行为的影响研究[J].科技进步与对策,(2):103-108.

任晓红,2015.弹性福利计划在中国企业的应用[J].山西财经大学学报,(S2):71-72.

孙灵希,滕飞,2013.新进科研人员工作特征与工作投入之间关系的纵向研究[J].科技管理研究,33(23):150-154.

孙锐,2014.战略人力资源管理、组织创新氛围与研发人员创新[J].科研管理,35(8):34-43.

孙文杰,沈坤荣,2009.人力资本积累与中国制造业技术创新效率的差异性[J].中国工业经济,(3):81-91.

孙跃,胡蓓,2009.成就动机在产业集群员工离职意愿决定中的调节效应研究[J].科学学与科学技术管理,30(2):154-159.

王朝晖,佘国强,2016.高绩效工作系统与探索式创新绩效——战略人力资本和创新氛围的多重中介作用.科技与经济,29(2):66-70.

王端旭,赵轶,2011.工作自主性、技能多样性与员工创造力:基于个性特征的调节效应模型[J].商业经济与管理,(10):43-50.

王富祥,2006.工作特征对组织公民行为的影响分析[J].科学与管理,26(6):92-93.

王红芳,杨俊青,2015.员工总体报酬、要求-能力匹配对工作满意度的影响——以非国有企业为例[J].经济问题,(5):73-78.

王佳锐,孔春梅,李庆国,2015.企业员工成就动机与工作绩效关系的实证研究——以自我效能为中介变量[J].财经理论研究,(3):72-83.

王建华,李伟平,张克彪,等,2015."创新型企业"高管薪酬对创新绩效存在过度激励吗?[J].华东经济管理,(1):119-125.

王忠,熊立国,郭欢,2014.知识员工创造力人格、工作特征与个人创新绩效[J].商业研究,56(5):108-114.

王重鸣,1990.心理学研究方法[M].北京:人民教育出版社.

温忠麟,叶宝娟,2014.有调节的中介模型检验方法:竞争还是替补[J].心理学报,46(5):714-726.

文跃然,周海涛,吴俊崎,2015.美国公司推动认可激励的原因与实践[J].中国人力资源开发,(2):25-28.

文跃然,周欢,2015.从货币报酬思维走向总体报酬思维[J].中国人力资源开发,(2):16-20.

吴良平,曾国华,余来文,2014.劳动力成本提升对地区创新能力的影响研究[J].现代管理科学,(10):60-62.

吴淑娥,黄振雷,仲伟周,2013.人力资本一定会促进创新吗——基于不同人力资本类型的经验证据[J].山西财经大学学报,(9):27-35.

习近平,2021.努力成为世界主要科学中心和创新高地[J].求是,(6):8.

谢洪明,王成,罗惠玲,等,2007.学习、知识整合与创新的关系研究[J].南开管理评论,10(2):105-112.

谢晓非,周俊哲,王丽,2004.风险情景中不同成就动机者的冒险行为特征[J].心理学报,36(6):744-749.

薛琴,2007.全面薪酬理论及其对企业员工激励的启示[J].企业经济, (8):27-29.

阎世平,林灵,2013.研发投入、人力资本与企业绩效增长[J].学术论坛, 36(5):127-131.

杨菊兰,杨俊青,2015.员工整体薪酬感知结构化及其对组织认同的影响——来自双因素理论的解释[J].经济管理,(11):63-73.

杨勇,达庆利,2007.企业技术创新绩效与其规模、R&D 投资、人力资本投资之间的关系——基于面板数据的实证研究[J].科技进步与对策,24 (11):128-131.

姚先国,方阳春,2005.企业薪酬体系的效果研究综述[J].浙江大学学报人文社会科学版,35(2):74-81.

姚瑶,赵英军,2015.全球价值链演进升级的内生动力与微观机制——人力资本配置的"结构效应"与"中介效应"[J].浙江社会科学,(11):30-40.

叶仁敏,KUNTA.HAGTVET,1992.成就动机的测量与分析[J].心理发展与教育,8(2):14-16.

易金务,胡磊,2005.《资本论》对人力资本理论的重要贡献及启示[J].南方经济(1):28-30.

约瑟夫·J·马尔托奇奥,2015.战略性薪酬管理[M].刘昕译,第7版.北京:中国人民大学出版社:5.

曾湘泉,郝玉明,宋洪峰,2014.总报酬经济学[M].上海:复旦大学出版社:5-10.

张车伟,2017.理解中国的创新和创新经济[J].中国人口科学,(6):7-12.

张宏如,2013.心理资本对创新绩效影响的实证研究[J].管理世界,(10): 170-171.

张慧颖,吕爽,2014.智力资本、创新类型及产品创新绩效关系研究[J].科学学与科学技术管理,(2):162-168.

张山虎,2017.工作特征与员工创新绩效关系研究[J].会计之友,(5):91-96.

张山虎,2010.如何通过人力资源管理提升企业的竞争力[J].网络财富, 2010(11):123-124.

张山虎,杨俊青,2018.总体报酬、人力资本投资与员工创新绩效——有中介的调节模型[J].广东社会科学,(2):40-50.

张山虎,杨俊青,2017.总体报酬对和谐劳动关系的影响——基于人力资本投资视角[J].经济问题,(3):19-24.

张雅慧,万迪昉,付雷鸣,等,2015.不同薪酬契约对创新行为的影响分析:实验的证据[J].管理工程学报,29(2):51-62.

张一弛,刘鹏,尹劲桦,等,2005.工作特征模型:一项基于中国样本的检验[J].经济科学 (4):117-125.

张再生,宁甜甜,王鑫,2014.基于总报酬模型的知识型员工激励因素研究[J].东南大学学报(哲学社会科学版),(2):53-58.

赵兰兰,汪玲,鲁蕊,1990.目标定向、成就动机与兴趣的关系的研究[C].全国心理学学术大会. 2005.

赵文红,周密,2012.R&D团队人力资源管理实践对企业创新绩效的影响研究[J].研究与发展管理,24(4):61-70.

赵小云,郭成,2014.工作重塑:获得意义性工作及个人成长的新途径[J].心理科学,37(1):190-196.

赵宜萱,徐云飞,2016.新生代员工与非新生代员工的幸福感差异研究——基于工作特征与员工幸福感模型的比较[J].管理世界,(6):178-179.

周红云,2012.工作特征、组织公民行为与公务员工作满意度[J].中南财经政法大学学报,(6):131-136.

周兆透,2008.大学教师成就动机与工作绩效关系的实证研究[J].现代大学教育,(4):80-85.

AGHION P, HOWITT P, 1989. A Model of Growth Through Creative Destruction[J]. Econometrica, 60(2): 323-351.

AMABILE T M, 1997. Entrepreneurial Creativity through Motivational Synergy [J]. Journal of Creative Behavior, 31(1):18-26.

AMABILE T M, 1988. A Model of Creativity and Innovation in Organizations [J]. Research in Organizational Behavior, 10(10): 123-167.

AMABILE T M, 1983. The Social Psychology of Creativity: A Componential Conceptualization[J]. Contemporary Sociology, 13(5): 637.

AMABILE T M, BARSADE S G, MUELLER J S, et al., 2005. Affect and Creativity at Work[J]. Administrative Science Quarterly, 50(3): 367-403.

AMABILE T M, CONTI R, 1999. Changes in the Work Environment for Creativity during Downsizing[J]. Academy of Management Journal, 42(6): 630-640.

AMABILE T M, CONTI R, COON H, et al., 1996. Assessing the Work Environment for Creativity[J]. Academy of Management Journal, 39(5): 1154-1184.

AMABILE T M, 1996. Creativity in Context: Update to the Psychology of Creativity[J]. High Ability Studies, (2): 100-101.

ARROW K J, 1962. The Economic Implications of Learning by Doing[J]. The Review of Economic Studies, 29(3): 155-173.

AXTELL C M, HOLMAN D J, UNSWORTH K L, et al., 2000. Shopfloor Innovation: Facilitating the Suggestion and Implementation of Ideas. [J]. Journal of Occupational & Organizational Psychology, 73(3): 265-285.

BAER M, OLDHAM G R, 2006. The Curvilinear Relation between Experienced Creative Time Pressure and Creativity: Moderating Effects of Openness to Experience and Support for Creativity[J]. Journal of Applied Psychology, 91(4): 963-70.

BANK W, 2013. China 2030: Building a Modern, Harmonious, and Creative Society[J]. World Bank Publications, 91(4): 36-37.

BECKER B E, HUSELID M A, PICKUS P S, et al., 1997. HR as a Source of Shareholder Value: Research and Recommendations[J]. Human Resource Management, 36(1): 39-47.

BECKER G S, 1987. Family Economics and Macro Behavior[J]. Chicago Illinois National Opinion Research Center Economics Research Center, 78(1): 1-13.

BECKER G S, 1975. Investment in Human Capital: Effects on Earnings[M]. National Bureau of Economic Research, Inc: 13-44.

BECKER G S, 1972. Schooling and Inequality from Generation to Generation: Comment[J]. Journal of Political Economy, 80(3): 252-252.

BUTLER D L, KLINE M A, 1998. Good Versus Creative Solutions: A Comparison of Brainstorming, Hierarchical, and Perspective-Changing Heuristics[J]. Creativity Research Journal, 11(4): 325-331.

CAMPBELL D T, 1960. Blind Variation and Selective Retention in Creative Thought as in Other Knowledge Processes[J]. Psychological Review, 67(6): 380.

COMREY A L, LEE H B, 1992. A First Course in Factor Analysis [M]. 2nd ed. Hillsdale, NJ: Erlbaum.

COOMBS R, 1996. Core Competencies and the Strategic Management of R&D [J]. R&D Management, 26(4): 345-355.

D LESLEY, MUMFORD M D, 2006. Evaluative Aspects of Creative Thought: Errors in Appraising the Implications of New Ideas[J]. Creativity Research Journal, 18(3): 385-390.

DAVENPORT T H, THOMAS R J, CANTRELL S, 2002. The Mysterious Art and Science of Knowledge-Worker Performance[J]. Mit Sloan Management Review, 44(1): 23-30.

DECI E L, RYAN R M, 2008. Facilitating Optimal Motivation and Psychological Well-being across Life's Domains[J]. Canadian Psychology, 49(1): 14-23.

DECI E L, RYAN R M, 2004. Intrinsic Motivation and Self-Determination in Human Behavior[J]. Encyclopedia of Applied Psychology, 3(2): 437-448.

DECI E L, RYAN R M, 1985. Intrinsic Motivation and Self-Determination in Human Behavior[M]. New York: Springer.

DECI E L, RYAN R M, 1980. The Empirical Exploration of Intrinsic Motivational Processes[J]. Advances in Experimental Social Psychology, 13(8): 39-80.

DECI E L, RYAN R M, 1975. Intrinsic Motivation[M]. New York: Springer.

DECI E L, RYAN R M, GAGNÉ M, et al., 2001. Need Satisfaction, Motivation, and Well-Being in the Work Organizations of a Former Eastern Bloc Country: A Cross-Cultural Study of Self-Determination[J]. Personality and Social Psychology Bulletin, 27(8): 930-942.

EDWARDS J R, LAMBERT L S, 2007. Methods for Integrating Moderation and Mediation: a General Analytical Framework Using Moderated Path Analysis[J]. Psychological Methods, 12(1):1.

EISENBERGER R, ARMELI S, 1997. Can Salient Reward Increase Creative Performance without Reducing Intrinsic Creative Interest? [J]. Journal of Personality & Social Psychology, 72(3):652-663.

EISENBERGER R, CAMERON J, 1996. Detrimental Effects of Reward Reality or myth? [J]. American Psychology, 51(11): 1153-1166.

FARMER S M, KUNG-MCINTYRE K, 2003. Employee Creativity in Taiwan: An Application of Role Identity Theory[J]. Academy of Management Journal, 46(5): 618-630.

GARG P, RASTOGI R, 2006. New Model of Job Design: Motivating Employees' Performance[J]. Journal of Management Development, 25(6): 572-587.

GEORGE J M, ZHOU J, 2007. Dual Tuning in a Supportive Context: Joint Contributions of Positive Mood, Negative Mood, and Supervisory Behaviors to Employee Creativity[J]. Academy of Management Journal, 50(3): 605-622.

GEORGE J M, ZHOU J, 2001. When Openness to Experience and Conscientiousness Are Related to Creative Behavior: An Interactional Approach. [J]. Journal of Applied Psychology, 86(3): 513-24.

GROSSMAN G M, HELPMAN E, 1991. Innovation and Growth in the Global Economy[M]. Cambridge, MIT Press: 323-324.

HACKMAN J R, OLDHAM G R, 1976. Motivation through the Design of Work:Test of a Theory [J]. Organizational Behavior & Human Performance, 16(2): 250-279.

HACKMAN J R, OLDHAM G R, 1975. Development of Job Diagnostic Survey [J]. Journal of Applied Psychology, 60(2): 159-170.

HACKMAN J R, OLDHAM G R, 1974. The Job Diagnostic Survey: An Instrument for the Diagnosis of Jobs and the Evaluation of Job Redesign Projects [J]. Affective Behavior, 4: 87.

HARRIS M M, SCHAUBROECK, J, 1988. A Meta-Analysis of Self-Supervisor, Self-Peer, and Peer-Supervisor Ratings[J]. Personnel Psychology, 41(1): 43-62.

HIAM A, 2002. Motivational Management: Inspiring Your People for Maximum Performance[M]. New York: Amacom.

IDASZAK J R, DRASGOW F, 1987. A Revision of the Job Diagnostic Survey: Elimination of a Measurement Artifact[J]. Journal of Applied Psychology, 72(72): 69.

JANSSEN O, 2000. Job Demands, Perceptions of Effort-reward Fairness and Innovative Work Behaviour. [J]. Journal of Occupational and Organizational Psychology, 73(3): 287-302.

JANSSEN O, VAN YPEREN N W, 2004. Employees' Goal Orientations, the Quality of Leader-Member Exchange, and the Outcomes of Job Performance and Job Satisfaction[J]. Academy of Management Journal, 47(47): 368-384.

KANG S C, SNELL S A, 2009. Intellectual Capital Architectures and Ambidextrous Learning: A Framework for Human Resource Management[J]. Journal of Management Studies, 46(1): 65-92.

KENT S, ATKINSON R. Security Architecture for the Internet Protocol[M]. RFC Editor, 1998. LAVOIE M, STOCK HAMMER E, 2013. Wage-led Growth: Concept, Theories and Policies[M]// Wage-led Growth. Palgrave Macmillan UK.

LEPAK D P, SNELL S A, 1999. The Human Resource Architecture: toward a Theory of Human Capital Allocation and Development[J]. Academy of Management Review, 24(1): 31-48.

LUCAS R E, 1988. On the Mechanics of Economic Development[J]. Journal of Monetary Economics, 22: 3-42.

MARSHALL L, 1997. Facilitating Knowledge Management and Knowledge Sharing: New Opportunities for Information Professionals[J]. Online, 21(5): 92-98.

MC CLELLAND J L, RUMELHART D E, 1981. An Interactive Activation Model of Context Effect in Letter Perception: part 1. an Account of Basic Findings[J]. Psychological Review, 88(5): 375-407.

MOHR R D, ZOGHI C, 2006. Is Job Enrichment Really Enriching? [D].

MULLER D, JUDD C M, YZERBYT V Y, 2005. When Moderation Is Mediated and Mediation Is Moderated.[J]. Journal of Personality & Social Psychology, 89(6): 852.

MUMFORD M D, 2003. Where Have We Been, Where Are We Going? Taking Stock in Creativity Research[J]. Creativity Research Journal, 15(2-3): 107-120.

MUMFORD M D, 2000. Managing Creative People: Strategies and Tactics for Innovation[J]. Human Resource Management Review, 10(3): 313-351.

NG T W H, FELDMAN D C, 2012. Employee Voice Behavior: A Meta-Analytic Test of the Conservation of Resources Framework[J]. Journal of Organizational Behavior, 33(2): 216-234.

NOEFER K, STEGMAIER R, MOLTER B, et al., 2009. A Great Many Things to Do and Not a Minute to Spare: Can Feedback from Supervisors Moderate the Relationship between Skill Variety, Time Pressure, and Employees' Innovative Behavior? [J]. Creativity Research Journal, 21(4): 384-393.

OLDHAM G R, CUMMINGS A, 1996. Employee Creativity: Personal and Contextual Factors at Work[J]. Academy of Management Journal, 39(3): 607-634.

OLDHAM G R, KULIK C T, AMBROSE M L, et al., 2000. Relations between Job Facet Comparisons and Employee Reactions[J]. Organizational Behavior & Human Decision Processes, 1986, 38(1): 28-47.

OLDHAM G R, KULIK C T, AMBROSE M L, et al., 1986. Relations between Job Facet Comparisons and Employee Reactions[J]. Organizational Behavior & Human Decision Processes, 38(1): 28-47.

PREACHER K J, RUCKER D D, HAYES A F, 2007. Addressing Moderated Mediation Hypotheses: Theory, Methods, and Prescriptions[J]. Multivariate Behavioral Research, 42(1): 185-227.

REDDING S, 1996. The Low-Skill, Low-Quality Trap: Strategic Complementarities between Human Capital and R&D[J]. Economic Journal, 106(435): 458-470.

RIETZSCHEL E F, NIJSTAD B A, STROEBE W, 2006. Productivity Is Not Enough: A Comparison of Interactive and Nominal Brainstorming Groups on Idea Generation and Selection[J]. Journal of Experimental Social Psychology, 42(2): 244-251.

ROMER P M, 1990. Endogenous Technological Change[J]. Journal of Political Economy, 14(5): 71-102.

SCHULTZ T W, 1961. Investment in Human Capital[J]. The American Economic Review, 51(1): 1-17.

SCHUMPETER J A, 1934. The Theory of Economic Development, Harvard Economic Studies[J]. General Information, 355(1403): 159-192.

SCOTT S G, BRUCE R A, 1994. Creating Innovative Behavior among R&D Professionals: the Moderating Effect of Leadership on the Relationship between Problem-Solving Style and Innovation[C]// Engineering Management Conference, 1994. Management in Transition: Engineering a Changing World, Proceedings of the 1994 IEEE International: 48-55.

SHALLEY C E, GILSON L L, BLUM T C, 2000. Matching Creativity Requirements and the Work Environment: Effects on Satisfaction and Intentions to Leave[J]. Academy of Management

SHALLEY C E, PERRYSMITH J E, 2001. Effects of Social-psychological Factors on Creative Performance: The Role of Informational and Controlling Expected Evaluation and Modeling Experience.[J]. Organ Behav Hum Decis Process, 84(1): 1-22.

SHALLEY C E, ZHOU J, OLDHAM G R, 2004. The Effects of Personal and Contextual Characteristics on Creativity: Where Should We Go from Here?[J]. Journal of Management, 30(6): 933-958.

SPIELBERGER C D, GORSUCH R L, 1983. Manual for the State-Trait Anxiety Inventory (Form Y): Self-Evaluation Questionnaire [M]// STAI Manual for the State-Trait Anxiety Inventory (Self-Evaluation Questionnaire). Palo Alto: Consulting Psychologists Press: 1-24.

Tierney P, Farmer S M, 2004. The Pygmalion Process and Employee Creativity[J]. Journal of Management, 30(3):413-432.

Tierney P, Farmer S M, 2002. Creative Self-Efficacy: Its Potential Antecedents and Relationship to Creative Performance[J]. Academy of Management Journal, 45(6): 1137-1148.

Tsui A S, Farh J L L J L L. Where guanxi matters: Relational demography and guanxi in the Chinese context[J]. Work & Occupations, 1997, 24(1): 56-79.

UNSWORTH K, WALL T, CARTER A, 2005. Creative Requirement: a Neglected Construct in the Study of Employee Creativity? [J]. Group & Organization Management, 30(5): 541-560.

VALLERAND R J, 2000. Deci and Ryan's Self-Determination Theory: A View from the Hierarchical Model of Intrinsic and Extrinsic Motivation[J]. Psychological Inquiry, 11(4): 312-318.

WEINER B, 2000. Attributional Thoughts about Consumer Behavior[J]. Journal of Consumer Research, 27(3): 382-387.

WEST M A, 2002. Sparkling Fountains or Stagnant Ponds: An Integrative Model of Creativity and Innovation Implementation in Work Groups. [J]. Applied Psychology, 51(3): 355-387.

YOUNDT M A, SNELL S A, 2004. Human Resource Configurations, Intellectual Capital, and Organizational Performance[J]. Journal of Managerial Issues, 16(3): 337-360.

YOUNGER J, SANDHOLTZ K, 1997. Helping R&D Professionals Build Successful Careers[J]. Research-Technology Management, 40(6): 23-28.

ZHOU J, 2003. When the Presence of Creative Coworkers Is Related to Creativity: Role of Supervisor Close Monitoring, Developmental Feedback, and Creative Personality[J]. Journal of Applied Psychology, 88(3): 413-22.

ZHOU J, GEORGE J M, 2001. When Job Dissatisfaction Leads to Creativity: Encouraging the Expression of Voice[J]. Academy of Management Journal, 44(4): 682-696.

ZHOU J, OLDHAM G R, 2001. Enhancing Creative Performanc: Effects of Expected Developmental Assessment Strategies and Creative Personality[J]. Journal of Creative Behavior, 35(3): 151-167.

附　录

附录1　总体报酬、工作特征与员工创新绩效测试问卷

尊敬的先生（女士）：

您好！非常感谢您在百忙中填写这份问卷。

本调查的目的在于了解中国员工的创新现状，进一步分析创新型员工的人力资本投资意愿，从而为企业的工作设计和再设计提供参考。恳请您大力支持，据实填写问卷。如您需要本调查的分析结果或有其他要求，请与我们联系，我们十分乐意为您效劳。

您对本问卷的所有回答都是严格保密的，分析结果将是结论性质的报告，不会泄露任何员工的个人回答。

再次感谢您的支持！

联系人：　　　　电话：　　　　邮箱：

填表说明：

请您在填写问卷前，阅读以下注意事项：

1. 请按问题的顺序回答。

2. "基本情况"为选择题，请从备选项中选择一项回答。

3. 除"总体报酬"外，"工作特征""成就动机""人力资本投资""创新绩效"五部分采用打分制，1分~5分分别代表"非常不符合""不符合""基本符合""符合""非常符合"。请根据您的真实感受，在相应的分值下面打"√"。

一、基本情况

1. 性别（ ）

   A. 男　　　　　　　　B. 女

2. 户籍（ ）

   A. 城市户口　　　　　B. 农村户口

3. 年龄（ ）

   A. 25 岁以下　　　　　B. 25~35 岁

   C. 36~45 岁　　　　　D. 46~55 岁

   E. 56 岁以上

4. 婚姻状况（ ）

   A. 已婚　　　　　　　B. 未婚

   C. 其他

5. 血型（ ）

   A. A 型　　　　　　　B. B 型

   C. O 型　　　　　　　D. AB 型

6. 您在本企业的工作年限（ ）

   A. 1 年以下　　　　　B. 1~3 年

   C. 3~5 年　　　　　　D. 5~7 年

   E. 7 年以上

7. 您刚参加工作时的教育水平（ ）

  A. 高中及以下   B. 大专或高职

  C. 本科   D. 硕士

  E. 博士

8. 您现在的教育水平（ ）

  A. 高中及以下   B. 大专或高职

  C. 本科   D. 硕士

  E. 博士

9. 您刚参加工作时是否从事所学专业（ ）

  A. 相符   B. 不相符

10. 您现在的工作与当初所学专业是否相符（ ）

  A. 相符   B. 不相符

11. 工作职位性质（ ）

  A. 生产   B. 技术

  C. 管理   D. 销售服务

12. 工作职位层次（ ）

  A. 基层   B. 中层

  C. 高层

13. 企业按照所有制类型属于（ ）

  A. 国有   B. 民营

  C. 外商投资

14. 企业按照产业结构属于（ ）

  A. 第一产业   B. 第二产业

  C. 第三产业

15. 企业类型（ ）

  A. 高科技企业   B. 传统企业

16. 企业的规模（ ）

  A. 100人及以下   B. 101~300人

C. 301~500 人　　　　　　D. 501~1000 人

E. 1001 人以上

17. 企业的行业地位（　）

A. 领先型　　　　　　B. 中等匹配性

C. 拖后型

二、总体报酬

维度	题项	差 (1分)	较差 (2分)	一般 (3分)	较好 (4分)	好 (5分)
薪酬	1. 薪酬逐年稳定上涨					
	2. 薪酬水平与本人技能匹配					
	3. 薪酬水平与同行业企业相比					
	4. 当月绩效奖金与工作绩效挂钩					
	5. 年终绩效奖金与工作绩效挂钩					
	6. 本人薪酬与企业利润挂钩					
福利	7. 及时足额为员工缴纳五险一金					
	8. 为员工缴纳其他社会保险					
	9. 保证员工的工间休息时间					
	10. 保证员工的节假日休息时间					
	11. 住房福利					
	12. 节假日礼品、现金等的发放					
工作生活平衡	13. 不带薪假期的执行情况					
	14. 带薪假期的执行情况					
	15. 工作与家庭兼顾情况					
	16. 公司对您家庭的关照					
	17. 工作中您的身心健康情况					
	18. 公司给予您参与管理或提出建议的机会					

续表

维度	题项	差(1分)	较差(2分)	一般(3分)	较好(4分)	好(5分)
绩效与认可	19. 工作绩效与个人目标的一致性					
	20. 考核标准易于达到					
	21. 公司目标与个人目标的一致性					
	22. 受到上司表扬或额外奖励的机会					
	23. 与上司或同事非正式交流的机会					
发展与职业机会	24. 公司资助或支持的学习进修培训					
	25. 轮岗或在更高级别岗位上的实习机会					
	26. 公司组织的培训项目或课程					
	27. 晋升机会					
	28. 工作对个人能力提升的帮助					
	29. 公司提供清晰的未来晋升阶梯或路径					

三、工作特征

维度	题项	1分	2分	3分	4分	5分
技能多样性	1. 工作要求使用不同的技能和能力					
	2. 工作要求我使用大量复杂的、高水平的技能					
	3. 工作相当简单,并且具有重复性					
任务完整性	4. 工作是一个完整的,具有明确开始和结束的工作					
	5. 任务由我开始,并且由我完成					
	6. 由于工作安排的原因,我没有机会完整地做完一整件工作					

续表

维度	题项	1分	2分	3分	4分	5分
任务重要性	7. 工作的结果显著地影响到别人的生活或者福利					
	8. 我的工作完成得好坏将会影响到很多人					
	9. 工作本身在更大范围上来说,并没有什么意义或重要性					
自主性	10. 工作允许自己决定如何完成它					
	11. 工作给予我相当大的自由来独立决定如何完成它					
	12. 工作没有给我提供任何机会让我自主地判断和完成自己的工作					
反馈性	13. 实际工作本身为你提供了有关自己工作效果的线索					
	14. 通过完成任务本身,我就可以有很多机会了解自己做得如何					
	15. 就我自己的工作效果而言,工作本身提供了非常少的线索					

四、成就动机

题项	1分	2分	3分	4分	5分
1. 我喜欢新奇的、有困难的任务,甚至不惜冒风险					
2. 当我遇到我不能立即弄懂的问题,我会焦虑不安					
3. 我在完成有困难的任务时,感到快乐					
4. 我不希望做那些要发挥我能力的工作					
5. 我会被那些能了解自己有多大才智的工作所吸引					
6. 我对没有把握能胜任的工作感到忧虑					
7. 面对能测量我能力的机会,我感到是一种鞭策和挑战					

续表

题项	1分	2分	3分	4分	5分
8. 一想到要去做那些新奇的、有困难的工作，我就感到不安					
9. 我喜欢对我没有把握解决的问题坚持不懈地努力					
10. 在那些测量我能力的情境中，我感到不安					
11. 我喜欢尽了最大努力能完成的工作					
12. 在完成我认为是困难的任务时，我担心失败					

五、人力资本投资

维度	题项	1分	2分	3分	4分	5分
通用性人力资本投资意愿	1. 我非常希望有机会继续学习和参加培训以提升自己的知识水平					
	2. 我非常希望有机会去其他公司工作，以积累多个行业通用的技能					
	3. 我非常希望考取多个行业都认可的资格证书					
	4. 我非常希望积累多个行业通用的知识，而不是本公司专用的知识					
	5. 我非常努力提高多个行业通用的技能，即使这些技能在本公司没有用处					
	6. 我非常喜欢阅读其他行业的相关报刊和书籍					
	7. 我的人力资本能匹配行业需要的通用的人力资本结构					
	8. 我能根据行业对通用性人力资本结构的需要，调整自己的人力资本投资类型					
	9. 我非常希望投资行业未来需要的通用的人力资本结构类型					

续表

维度	题项	1分	2分	3分	4分	5分
专用性人力资本投资意愿	10. 我非常希望更多地了解本公司的历史、发展战略和组织文化					
	11. 我非常希望在本公司工作更长时间以掌握更多的本公司专用的知识和技能					
	12. 我非常愿意积累本公司专用的经验,即使这些经验在其他公司没有用处					
	13. 我非常希望获得更多的本公司专用的工作知识					
	14. 我非常努力提高本公司专用的技能,即使这些技能对我跳槽没有好处					
	15. 我非常喜欢阅读本公司的内部刊物					
	16. 我的人力资本能匹配企业需要的专用的人力资本结构					
	17. 我能根据企业对专用性人力资本结构的需要,调整自己的人力资本投资类型					
	18. 我非常希望投资企业未来需要的专用性人力资本结构类型					

六、创新绩效

维度	题项	1分	2分	3分	4分	5分
创新绩效	1. 寻求新科技、新流程、新技术、新产品(服务)创意或者提出新方法					
	2. 能从不同角度思考问题,产生创新性思想					
	3. 因为创新性主义而获得上级表扬					
	4. 用系统的方法介绍创新性的思想,向别人推广和传播创新思想,并寻求支持					

续表

维度	题项	1分	2分	3分	4分	5分
创新绩效	5. 主动支持具有创新性的思想					
	6. 会把握机会，把创新思想运用到工作中					
	7. 针对创新方案，制定具体的实施计划和步骤					
	8. 善于培养和提升下属的创新能力					
	9. 使企业的重要组织成员关注创新性思维					
	10. 工作中能针对问题提出有创意的解决方法					

您已经完成了本问卷，再次感谢您的帮助！如果您愿意，欢迎留下您的姓名和联系方式。

姓名：　　　　　公司名称：　　　　　电话：

E-mail：

备注：

省份：　　　　　发卷人：　　　　　填写时间：

附录2　总体报酬、工作特征与员工创新绩效正式问卷

尊敬的先生（女士）：

您好！非常感谢您在百忙中填写这份问卷。

本调查的目的在于了解中国员工的创新现状，进一步分析创新型员工的人力资本投资意愿，从而为企业的工作设计和再设计提供参考。恳请您大力支持，据实填写问卷。如您需要本调查的分析结果或有其他要求，请与我们联系，我们十分乐意为您效劳。

您对本问卷的所有回答都是严格保密的，分析结果将是结论性质的报告，不会泄露任何员工的个人回答。

再次感谢您的支持！

联系人：　　　　　电话：　　　　　邮箱：

填表说明：

请您在填写问卷前，阅读以下注意事项：

1. 请按问题的顺序回答。

2. "基本情况"为选择题，请从备选项中选择一项回答。

3. 除"总体报酬"外，"工作特征""成就动机""人力资本投资""创新绩效"五部分采用打分制，1~5分分别代表"非常不符合""不符合""基本符合""符合""非常符合"。请根据您的真实感受，在相应的分值下面打"√"。

一、基本情况

1. 性别（　）

　　A. 男　　　　　　　　B. 女

2. 户籍（　）

　　A. 城市户口　　　　　B. 农村户口

3. 年龄（　）

　　A. 25岁以下　　　　　B. 25~35岁

　　C. 36~45岁　　　　　D. 46~55岁

　　E. 56岁以上

4. 婚姻状况（　）

　　A. 已婚　　　　　　　B. 未婚

　　C. 其他

5. 血型（　）

　　A. A型　　　　　　　B. B型

　　C. O型　　　　　　　D. AB型

6. 您在本企业的工作年限（ ）

    A. 1年以下   B. 1~3年

    C. 3~5年   D. 5~7年

    E. 7年以上

7. 您现在的教育水平（ ）

    A. 高中及以下   B. 大专或高职

    C. 本科   D. 硕士

    E. 博士

8. 您现在的工作与当初所学专业是否相符（ ）

    A. 相符   B. 不相符

9. 工作职位性质（ ）

    A. 生产   B. 技术

    C. 管理   D. 销售服务

10. 工作职位层次（ ）

    A. 基层   B. 中层

    C. 高层

11. 企业按照所有制类型属于（ ）

    A. 国有   B. 民营

    C. 外商投资

12. 企业按照产业结构属于（ ）

    A. 第一产业   B. 第二产业

    C. 第三产业

13. 企业类型（ ）

    A. 高科技企业   B. 传统企业

14. 企业的规模（ ）

    A. 100人及以下   B. 101~300人

    C. 301~500人   D. 501~1000人

    E. 1001人以上

15. 企业的行业地位（　）

　　A. 领先型　　　　　　　B. 中等匹配性

　　C. 拖后型

二、总体报酬

维度	题项	差 (1分)	较差 (2分)	一般 (3分)	较好 (4分)	好 (5分)
薪酬	1. 薪酬逐年稳定上涨					
	2. 薪酬水平与本人技能匹配					
	3. 薪酬水平与同行业企业相比					
	4. 当月绩效奖金与工作绩效挂钩					
	5. 年终绩效奖金与工作绩效挂钩					
	6. 本人薪酬与企业利润挂钩					
福利	7. 及时足额为员工缴纳五险一金					
	8. 为员工缴纳其他社会保险					
	9. 保证员工的工间休息时间					
	10. 保证员工的节假日休息时间					
	11. 住房福利					
	12. 节假日礼品、现金等的发放					
绩效与工作生活平衡	13. 不带薪假期的执行情况					
	14. 带薪假期的执行情况					
	15. 工作与家庭兼顾情况					
	16. 公司对您家庭的关照					
	17. 工作中您的身心健康情况					
	18. 公司给予您参与管理或提出建议的机会					
	19. 考核标准易于达到					
	20. 公司目标与个人目标的一致性					

续表

维度	题项	差(1分)	较差(2分)	一般(3分)	较好(4分)	好(5分)
认可与职业发展	21. 受到上司表扬或额外奖励的机会					
	22. 与上司或同事非正式交流的机会					
	23. 公司资助或支持的学习进修培训					
	24. 轮岗或在更高级别岗位上的实习机会					
	25. 公司组织的培训项目或课程					
	26. 晋升机会					
	27. 工作对个人能力提升的帮助					
	28. 公司提供清晰的未来晋升阶梯或路径					

三、工作特征

维度	题项	差(1分)	较差(2分)	一般(3分)	较好(4分)	好(5分)
技能多样性	1. 工作要求使用不同的技能和能力					
	2. 工作要求我使用大量复杂的、高水平的技能					
	3. 工作相当简单，并且具有重复性					
任务完整性	4. 工作是一个完整的，具有明确开始和结束的工作					
	5. 任务由我开始，并且由我完成					
	6. 由于工作安排的原因，我没有机会完整地做完一整件工作					

续表

维度	题项	差 (1分)	较差 (2分)	一般 (3分)	较好 (4分)	好 (5分)
任务重要性	7. 工作的结果显著地影响到别人的生活或者福利					
	8. 我的工作完成得好坏将会影响到很多人					
	9. 工作本身在更大范围上来说,并没有什么意义或重要性					
自主性	10. 工作允许自己决定如何完成它					
	11. 工作给予我相当大的自由来独立决定如何完成它					
	12. 工作没有给我提供任何机会让我自主地判断和完成自己的工作					
反馈性	13. 实际工作本身为你提供了有关自己工作效果的线索					
	14. 通过完成任务本身,我就可以有很多机会了解自己做得如何					
	15. 就我自己的工作效果而言,工作本身提供了非常少的线索					

四、成就动机

题项	1分	2分	3分	4分	5分
1. 我喜欢新奇的、有困难的任务,甚至不惜冒风险					
2. 当我遇到我不能立即弄懂的问题,我会焦虑不安					
3. 我在完成有困难的任务时,感到快乐					
4. 我不希望做那些要发挥我能力的工作					
5. 我会被那些能了解自己有多大才智的工作所吸引					
6. 我对没有把握能胜任的工作感到忧虑					
7. 面对能测量我能力的机会,我感到是一种鞭策和挑战					

续表

题项	1分	2分	3分	4分	5分
8. 一想到要去做那些新奇的、有困难的工作，我就感到不安					
9. 我喜欢对我没有把握解决的问题坚持不懈地努力					
10. 在那些测量我能力的情境中，我感到不安					
11. 我喜欢尽了最大努力能完成的工作					
12. 在完成我认为是困难的任务时，我担心失败					

五、人力资本投资

维度	题项	1分	2分	3分	4分	5分
通用性人力资本投资	1. 我非常希望有机会继续学习和参加培训以提升自己的知识水平					
	3. 我非常希望考取多个行业都认可的资格证书					
	4. 我非常希望积累多个行业通用的知识，而不是本公司专用的知识					
	5. 我非常努力提高多个行业通用的技能，即使这些技能在本公司没有用处					
专用性人力资本投资	10. 我非常希望更多地了解本公司的历史、发展战略和组织文化					
	11. 我非常希望在本公司工作更长时间以掌握更多的本公司专用的知识和技能					
	12. 我非常愿意积累本公司专用的经验，即使这些经验在其他公司没有用处					
	13. 我非常希望获得更多的本公司专用的工作知识					
	14. 我非常努力提高本公司专用的技能，即使这些技能对我跳槽没有好处					
	15. 我非常喜欢阅读本公司的内部刊物					

续表

维度	题项	1分	2分	3分	4分	5分
创新性人力资本投资	6. 我非常喜欢阅读其他行业的相关报刊和书籍					
	7. 我的人力资本能匹配行业需要的通用的人力资本结构					
	8. 我能根据行业对通用性人力资本结构的需要，调整自己的人力资本投资类型					
	9. 我非常希望投资行业未来需要的通用的人力资本结构类型					
	16. 我的人力资本能匹配企业需要的专用的人力资本结构					
	17. 我能根据企业对专用性人力资本结构的需要，调整自己的人力资本投资类型					
	18. 我非常希望投资企业未来需要的专用性人力资本结构类型					

六、创新绩效

维度	题项	1分	2分	3分	4分	5分
创新绩效	1. 寻求新科技、新流程、新技术、新产品（服务）创意或者提出新方法					
	2. 能从不同角度思考问题，产生创新性思想					
	3. 因为创新性主义而获得上级表扬					
	4. 用系统的方法介绍创新性的思想，向别人推广和传播创新思想，并寻求支持					
	5. 主动支持具有创新性的思想					
	6. 会把握机会，把创新思想运用到工作中					

续表

维度	题项	1分	2分	3分	4分	5分
创新绩效	7. 针对创新方案，制定具体的实施计划和步骤					
	8. 善于培养和提升下属的创新能力					
	9. 使企业的重要组织成员关注创新性思维					
	10. 工作中能针对问题提出有创意的解决方法					

您已经完成了本问卷，再次感谢您的帮助！如果您愿意，欢迎留下您的姓名和联系方式。

姓名： 　　　　公司名称： 　　　　电话：

E-mail：

备注：

省份： 　　　　发卷人： 　　　　填写时间：

附录3　80个题项描述统计量

	均值		标准差	偏度		峰度	
	统计量	标准误	统计量	统计量	标准误	统计量	标准误
P1	2.90	0.029	0.984	−0.057	0.072	−0.147	0.144
P2	3.12	0.028	0.949	−0.079	0.072	−0.206	0.144
P3	3.18	0.029	0.988	−0.144	0.072	−0.140	0.144
P4	3.24	0.032	1.097	−0.186	0.072	−0.501	0.144
P5	3.22	0.033	1.117	−0.196	0.072	−0.622	0.144
P6	3.25	0.033	1.106	−0.248	0.072	−0.554	0.144
B1	3.47	0.035	1.180	−0.385	0.072	−0.649	0.144
B2	3.30	0.034	1.168	−0.232	0.072	−0.718	0.144
B3	3.45	0.033	1.126	−0.354	0.072	−0.603	0.144

续表

	均值		标准差	偏度		峰度	
	统计量	标准误	统计量	统计量	标准误	统计量	标准误
B4	3.40	0.033	1.121	−0.404	0.072	−0.451	0.144
B5	3.00	0.035	1.186	−0.078	0.072	−0.774	0.144
B6	3.09	0.034	1.170	−0.129	0.072	−0.707	0.144
PW1	3.14	0.032	1.095	−0.102	0.072	−0.511	0.144
PW2	3.21	0.034	1.139	−0.215	0.072	−0.603	0.144
PW3	3.24	0.030	1.035	−0.207	0.072	−0.303	0.144
PW4	3.23	0.031	1.063	−0.209	0.072	−0.383	0.144
PW5	3.32	0.030	1.007	−0.223	0.072	−0.317	0.144
PW6	3.26	0.030	1.033	−0.198	0.072	−0.366	0.144
PW7	3.25	0.029	0.981	−0.178	0.072	−0.211	0.144
PW8	3.27	0.030	1.030	−0.175	0.072	−0.379	0.144
RD1	3.21	0.030	1.005	−0.143	0.072	−0.342	0.144
RD2	3.29	0.030	1.028	−0.182	0.072	−0.416	0.144
RD3	3.18	0.033	1.124	−0.190	0.072	−0.632	0.144
RD4	3.11	0.032	1.101	−0.159	0.072	−0.540	0.144
RD5	3.27	0.031	1.056	−0.212	0.072	−0.433	0.144
RD6	3.18	0.030	1.023	−0.106	0.072	−0.270	0.144
RD7	3.32	0.029	1.000	−0.177	0.072	−0.361	0.144
RD8	3.18	0.031	1.047	−0.146	0.072	−0.444	0.144
JC1	3.13	0.030	1.012	0.067	0.072	−0.373	0.144
JC2	3.10	0.029	0.985	−0.062	0.072	−0.214	0.144
JC3	3.14	0.031	1.051	−0.056	0.072	−0.457	0.144
JC4	3.36	0.032	1.084	−0.227	0.072	−0.597	0.144
JC5	3.30	0.031	1.060	−0.144	0.072	−0.517	0.144
JC6	2.93	0.034	1.147	0.044	0.072	−0.708	0.144
JC7	3.06	0.033	1.112	−0.125	0.072	−0.571	0.144
JC8	3.18	0.031	1.069	−0.125	0.072	−0.539	0.144
JC9	2.91	0.034	1.167	−0.035	0.072	−0.787	0.144
JC10	3.19	0.032	1.093	−0.099	0.072	−0.629	0.144

续表

	均值		标准差	偏度		峰度	
	统计量	标准误	统计量	统计量	标准误	统计量	标准误
JC11	3.21	0.033	1.121	−0.177	0.072	−0.621	0.144
JC12	2.83	0.034	1.142	0.100	0.072	−0.716	0.144
JC13	3.27	0.029	0.994	−0.159	0.072	−0.279	0.144
JC14	3.36	0.031	1.038	−0.231	0.072	−0.419	0.144
JC15	3.07	0.032	1.090	0.017	0.072	−0.557	0.144
ACM11	3.13	0.033	1.115	−0.050	0.072	−0.687	0.144
ACM21	3.23	0.033	1.126	−0.112	0.072	−0.664	0.144
ACM12	3.59	0.030	1.007	−0.396	0.072	−0.299	0.144
ACM22	3.23	0.033	1.103	−0.131	0.072	−0.626	0.144
ACM13	3.57	0.032	1.088	−0.366	0.072	−0.540	0.144
ACM23	3.06	0.033	1.109	−0.049	0.072	−0.636	0.144
ACM14	3.45	0.031	1.056	−0.341	0.072	−0.373	0.144
ACM24	3.08	0.033	1.118	−0.070	0.072	−0.667	0.144
ACM15	3.71	0.032	1.098	−0.508	0.072	−0.519	0.144
ACM25	3.27	0.033	1.114	−0.211	0.072	−0.614	0.144
HCI11	3.61	0.035	1.175	−0.329	0.072	−0.882	0.144
HCI12	3.47	0.032	1.100	−0.184	0.072	−0.741	0.144
HCI13	3.50	0.032	1.083	−0.194	0.072	−0.753	0.144
HCI14	3.49	0.031	1.051	−0.269	0.072	−0.465	0.144
HCI31	3.39	0.031	1.066	−0.100	0.072	−0.746	0.144
HCI32	3.34	0.030	1.003	−0.019	0.072	−0.553	0.144
HCI33	3.33	0.031	1.045	−0.047	0.072	−0.586	0.144
HCI34	3.45	0.031	1.040	−0.115	0.072	−0.646	0.144
HCI21	3.48	0.031	1.062	−0.300	0.072	−0.486	0.144
HCI22	3.57	0.032	1.069	−0.348	0.072	−0.538	0.144
HCI23	3.56	0.031	1.054	−0.318	0.072	−0.613	0.144
HCI24	3.60	0.032	1.072	−0.361	0.072	−0.593	0.144
HCI25	3.55	0.031	1.065	−0.286	0.072	−0.604	0.144
HCI26	3.38	0.032	1.080	−0.218	0.072	−0.557	0.144

续表

	均值		标准差	偏度		峰度	
	统计量	标准误	统计量	统计量	标准误	统计量	标准误
HCI35	3.44	0.030	1.028	−0.251	0.072	−0.439	0.144
HCI36	3.35	0.029	0.990	−0.159	0.072	−0.425	0.144
HCI37	3.48	0.032	1.071	−0.270	0.072	−0.536	0.144
CP1	3.50	0.031	1.049	−0.207	0.072	−0.600	0.144
CP2	3.48	0.031	1.035	−0.221	0.072	−0.567	0.144
CP3	3.37	0.030	1.026	−0.122	0.072	−0.455	0.144
CP4	3.49	0.031	1.046	−0.207	0.072	−0.594	0.144
CP5	3.44	0.032	1.091	−0.221	0.072	−0.624	0.144
CP6	3.53	0.031	1.041	−0.214	0.072	−0.721	0.144
CP7	3.50	0.030	1.032	−0.281	0.072	−0.480	0.144
CP8	3.42	0.032	1.084	−0.243	0.072	−0.572	0.144
CP9	3.42	0.031	1.053	−0.250	0.072	−0.538	0.144
CP10	3.50	0.031	1.035	−0.268	0.072	−0.499	0.144
N	1151						

附录 4　两独立样本 T 检验

(1) 分组统计量表

TT 分组		N	均值	标准差	均值的标准误	TT 分组		N	均值	标准差	均值的标准误
P1	1.00	836	2.95	0.977	0.034	JC13	1.00	836	3.29	1.005	0.035
	2.00	315	2.77	0.994	0.056		2.00	315	3.22	0.964	0.054
P2	1.00	836	3.18	0.958	0.033	JC14	1.00	836	3.40	1.020	0.035
	2.00	315	2.95	0.903	0.051		2.00	315	3.23	1.074	0.061
P3	1.00	836	3.25	1.004	0.035	JC15	1.00	836	3.10	1.084	0.037
	2.00	315	2.99	0.920	0.052		2.00	315	2.98	1.101	0.062

续表

TT 分组		N	均值	标准差	均值的标准误	TT 分组		N	均值	标准差	均值的标准误
P4	1.00	836	3.28	1.089	0.038	ACM11	1.00	836	3.08	1.133	0.039
	2.00	315	3.15	1.115	0.063		2.00	315	3.24	1.056	0.060
P5	1.00	836	3.28	1.106	0.038	ACM21	1.00	836	3.22	1.138	0.039
	2.00	315	3.04	1.131	0.064		2.00	315	3.26	1.093	0.062
P6	1.00	836	3.25	1.079	0.037	ACM12	1.00	836	3.58	1.001	0.035
	2.00	315	3.23	1.179	0.066		2.00	315	3.61	1.027	0.058
B1	1.00	836	3.36	1.182	0.041	ACM22	1.00	836	3.24	1.107	0.038
	2.00	315	3.76	1.126	0.063		2.00	315	3.22	1.093	0.062
B2	1.00	836	3.23	1.148	0.040	ACM13	1.00	836	3.52	1.090	0.038
	2.00	315	3.49	1.201	0.068		2.00	315	3.69	1.074	0.060
B3	1.00	836	3.47	1.100	0.038	ACM23	1.00	836	3.10	1.100	0.038
	2.00	315	3.41	1.194	0.067		2.00	315	2.95	1.126	0.063
B4	1.00	836	3.40	1.108	0.038	ACM14	1.00	836	3.44	1.052	0.036
	2.00	315	3.40	1.156	0.065		2.00	315	3.46	1.068	0.060
B5	1.00	836	3.02	1.187	0.041	ACM24	1.00	836	3.13	1.115	0.039
	2.00	315	2.94	1.184	0.067		2.00	315	2.94	1.117	0.063
B6	1.00	836	3.13	1.134	0.039	ACM15	1.00	836	3.68	1.093	0.038
	2.00	315	3.00	1.257	0.071		2.00	315	3.80	1.107	0.062
PW1	1.00	836	3.13	1.095	0.038	ACM25	1.00	836	3.28	1.129	0.039
	2.00	315	3.17	1.097	0.062		2.00	315	3.23	1.076	0.061
PW2	1.00	836	3.22	1.130	0.039	HCI11	1.00	836	3.51	1.176	0.041
	2.00	315	3.18	1.164	0.066		2.00	315	3.86	1.135	0.064
PW3	1.00	836	3.29	0.986	0.034	HCI12	1.00	836	3.42	1.081	0.037
	2.00	315	3.10	1.145	0.065		2.00	315	3.58	1.141	0.064
PW4	1.00	836	3.27	1.052	0.036	HCI13	1.00	836	3.46	1.078	0.037
	2.00	315	3.13	1.089	0.061		2.00	315	3.63	1.088	0.061

续表

TT 分组		N	均值	标准差	均值的标准误	TT 分组		N	均值	标准差	均值的标准误
PW5	1.00	836	3.36	1.006	0.035	HCI14	1.00	836	3.44	1.048	0.036
	2.00	315	3.21	1.003	0.057		2.00	315	3.62	1.050	0.059
PW6	1.00	836	3.26	1.058	0.037	HCI31	1.00	836	3.40	1.048	0.036
	2.00	315	3.25	0.966	0.054		2.00	315	3.37	1.111	0.063
PW7	1.00	836	3.27	0.998	0.035	HCI32	1.00	836	3.33	1.010	0.035
	2.00	315	3.20	0.935	0.053		2.00	315	3.35	0.987	0.056
PW8	1.00	836	3.29	1.025	0.035	HCI33	1.00	836	3.33	1.048	0.036
	2.00	315	3.23	1.045	0.059		2.00	315	3.33	1.038	0.058
RD1	1.00	836	3.24	0.994	0.034	HCI34	1.00	836	3.45	1.032	0.036
	2.00	315	3.10	1.031	0.058		2.00	315	3.45	1.065	0.060
RD2	1.00	836	3.31	1.044	0.036	HCI21	1.00	836	3.42	1.057	0.037
	2.00	315	3.24	0.983	0.055		2.00	315	3.64	1.062	0.060
RD3	1.00	836	3.20	1.118	0.039	HCI22	1.00	836	3.50	1.056	0.037
	2.00	315	3.13	1.142	0.064		2.00	315	3.76	1.083	0.061
RD4	1.00	836	3.14	1.094	0.038	HCI23	1.00	836	3.53	1.037	0.036
	2.00	315	3.03	1.120	0.063		2.00	315	3.65	1.094	0.062
RD5	1.00	836	3.25	1.050	0.036	HCI24	1.00	836	3.55	1.071	0.037
	2.00	315	3.32	1.069	0.060		2.00	315	3.74	1.066	0.060
RD6	1.00	836	3.23	1.025	0.035	HCI25	1.00	836	3.49	1.062	0.037
	2.00	315	3.03	1.006	0.057		2.00	315	3.70	1.062	0.060
RD7	1.00	836	3.34	1.003	0.035	HCI26	1.00	836	3.34	1.073	0.037
	2.00	315	3.25	0.990	0.056		2.00	315	3.47	1.098	0.062
RD8	1.00	836	3.22	1.046	0.036	HCI35	1.00	836	3.41	1.040	0.036
	2.00	315	3.06	1.043	0.059		2.00	315	3.51	0.995	0.056
JC1	1.00	836	3.08	1.019	0.035	HCI36	1.00	836	3.33	0.984	0.034
	2.00	315	3.27	0.982	0.055		2.00	315	3.39	1.008	0.057

续表

TT 分组		N	均值	标准差	均值的标准误	TT 分组		N	均值	标准差	均值的标准误
JC2	1.00	836	3.09	0.993	0.034	HCI37	1.00	836	3.45	1.085	0.038
	2.00	315	3.13	0.964	0.054		2.00	315	3.56	1.031	0.058
JC3	1.00	836	3.19	1.038	0.036	CP1	1.00	836	3.48	1.047	0.036
	2.00	315	2.99	1.074	0.060		2.00	315	3.56	1.055	0.059
JC4	1.00	836	3.39	1.075	0.037	CP2	1.00	836	3.45	1.047	0.036
	2.00	315	3.28	1.105	0.062		2.00	315	3.57	0.999	0.056
JC5	1.00	836	3.31	1.054	0.036	CP3	1.00	836	3.35	1.028	0.036
	2.00	315	3.28	1.076	0.061		2.00	315	3.43	1.021	0.058
JC6	1.00	836	2.95	1.153	0.040	CP4	1.00	836	3.49	1.048	0.036
	2.00	315	2.89	1.131	0.064		2.00	315	3.50	1.042	0.059
JC7	1.00	836	3.11	1.096	0.038	CP5	1.00	836	3.35	1.091	0.038
	2.00	315	2.91	1.143	0.064		2.00	315	3.69	1.056	0.059
JC8	1.00	836	3.20	1.082	0.037	CP6	1.00	836	3.47	1.045	0.036
	2.00	315	3.12	1.032	0.058		2.00	315	3.70	1.013	0.057
JC9	1.00	836	2.99	1.154	0.040	CP7	1.00	836	3.47	1.020	0.035
	2.00	315	2.70	1.174	0.066		2.00	315	3.58	1.063	0.060
JC10	1.00	836	3.23	1.112	0.038	CP8	1.00	836	3.39	1.087	0.038
	2.00	315	3.06	1.034	0.058		2.00	315	3.50	1.075	0.061
JC11	1.00	836	3.28	1.105	0.038	CP9	1.00	836	3.39	1.042	0.036
	2.00	315	3.03	1.142	0.064		2.00	315	3.48	1.081	0.061
JC12	1.00	836	2.91	1.139	0.039	CP10	1.00	836	3.44	1.040	0.036
	2.00	315	2.64	1.129	0.064		2.00	315	3.64	1.011	0.057

(2) 两独立样本 T 检验分布表

		方差方程的 Levene 检验		均值方程的 T 检验						
		F	Sig.	T	df	Sig.(双侧)	均值差值	标准误差值	差分的95%置信区间	
									下限	上限
P1	假设相等	2.617	0.106	2.742	1 149	0.006	0.178	0.065	0.051	0.305
	假设不相等			2.721	556.468	0.007	0.178	0.065	0.049	0.306
P2	假设相等	11.327	0.001	3.741	1 149	0.000	0.233	0.062	0.111	0.356
	假设不相等			3.843	596.689	0.000	0.233	0.061	0.114	0.353
P3	假设相等	21.756	0.000	3.895	1 149	0.000	0.253	0.065	0.125	0.380
	假设不相等			4.050	612.249	0.000	0.253	0.062	0.130	0.375
P4	假设相等	0.332	0.565	1.743	1 149	0.082	0.126	0.072	−0.016	0.269
	假设不相等			1.724	553.162	0.085	0.126	0.073	−0.018	0.270
P5	假设相等	1.017	0.313	3.202	1 149	0.001	0.235	0.074	0.091	0.380
	假设不相等			3.169	553.955	0.002	0.235	0.074	0.090	0.381
P6	假设相等	2.988	0.084	0.222	1 149	0.824	0.016	0.073	−0.127	0.160
	假设不相等			0.214	523.577	0.831	0.016	0.076	−0.133	0.166
B1	假设相等	0.894	0.345	−5.094	1 149	0.000	−0.393	0.077	−0.545	−0.242
	假设不相等			−5.208	590.686	0.000	−0.393	0.075	−0.541	−0.245
B2	假设相等	4.309	0.038	−3.387	1 149	0.001	−0.260	0.077	−0.411	−0.110
	假设不相等			−3.319	543.505	0.001	−0.260	0.078	−0.415	−0.106
B3	假设相等	3.651	0.056	0.792	1 149	0.429	0.059	0.074	−0.087	0.205
	假设不相等			0.763	526.454	0.446	0.059	0.077	−0.093	0.211
B4	假设相等	0.687	0.407	0.069	1 149	0.945	0.005	0.074	−0.140	0.151
	假设不相等			0.067	544.561	0.946	0.005	0.076	−0.143	0.154
B5	假设相等	0.009	0.923	0.998	1 149	0.318	0.078	0.078	−0.076	0.232
	假设不相等			0.999	566.559	0.318	0.078	0.078	−0.076	0.232

续表

		方差方程的 Levene 检验		均值方程的 T 检验						
		F	Sig.	T	df	Sig.（双侧）	均值差值	标准误差值	差分的95%置信区间	
									下限	上限
B6	假设相等	4.567	0.033	1.657	1 149	0.098	0.128	0.077	-0.024	0.280
	假设不相等			1.581	517.767	0.114	0.128	0.081	-0.031	0.287
PW1	假设相等	0.148	0.701	-0.556	1 149	0.578	-0.040	0.072	-0.182	0.102
	假设不相等			-0.555	564.010	0.579	-0.040	0.073	-0.183	0.102
PW2	假设相等	0.001	0.978	0.462	1 149	0.645	0.035	0.075	-0.113	0.183
	假设不相等			0.455	550.725	0.649	0.035	0.076	-0.115	0.185
PW3	假设相等	5.725	0.017	2.708	1 149	0.007	0.185	0.068	0.051	0.319
	假设不相等			2.532	499.420	0.012	0.185	0.073	0.041	0.328
PW4	假设相等	0.491	0.483	1.985	1 149	0.047	0.139	0.070	0.002	0.277
	假设不相等			1.954	548.073	0.051	0.139	0.071	-0.001	0.280
PW5	假设相等	1.618	0.204	2.247	1 149	0.025	0.149	0.066	0.019	0.280
	假设不相等			2.250	566.110	0.025	0.149	0.066	0.019	0.280
PW6	假设相等	4.676	0.031	0.128	1 149	0.898	0.009	0.068	-0.125	0.143
	假设不相等			0.134	614.588	0.894	0.009	0.066	-0.120	0.138
PW7	假设相等	6.778	0.009	1.103	1 149	0.270	0.072	0.065	-0.056	0.199
	假设不相等			1.136	599.890	0.256	0.072	0.063	-0.052	0.195
PW8	假设相等	0.145	0.704	0.748	1 149	0.454	0.051	0.068	-0.083	0.185
	假设不相等			0.742	555.502	0.459	0.051	0.069	-0.084	0.186
RD1	假设相等	0.066	0.797	2.098	1 149	0.036	0.139	0.066	0.009	0.269
	假设不相等			2.064	547.157	0.040	0.139	0.067	0.007	0.272
RD2	假设相等	3.934	0.048	1.062	1 149	0.289	0.072	0.068	-0.061	0.205
	假设不相等			1.091	596.775	0.276	0.072	0.066	-0.058	0.202
RD3	假设相等	0.020	0.887	0.969	1 149	0.333	0.072	0.074	-0.074	0.218
	假设不相等			0.959	554.250	0.338	0.072	0.075	-0.075	0.219

续表

		方差方程的 Levene 检验		均值方程的 T 检验						
		F	Sig.	T	df	Sig.(双侧)	均值差值	标准误差值	差分的95%置信区间 下限	差分的95%置信区间 上限
RD4	假设相等	0.000	0.989	1.438	1 149	0.151	0.105	0.073	-0.038	0.247
	假设不相等			1.422	553.355	0.156	0.105	0.074	-0.040	0.249
RD5	假设相等	0.597	0.440	-1.109	1 149	0.268	-0.077	0.070	-0.214	0.060
	假设不相等			-1.100	556.222	0.272	-0.077	0.070	-0.216	0.061
RD6	假设相等	5.577	0.018	2.971	1 149	0.003	0.200	0.067	0.068	0.333
	假设不相等			2.997	574.623	0.003	0.200	0.067	0.069	0.332
RD7	假设相等	1.841	0.175	1.370	1 149	0.171	0.091	0.066	-0.039	0.220
	假设不相等			1.378	571.986	0.169	0.091	0.066	-0.038	0.220
RD8	假设相等	1.768	0.184	2.295	1 149	0.022	0.159	0.069	0.023	0.294
	假设不相等			2.298	566.113	0.022	0.159	0.069	0.023	0.294
JC1	假设相等	1.062	0.303	-2.964	1 149	0.003	-0.198	0.067	-0.328	-0.067
	假设不相等			-3.014	584.317	0.003	-0.198	0.066	-0.326	-0.069
JC2	假设相等	0.646	0.422	-0.603	1 149	0.547	-0.039	0.065	-0.167	0.089
	假设不相等			-0.611	580.422	0.542	-0.039	0.064	-0.165	0.087
JC3	假设相等	1.459	0.227	2.907	1 149	0.004	0.201	0.069	0.065	0.337
	假设不相等			2.862	548.397	0.004	0.201	0.070	0.063	0.339
JC4	假设相等	0.057	0.811	1.528	1 149	0.127	0.109	0.072	-0.031	0.250
	假设不相等			1.509	551.429	0.132	0.109	0.073	-0.033	0.252
JC5	假设相等	0.239	0.625	0.321	1 149	0.748	0.022	0.070	-0.115	0.160
	假设不相等			0.318	554.510	0.751	0.022	0.071	-0.117	0.161
JC6	假设相等	0.320	0.572	0.797	1 149	0.426	0.060	0.076	-0.088	0.209
	假设不相等			0.804	574.893	0.422	0.060	0.075	-0.087	0.208
JC7	假设相等	0.048	0.827	2.806	1 149	0.005	0.206	0.073	0.062	0.350
	假设不相等			2.753	544.422	0.006	0.206	0.075	0.059	0.352

续表

		方差方程的 Levene 检验		均值方程的 T 检验						
									差分的95%置信区间	
		F	Sig.	T	df	Sig.(双侧)	均值差值	标准误差值	下限	上限
JC8	假设相等	4.112	0.043	1.075	1 149	0.283	0.076	0.071	-0.063	0.215
	假设不相等			1.099	590.148	0.272	0.076	0.069	-0.060	0.212
JC9	假设相等	3.148	0.076	3.882	1 149	0.000	0.298	0.077	0.147	0.448
	假设不相等			3.852	556.528	0.000	0.298	0.077	0.146	0.449
JC10	假设相等	14.468	0.000	2.414	1 149	0.016	0.174	0.072	0.033	0.316
	假设不相等			2.494	603.911	0.013	0.174	0.070	0.037	0.311
JC11	假设相等	0.869	0.351	3.500	1 149	0.000	0.258	0.074	0.113	0.403
	假设不相等			3.448	548.822	0.001	0.258	0.075	0.111	0.405
JC12	假设相等	1.299	0.255	3.475	1 149	0.001	0.261	0.075	0.114	0.408
	假设不相等			3.489	569.622	0.001	0.261	0.075	0.114	0.408
JC13	假设相等	2.392	0.122	1.144	1 149	0.253	0.075	0.066	-0.054	0.204
	假设不相等			1.166	586.831	0.244	0.075	0.064	-0.051	0.202
JC14	假设相等	0.334	0.564	2.521	1 149	0.012	0.173	0.068	0.038	0.307
	假设不相等			2.464	540.463	0.014	0.173	0.070	0.035	0.310
JC15	假设相等	0.038	0.845	1.704	1 149	0.089	0.123	0.072	-0.019	0.264
	假设不相等			1.692	557.267	0.091	0.123	0.073	-0.020	0.265
ACM11	假设相等	0.528	0.468	-2.217	1 149	0.027	-0.163	0.074	-0.307	-0.019
	假设不相等			-2.289	602.955	0.022	-0.163	0.071	-0.303	-0.023
ACM21	假设相等	0.494	0.482	-0.631	1 149	0.528	-0.047	0.074	-0.193	0.099
	假设不相等			-0.643	586.232	0.521	-0.047	0.073	-0.191	0.097
ACM12	假设相等	0.003	0.958	-0.477	1 149	0.634	-0.032	0.067	-0.162	0.099
	假设不相等			-0.471	552.360	0.638	-0.032	0.067	-0.164	0.101
ACM22	假设相等	0.010	0.921	0.320	1 149	0.749	0.023	0.073	-0.120	0.167
	假设不相等			0.322	571.618	0.748	0.023	0.073	-0.119	0.166

续表

		方差方程的 Levene 检验		均值方程的 T 检验						
		F	Sig.	T	df	Sig.(双侧)	均值差值	标准误差值	差分的95%置信区间	
									下限	上限
ACM13	假设相等	0.425	0.514	−2.304	1 149	0.021	−0.165	0.072	−0.306	−0.025
	假设不相等			−2.320	572.966	0.021	−0.165	0.071	−0.305	−0.025
ACM23	假设相等	0.012	0.914	2.055	1 149	0.040	0.150	0.073	0.007	0.294
	假设不相等			2.034	553.600	0.042	0.150	0.074	0.005	0.296
ACM14	假设相等	0.080	0.778	−0.265	1 149	0.791	−0.019	0.070	−0.156	0.119
	假设不相等			−0.263	557.515	0.792	−0.019	0.070	−0.157	0.120
ACM24	假设相等	0.508	0.476	2.569	1 149	0.010	0.190	0.074	0.045	0.334
	假设不相等			2.567	564.076	0.011	0.190	0.074	0.045	0.334
ACM15	假设相等	0.010	0.921	−1.669	1 149	0.095	−0.121	0.073	−0.263	0.021
	假设不相等			−1.659	558.473	0.098	−0.121	0.073	−0.264	0.022
ACM25	假设相等	1.478	0.224	0.745	1 149	0.456	0.055	0.074	−0.090	0.199
	假设不相等			0.762	590.211	0.447	0.055	0.072	−0.087	0.197
HCI11	假设相等	0.742	0.389	−4.497	1 149	0.000	−0.346	0.077	−0.497	−0.195
	假设不相等			−4.570	583.488	0.000	−0.346	0.076	−0.495	−0.198
HCI12	假设相等	4.937	0.026	−2.247	1 149	0.025	−0.163	0.073	−0.305	−0.021
	假设不相等			−2.193	539.282	0.029	−0.163	0.074	−0.309	−0.017
HCI13	假设相等	0.395	0.530	−2.325	1 149	0.020	−0.166	0.071	−0.306	−0.026
	假设不相等			−2.315	560.173	0.021	−0.166	0.072	−0.307	−0.025
HCI14	假设相等	0.152	0.696	−2.592	1 149	0.010	−0.180	0.069	−0.316	−0.044
	假设不相等			−2.590	563.952	0.010	−0.180	0.069	−0.316	−0.043
HCI31	假设相等	1.677	0.196	0.303	1 149	0.762	0.021	0.070	−0.117	0.160
	假设不相等			0.295	537.226	0.768	0.021	0.072	−0.121	0.163
HCI32	假设相等	0.342	0.559	−0.281	1 149	0.779	−0.019	0.066	−0.149	0.112
	假设不相等			−0.284	576.929	0.777	−0.019	0.066	−0.148	0.110

续表

		方差方程的 Levene 检验		均值方程的 T 检验						
		F	Sig.	T	df	Sig.（双侧）	均值差值	标准误差值	差分的95%置信区间	
									下限	上限
HCI33	假设相等	0.139	0.710	−0.046	1 149	0.963	−0.003	0.069	−0.139	0.132
	假设不相等			−0.046	570.098	0.963	−0.003	0.069	−0.138	0.132
HCI34	假设相等	0.817	0.366	−0.067	1 149	0.946	−0.005	0.069	−0.140	0.130
	假设不相等			−0.066	549.538	0.947	−0.005	0.070	−0.142	0.132
HCI21	假设相等	0.031	0.861	−3.096	1 149	0.002	−0.217	0.070	−0.354	−0.079
	假设不相等			−3.089	562.271	0.002	−0.217	0.070	−0.354	−0.079
HCI22	假设相等	0.400	0.527	−3.584	1 149	0.000	−0.252	0.070	−0.390	−0.114
	假设不相等			−3.544	552.637	0.000	−0.252	0.071	−0.392	−0.112
HCI23	假设相等	2.165	0.141	−1.720	1 149	0.086	−0.120	0.070	−0.256	0.017
	假设不相等			−1.679	539.553	0.094	−0.120	0.071	−0.260	0.020
HCI24	假设相等	0.304	0.581	−2.714	1 149	0.007	−0.192	0.071	−0.331	−0.053
	假设不相等			−2.719	567.339	0.007	−0.192	0.071	−0.330	−0.053
HCI25	假设相等	0.004	0.947	−3.043	1 149	0.002	−0.214	0.070	−0.351	−0.076
	假设不相等			−3.043	564.945	0.002	−0.214	0.070	−0.351	−0.076
HCI26	假设相等	1.131	0.288	−1.712	1 149	0.087	−0.122	0.071	−0.262	0.018
	假设不相等			−1.694	553.629	0.091	−0.122	0.072	−0.264	0.020
HCI35	假设相等	0.377	0.539	−1.513	1 149	0.130	−0.103	0.068	−0.236	0.030
	假设不相等			−1.544	588.191	0.123	−0.103	0.067	−0.234	0.028
HCI36	假设相等	0.434	0.510	−0.848	1 149	0.396	−0.056	0.065	−0.184	0.073
	假设不相等			−0.839	553.131	0.402	−0.056	0.066	−0.186	0.074
HCI37	假设相等	0.816	0.367	−1.602	1 149	0.109	−0.113	0.071	−0.252	0.025
	假设不相等			−1.639	592.110	0.102	−0.113	0.069	−0.249	0.022
HCI37	假设相等	0.816	0.367	−1.602	1 149	0.109	−0.113	0.071	−0.252	0.025
	假设不相等			−1.639	592.110	0.102	−0.113	0.069	−0.249	0.022

续表

		方差方程的 Levene 检验		均值方程的 T 检验					差分的 95% 置信区间	
		F	Sig.	T	df	Sig.(双侧)	均值差值	标准误差值	下限	上限
CP1	假设相等	0.301	0.583	−1.025	1 149	0.305	−0.071	0.069	−0.207	0.065
	假设不相等			−1.021	560.880	0.308	−0.071	0.070	−0.208	0.066
CP2	假设相等	1.295	0.255	−1.734	1 149	0.083	−0.118	0.068	−0.253	0.016
	假设不相等			−1.771	589.657	0.077	−0.118	0.067	−0.250	0.013
CP3	假设相等	0.011	0.917	−1.169	1 149	0.243	−0.079	0.068	−0.212	0.054
	假设不相等			−1.173	568.531	0.241	−0.079	0.068	−0.212	0.054
CP4	假设相等	0.026	0.871	−0.276	1 149	0.782	−0.019	0.069	−0.155	0.117
	假设不相等			−0.277	568.017	0.782	−0.019	0.069	−0.155	0.116
CP5	假设相等	0.278	0.598	−4.640	1 149	0.000	−0.332	0.071	−0.472	−0.191
	假设不相等			−4.709	581.982	0.000	−0.332	0.070	−0.470	−0.193
CP6	假设相等	0.398	0.528	−3.449	1 149	0.001	−0.236	0.069	−0.371	−0.102
	假设不相等			−3.498	581.427	0.001	−0.236	0.068	−0.369	−0.104
CP7	假设相等	0.599	0.439	−1.508	1 149	0.132	−0.103	0.068	−0.237	0.031
	假设不相等			−1.480	544.903	0.139	−0.103	0.070	−0.239	0.034
CP8	假设相等	0.060	0.807	−1.547	1 149	0.122	−0.111	0.072	−0.251	0.030
	假设不相等			−1.555	570.727	0.120	−0.111	0.071	−0.251	0.029
CP9	假设相等	1.318	0.251	−1.296	1 149	0.195	−0.090	0.070	−0.227	0.046
	假设不相等			−1.275	547.487	0.203	−0.090	0.071	−0.229	0.049
CP10	假设相等	0.518	0.472	−2.831	1 149	0.005	−0.193	0.068	−0.327	−0.059
	假设不相等			−2.868	579.633	0.004	−0.193	0.067	−0.325	−0.061

附录5 总体报酬——探索性因子分析

(1) 总体报酬——解释的总方差

成分	初始特征值			提取平方和载入			旋转平方和载入		
	合计	方差的%	累积%	合计	方差的%	累积%	合计	方差的%	累积%
1	10.206 350 8	36.451 3	36.451 3	10.206 4	36.451 3	36.451 3	4.012 95	14.332	14.332
2	1.588 601 6	5.673 58	42.124 8	1.588 6	5.673 58	42.124 8	3.575 38	12.769 2	27.101 2
3	1.449 453 95	5.176 62	47.301 5	1.449 45	5.176 62	47.301 5	3.553 37	12.690 6	39.791 8
4	1.152 246	4.115 16	51.416 6	1.152 25	4.115 16	51.416 6	2.503 67	8.941 68	48.733 5
5	1.016 843 88	3.631 59	55.048 2	1.016 84	3.631 59	55.048 2	1.768 13	6.314 74	55.048 2
6	0.878 690 97	3.138 18	58.186 4						
7	0.853 600 38	3.048 57	61.235						
8	0.722 975 76	2.582 06	63.817						
9	0.699 426 14	2.497 95	66.315						
10	0.670 541 36	2.394 79	68.709 8						
11	0.641 644 37	2.291 59	71.001 3						
12	0.628 004 3	2.242 87	73.244 2						
13	0.610 398 61	2.18	75.424 2						
14	0.599 319 04	2.140 43	77.564 6						
15	0.560 699 33	2.002 5	79.567 1						
16	0.549 268 75	1.961 67	81.528 8						
17	0.535 160 88	1.911 29	83.440 1						
18	0.510 149 75	1.821 96	85.262 1						
19	0.499 744 42	1.784 8	87.046 9						
20	0.470 242 8	1.679 44	88.726 3						
21	0.450 188 94	1.607 82	90.334 1						

续表

成分	初始特征值			提取平方和载入			旋转平方和载入		
	合计	方差的%	累积%	合计	方差的%	累积%	合计	方差的%	累积%
22	0.439 711 86	1.570 4	91.904 5						
23	0.415 308 74	1.483 25	93.387 8						
24	0.404 370 6	1.444 18	94.831 9						
25	0.382 870 52	1.367 39	96.199 3						
26	0.368 949 54	1.317 68	97.517						
27	0.362 788 64	1.295 67	98.812 7						
28	0.332 448 09	1.187 31	100						

注：提取方法为主成分分析法。

(2) 总体报酬——因子载荷表

	成分				
	1	2	3	4	5
25	0.674 879 931	0.079 311 361	0.201 830 94	0.198 487 453	0.081 132 722
23	0.672 538 772	0.147 716 891	0.188 752 723	0.148 192 685	0.216 645 453
27	0.642 144 688	0.228 013 56	0.201 080 03	0.180 017 667	−0.039 417 297
24	0.611 735 928	0.088 691 514	0.213 320 89	0.047 072 54	0.438 582 486
28	0.602 257 262	0.188 819 951	0.225 820 974	0.071 612 851	0.259 907 695
26	0.590 724 435	0.163 625 26	0.220 093 325	0.058 859 152	0.303 815 824
22	0.516 208 094	0.366 428 223	0.165 344 767	0.135 032 631	−0.066 709 861
21	0.491 779 737	0.427 968 994	0.225 597 238	0.047 913 602	0.047 580 673
20	0.454 137 531	0.453 382 272	0.229 800 316	0.181 772 147	−0.092 093 028
15	0.145 197 174	0.680 428 58	0.184 949 159	0.112 004 6	0.152 962 129
14	0.081 193 935	0.616 557 16	0.109 691 696	0.218 175 883	0.296 949 709
17	0.268 576 14	0.592 614 219	0.151 543 246	0.166 392 22	−0.090 690 946
13	0.070 213 85	0.564 235 413	0.156 311 499	0.212 772 933	0.173 866 606
16	0.256 186 461	0.563 665 631	0.192 130 277	0.040 728 074	0.402 326 285
18	0.405 409 804	0.533 990 661	0.169 678 689	0.133 959 7	0.118 446 581

续表

	成分				
	1	2	3	4	5
19	0.301 332 545	0.455 148 381	0.364 020 606	0.044 944 057	0.131 781 246
2	0.183 292 384	0.235 029 817	0.699 839 856	0.105 402 714	-0.028 685 346
3	0.180 282 392	0.187 668 618	0.698 571 592	0.116 153 542	0.230 017 764
4	0.230 826 183	0.119 590 898	0.681 817 771	0.269 776 367	0.055 046 825
5	0.280 639 099	0.160 059 923	0.680 408 229	0.123 517 422	0.184 418 397
1	0.211 779 029	0.187 063 603	0.665 889 615	0.137 120 507	0.049 713 656
6	0.206 034 371	0.148 995 505	0.546 008 065	0.236 736 909	0.234 178 173
7	0.156 309 373	0.061 835 951	0.223 126 671	0.763 384 018	0.059 840 347
8	0.169 509 949	0.086 339 283	0.201 203 66	0.721 233 414	0.201 824 271
9	0.117 263 097	0.365 942 502	0.161 391 317	0.642 738 53	0.064 868 199
10	0.139 297 458	0.358 187 696	0.120 958 048	0.619 112 912	0.125 135 497
11	0.163 997 719	0.188 193 167	0.126 277 783	0.290 945 283	0.700 231 367
12	0.261 147 083	0.287 781 072	0.273 323 597	0.138 989 842	0.547 511 917

注：(1) 提取方法为主成分分析法。
(2) 旋转法：具有 Kaiser 标准化的正交旋转法。旋转在 9 次迭代后收敛。

附录 6 人力资本投资——探索性因子分析

（1）人力资本投资——解释的总方差

成分	初始特征值 合计	初始特征值 方差的%	初始特征值 累积%	提取平方和载入 合计	提取平方和载入 方差的%	提取平方和载入 累积%	旋转平方和载入 合计	旋转平方和载入 方差的%	旋转平方和载入 累积%
1	7.159 237 7	42.113 162 94	42.113 162 94	7.159 237 7	42.113 162 94	42.113 2	3.595 94	21.152 6	21.152 6
2	1.177 372 168	6.925 718 633	49.038 881 57	1.177 372 168	6.925 718 633	49.038 9	3.164 97	18.617 5	39.77
3	1.042 982 159	6.135 189 173	55.174 070 75	1.042 982 159	6.135 189 173	55.174 1	2.618 69	15.404	55.174 1
4	0.764 021 418	4.494 243 636	59.668 314 38						
5	0.707 691 291	4.162 889 944	63.831 204 33						
6	0.656 160 545	3.859 767 913	67.690 972 24						
7	0.628 729 116	3.698 406 562	71.389 378 8						
8	0.599 077 319	3.523 984 231	74.913 363 03						
9	0.575 657 857	3.386 222 689	78.299 585 72						
10	0.544 037 032	3.200 217 834	81.499 803 56						
11	0.515 598 78	3.032 933 998	84.532 737 55						
12	0.493 782 442	2.904 602 599	87.437 340 15						

续表

成分	初始特征值			提取平方和载入			旋转平方和载入		
	合计	方差的%	累积%	合计	方差的%	累积%	合计	方差的%	累积%
13	0.467 513 645	2.750 080 265	90.187 420 42						
14	0.454 277 491	2.672 220 537	92.859 640 95						
15	0.427 183 54	2.512 844 355	95.372 485 31						
16	0.404 156 593	2.377 391 725	97.749 877 03						
17	0.382 520 904	2.250 122 966	100						

247

报酬对员工创新绩效的作用机制研究

(2) 人力资本投资——因子载荷

	成分				成分		
	1	2	3		1	2	3
12	0.705 828 197	0.134 350 014	0.283 102 226	2	0.210 711 08	0.236 66	0.755 01
11	0.641 885 407	0.173 388 534	0.294 106 72	3	0.177 571 228	0.305 7	0.707 68
14	0.636 883 03	0.354 100 924	0.001 788 139	1	0.452 921 054	0.030 06	0.650 68
9	0.624 070 172	0.281 213 826	0.163 981 077	4	0.139 503 39	0.420 09	0.629 82
12	0.622 141 084	0.219 630 044	0.307 806 878				
13	0.575 884 105	0.204 367 258	0.325 824 952				
17	0.490 550 311	0.490 077 593	0.194 131 939				
6	0.171 673 494	0.674 859 749	0.251 005 504				
7	0.226 852 43	0.673 041 105	0.256 003 29				
8	0.187 316 95	0.659 903 738	0.253 103 32				
5	0.217 481 163	0.559 023 367	0.309 709 594				
15	0.444 525 281	0.551 692 595	0.079 945 95				
16	0.519 470 681	0.542 773 565	−0.027 078 16				

注：(1) 提取方法为主成分分析法。
(2) 旋转法为具有 Kaiser 标准化的正交旋转法。旋转在 10 次迭代后收敛。

248

附录 7 成就动机——探索性因子分析

(1) 成就动机——解释的总方差

成分	初始特征值			提取平方和载入			旋转平方和载入		
	合计	方差的%	累积%	合计	方差的%	累积%	合计	方差的%	累积%
1	3.041 479 914	30.414 799 14	30.414 799 14	3.041 479 914	30.414 799 14	30.414 8	2.601 91	26.019 1	26.019 1
2	2.007 842 439	20.078 424 39	50.493 223 53	2.007 842 439	20.078 424 39	50.493 2	2.447 42	24.474 2	50.493 2
3	0.810 134 262	8.101 342 616	58.594 566 14						
4	0.710 566 267	7.105 662 671	65.700 228 81						
5	0.637 386 686	6.373 866 858	72.074 095 67						
6	0.630 562 203	6.305 622 028	78.379 717 7						
7	0.599 183 367	5.991 833 669	84.371 551 37						
8	0.545 377 272	5.453 772 724	89.825 324 09						
9	0.518 377 5	5.183 775 002	95.009 099 09						
10	0.499 090 091	4.990 900 907	100						

注：提取方法为主成分分析法。

(2) 成就动机——因子载荷

	成分	
	1	2
5	0.754 003 019	0.088 096 125
3	0.707 991 61	0.045 576 754
9	0.703 649 269	0.025 055 737
7	0.685 458 101	0.054 887 872
1	0.640 985 11	0.112 512 024
8	-0.081 517 071	0.745 099 71
6	-0.055 127 413	0.736 707 061
4	0.160 910 318	0.707 074 021
10	0.110 466 671	0.681 984 644
2	0.329 419 498	0.598 591 007

注：(1) 提取方法为主成分分析法。
(2) 旋转法为具有 Kaiser 标准化的正交旋转法。旋转在 3 次迭代后收敛。

附录 8　创新绩效——解释的总方差和因子载荷

	初始特征值			提取平方和载入				成分
	合计	方差的%	累积%	合计	方差的%	累积%		1
1	4.967 674 705	49.676 747 05	49.676 747 05	4.967 674 705	49.676 747 05	49.676 7	5	0.729 35
2	0.798 649 122	7.986 491 224	57.663 238 28				2	0.728 36
3	0.733 317 702	7.333 177 017	64.996 415 29				6	0.716 98
4	0.638 006 393	6.380 063 931	71.376 479 22				7	0.716 13
5	0.557 186 082	5.571 860 819	76.948 340 04				10	0.702 5
6	0.511 374 139	5.113 741 392	82.062 081 43				9	0.700 07
7	0.477 629 662	4.776 296 623	86.838 378 06				3	0.698 15

续表

	初始特征值			提取平方和载入			成分	
	合计	方差的%	累积%	合计	方差的%	累积%		1
8	0.455 992 525	4.559 925 249	91.398 303 31				8	0.697 11
9	0.452 889 221	4.528 892 209	95.927 195 52				4	0.692 58
10	0.407 280 448	4.072 804 483	100				1	0.664 6

注：提取方法为主成分分析法。

附录9 工作特征——探索性因子分析

成分	初始特征值			提取平方和载入		
	合计	方差的%	累积%	合计	方差的%	累积%
1	1.486	49.540	49.540	1.486	49.540	49.540
2	0.895	29.822	79.362			
3	0.619	20.638	100.000			
4	1.448	48.259	48.259	1.448	48.259	48.259
5	0.918	30.591	78.851			
6	0.634	21.149	100.000			
7	1.592	53.055	53.055	1.592	53.055	53.055
8	0.824	27.451	80.506			
9	0.585	19.494	100.000			
10	1.544	51.483	51.483	1.544	51.483	51.483
11	0.898	29.925	81.409			
12	0.558	18.591	100.000			
13	1.481	49.368	49.368	1.481	49.368	49.368
14	0.905	30.163	79.531			
15	0.614	20.469	100.000			

注：提取方法为主成分分析法。

成分矩阵

	成分 1		成分 1		成分 1		成分 1		成分 1
2	0.786	5	0.802	7	0.807	11	0.808	13	0.800
1	0.776	4	0.726	8	0.728	10	0.805	14	0.765
3	0.516	6	0.527	9	0.641	12	0.494	15	0.507

附录 10 不同教育水平下参数间差异的临界比值

	W1	W2	W3	W4	W5	DW1	DW2	DW3	DW4	DW5	SW1	SW2	SW3	SW4	SW5
W1	0														
W2	4.064	0													
W3	-4.254	-10.354	0												
W4	-2.817	-5.803	0.050	0											
W5	-4.494	-10.348	-2.897	-0.179	0										
DW1	0.284	-4.990	10.082	3.721	10.398	0									
DW2	4.568	-0.665	22.270	7.567	22.603	7.467	0								
DW3	-4.448	-10.466	-2.793	-0.140	1.132	-10.142	-22.576								
DW4	-2.511	-7.812	3.185	1.200	3.492	-4.633	-10.477	3.403	0						
DW5	-4.532	-10.553	-5.043	-0.213	-0.831	-10.508	-22.611	-3.918	-3.525	0					
SW1	0.836	-2.122	3.626	2.944	3.718	0.759	-1.974	3.690	2.570	3.741	0				
SW2	3.469	0.111	7.531	5.709	7.642	3.866	0.624	7.610	6.006	7.671	1.987	0			
SW3	-4.501	-10.513	-2.706	-0.189	-0.140	-10.399	-22.574	-1.120	-3.504	0.524	-3.656	-7.647	0		
SW4	-0.895	-3.743	1.468	1.198	1.555	-1.172	-3.773	1.528	0.553	1.576	-1.422	-2.954	1.560	0	
SW5	-4.622	-10.640	-4.823	-0.295	-2.096	-10.663	-22.870	-3.573	-3.753	-1.894	-3.797	-7.716	-1.784	-1.606	0

附录 11 不同所有制企业参数间差异的临界比值

	W1	W2	W3	W4	W5	MW1	MW2	MW3	MW4	MW5	W11	W21	W31	W41	W51
W1	0														
W2	−4.535	0													
W3	6.675	14.356	0												
W4	−1.718	1.781	−7.169	0											
W5	−4.805	−3.498	−14.391	−1.919	0										
MW1	3.040	11.753	−4.636	4.727	12.015	0									
MW2	−4.676	−1.355	−14.421	−1.832	2.832	−11.625	0								
MW3	6.840	19.486	−0.950	8.224	19.765	4.610	19.590	0							
MW4	−2.121	2.571	−9.714	−0.048	2.819	−6.149	2.648	−9.051	0						
MW5	−4.786	−3.976	−14.535	−1.929	0.464	−11.998	−3.451	−19.609	−2.759	0					
W11	0.494	3.043	−3.931	1.671	3.144	−1.347	3.074	−3.617	1.845	3.133	0				
W21	−4.728	−1.659	−14.459	−1.882	0.976	−11.889	−0.922	−19.609	−2.720	0.769	−3.038	0			
W31	5.240	9.647	−0.103	6.435	9.779	3.388	9.689	0.596	7.301	9.767	3.444	9.724	0		
W41	−1.236	1.148	−5.784	0.023	1.252	−3.238	1.179	−5.590	0.058	1.240	−1.387	1.212	−4.519	0	
W51	−4.834	−3.289	−14.570	−1.975	−0.470	−12.042	−2.673	−19.778	−2.858	−0.886	−3.161	−1.249	−9.758	−1.246	0

附录 12 不同行业地位参数间差异的临界比值

	XW1	XW2	XW3	XW4	XW5	ZW1	ZW2	ZW3	ZW4	ZW5	TW1	TW2	TW3	TW4	TW5
XW1	0														
XW2	-9.899	0													
XW3	-5.303	2.205	0												
XW4	-10.167	-2.421	-2.271	0											
XW5	4.082	17.915	8.033	17.958	0										
ZW1	-3.341	6.902	2.517	7.023	-8.132	0									
ZW2	-9.933	3.252	-2.078	5.777	-17.760	-6.613	0								
ZW3	-5.777	2.545	-0.033	2.656	-10.556	-2.805	2.396	0							
ZW4	-10.115	-1.104	-2.250	1.227	-17.969	-6.959	-4.279	-2.559	0						
ZW5	3.109	17.815	8.848	17.943	-1.229	7.256	17.645	8.717	17.678	0					
TW1	-4.401	-0.432	-1.314	-0.388	-6.682	-2.743	-0.490	-1.328	-0.411	-6.163	0				
TW2	-9.734	3.612	-1.911	4.809	-17.495	-6.507	2.037	-2.197	4.145	-17.349	0.552	0			
TW3	-4.609	-1.285	-1.985	-1.249	-6.525	-3.201	-1.333	-2.006	-1.267	-6.078	-0.715	-1.394	0		
TW4	-9.814	1.748	-2.008	2.634	-17.554	-6.610	0.565	-2.309	2.160	-17.407	0.517	-0.801	1.325	0	
TW5	0.843	4.795	3.600	4.834	-1.119	2.458	4.743	3.691	4.813	-0.597	3.867	4.674	4.302	4.621	0